MI VIDA
ES EL FUTBOL

PRÓLOGO DE JUAN VILLORO

RAÚL ORVAÑANOS

MI VIDA ES EL FUTBOL

De la portería al micrófono: recuerdos de toda una época

AGUILAR

Papel certificado por el Forest Stewardship Council®

MIXTO
Papel | Apoyando la silvicultura responsable
FSC® C180017

Penguin Random House Grupo Editorial

Mi vida es el futbol
De la portería al micrófono: recuerdos de toda una época

Primera edición: enero, 2026

penguinlibros.com

Coordinador editorial: Juan Antonio de Labra Madrazo

ISBN: 978-607-386-812-9

Impreso en México – *Printed in Mexico*

ÍNDICE

El amigo necesario

Juan Villoro

Raúl Orvañanos debutó en 1963 como portero del Atlante, club capitalino de tan acentuada raigambre que cambió su apodo de los "Potros de Hierro" por el del "Equipo del Pueblo". Defender esa portería significaba defender las ilusiones de millones de mexicanos que iban al trabajo o a la escuela cargando mochilas con los colores azulgrana.

En los años sesenta, los nuevos guardametas usaban vistosos guantes, a diferencia de los veteranos, que aún detenían la metralla a mano limpia. El futbol estaba cambiando y los jugadores se dejaban el pelo largo como cantantes de música pop. Orvañanos formaba parte de una época de ruptura, en la que el guardameta ya no tenía que vestirse de negro. Destacó por su aspecto renovador pero, sobre todo, por por sus atrevidas acrobacias.

Los arqueros de la escuela italiana defienden por colocación (Dino Zoff y Gianluigi Buffon son ejemplos clásicos de esta técnica); los latinoamericanos de temperamento experimental pasan de la maravilla a la irresponsabilidad, como René Higuita o Hugo Orlando "El Loco" Gatti; otros más son tan ágiles que disfrutan los tiros al ángulo, como Thibaut Courtois o Emiliano "Dibu" Martínez. Orvañanos pertenecía a este tercer género. Sus lances sólo podían ser espectaculares.

Aunque algunos arqueros siguen atajando después de los cuarenta años, él colgó los guantes relativamente pronto y enfrentó el predicamento del retiro. La vida del futbolista está hecha de hazañas breves y recuerdos largos. En este caso, y para fortuna de sus seguidores, el antiguo número uno del Atlante se convirtió en notable narrador y comentarista de radio y televisión.

No es casual que el portero entienda el juego de manera especial. Es el jugador que tiene más tiempo para pensar y el único que usa las manos. Esta singularidad la convierte en ideas propias. En España, Andoni Zubizarreta, que ganó la Champions con el Barcelona y defendió la portería de la selección, es uno de los mejores articulistas deportivos, y José Ángel Iribar, que redefinió la actividad bajo los tres palos, es el referente ético del Athletic de Bilbao.

Orvañanos tenía dos credenciales para hablar de futbol: conocía el deporte por dentro y conservaba la pasión que había contraído desde niño. Su tío Julio jugó en el Necaxa y el América, y su padre tuvo el buen gusto de ser seguidor de los "Electricistas". Javier Marías escribió con acierto que el futbol es "la recuperación semanal de la infancia". En los grandes días los héroes vuelven a ser posibles. Numerosos profesionales pierden la ilusión infantil de entusiasmarse con el juego. No es el caso de Orvañanos, según demuestran sus narraciones ante el micrófono y las emocionadas páginas de este libro.

Un muy joven Orvañanos persiguió a Pelé en pos de un autógrafo, ese día no llevaba papel y, para no perder la oportunidad, le pidió al ídolo que le firmara el brazo. Durante días procuró que el agua y el jabón no borraran la letra inmortal de Edson Arantes do Nascimento. El autor de este libro atesora sus recuerdos con la emoción de quien no quiere que se borre la tinta trazada por Pelé.

Los porteros, como los felinos, se clasifican por el modo en que usan su flexible talento. Lo mismo se puede decir de los cronistas ante el micrófono. Ángel Fernández y Enrique "El Perro" Bermúdez reinventaban lo que pasaba sobre la hierba; su inventiva garganta anunciaba goles que no siempre sucedían y su fértil imaginación transformaba un cotejo insulso en la batalla de las Termópilas. Otros, como Christian Martinoli o Luis García, ejercen la comedia y la ironía. Otros más, como Fernando Marcos o Eduardo Andrade (quien no en balde sería Abogado General de la UNAM), han entendido el juego como cosa seria. En ese ámbito, Raúl Orvañanos asumió un sello claramente distintivo: habla con la espontaneidad y la sincera emoción de quien comparte una tertulia. En un medio muchas veces tóxico, donde los "comentaristas" se descalifican y pelean a gritos sin escuchar al adversario, él representa la excepción necesaria. Sabe mucho de futbol, pero no impone sus ideas y celebra que alguien tenga una opinión distinta. A los 78 años mantiene un aspecto de insólita juventud, que quizá se debe en parte a su capacidad para rehuir conflictos y agresiones. Desde el punto de vista psicológico, no ha dejado de ser portero: jamás busca el ataque y defiende lo que en verdad vale la pena.

El actor Arturo Beristáin cuenta una anécdota que define el temple humano de Orvañanos. En 1966, el Mundial se transmitió por primera vez en vivo gracias a un satélite con nombre de fábula: El Pájaro Madrugador. México jugó en Wembley y una nueva generación de niños sintió el embrujo mundialista. Entre ellos se encontraba Beristáin, que a los trece años vivía en la colonia Del Valle. En esa época sin tráfico, los niños jugábamos "coladeritas", variante a escala del futbol donde las coladeras de las calles equivalían a las porterías.

Durante el Mundial de Inglaterra destacó el goleador portugués Eusebio, la "Pantera Negra de Mozambique". En el barrio de Beristáin, un chico moreno fue bautizado como "Eusebinho". Para Beristáin y sus amigos, el gran momento de ese año ocurrió cuando instalaron una portería en el jardín de una casa. Inaugurarla requería de una actividad grandiosa. Nieto e hijo de actores, Beristáin conocía a la gran actriz Ofelia Guilmáin, cuya hija Lucía, también actriz, era pareja del portero Raúl Orvañanos. A través de Lucía, los chicos del barrio convocaron al número uno del Atlante.

Se van a cumplir sesenta años de ese momento y Beristáin no olvida la alegría que le dio Orvañanos. El arquero se sometió a una tanda de penaltis y dejó que le metieran todos. Cuando llegó el esperado turno de "Eusebinho", el chico tomó vuelo y chutó con fuerza inaudita, pero el balón salió desviado. Entonces Orvañanos se lanzó con la agilidad que deslumbraba en el estadio de Ciudad Universitaria, alcanzó el balón y lo metió adrede en su portería.

La escena revela un temperamento excepcional: el atleta que custodiaba en forma implacable la portería del Atlante se dejaba vencer por los niños.

Mi vida es el futbol refleja con nitidez esa generosa personalidad. Estas páginas tratan de aventuras y desventuras, pero en todo momento campea una sensación de felicidad y gratitud.

Un portero que se preocupa demasiado es un mal portero. Si le anotan, debe mantener la calma para que no vuelva a pasar lo mismo. El futbol también se juega con la mente y el arquero requiere de un exigente autocontrol. Es la válvula de seguridad del equipo y no puede sufrir ataques de nervios.

Orvañanos ha enfrentado los sinsabores de su profesión con la tranquilidad del guardameta que sabe que un gol en contra sólo es un aviso, no una derrota. Lo que importa es no fallar en el siguiente lance.

En un ámbito donde el *rating* produce adicción y donde se pelea con saña depredadora por el horario Triple A, él aquilata lo bueno y descarta los calvarios. Seguramente ha sufrido más de lo que confiesa pero, con una sabiduría casi budista, no se detiene en pequeñeces ni nimiedades. En su autobiografía, el antiguo arquero recuerda con gusto las puertas que se le abrieron y olvida las que se le cerraron.

El gran mediocampista Tostão, que ganó con Brasil el Mundial de 1970, comenta que lo más peculiar de su carrera fue ser testigo de los talentos que se quedan en el camino. En su juventud, vio hacer prodigios con el balón a jóvenes que desaparecieron para siempre. Estas palabras adquieren aún mayor fuerza si se recuerda que las dice quien jugó al lado de Pelé, Jair, Rivelino y Carlos Alberto.

También Orvañanos recupera en este libro las incertidumbres del comienzo, cuando todo podía ser de otra manera, y recuerda el momento en que llegó a la "reserva especial", la antesala en la que ya se olfatea la gloria.

La memoria depende de la pasión. La misma persona que es incapaz de recordar los nombres de los emperadores aztecas o la ruta de Hidalgo en su lucha por la Independencia, puede recitar alineaciones de equipos de hace veinte o treinta años. Orvañanos no olvida nada que tenga que ver con el balompié. Comparte un sinnúmero de anécdotas con entrenadores y jugadores, y con los comentaristas que le revelaron que un estudio de grabación puede tener la competitiva intensidad del área chica. En este sentido, *Mi vida es el futbol* es la historia de una vida, pero también de una época. Traza un panorama del futbol nacional e internacional y de la forma en que ha sido interpretado a lo largo de cincuenta años.

El futbol también apasiona por sus insalvables desafíos. La selección nacional es, ante todo, un problema a resolver. Orvañanos analiza en detalle los altibajos del "equipo de todos" y pasa revista a tragedias como la del Mundial de Argentina, en 1978, cuando la "Esperanza Verde" recibió doce goles en tres partidos. Cuatro años después, México no fue al Mundial de España. En forma reveladora, Orvañanos confiesa que sintió alivio al ver partidos que podía narrar sin la angustia de que le anotaran al Tri, selección tan inestable que tuvo 23 técnicos durante el siglo XX, a diferencia de Alemania, que sólo contrató a seis.

El archivo de quien lleva medio siglo entrevistando personalidades es infinito. Orvañanos le habla de tú a figuras que los aficionados conocemos por el Salón de la Fama o los álbumes que Panini publica antes de cada Mundial. Sin embargo, no se comporta con el esnobismo de quien pertenece a la zona VIP del deporte. No pretende brillar por encima de sus colegas ni convertirse en su propio personaje. Ciertos comentaristas sacrifican su vida personal para tener el mayor tiempo posible en pantalla. Orvañanos no ha perdido uno de los dones más esquivos de la televisión: la naturalidad. Cuando menciona algo que le dijo Maradona, no lo hace en tono presuntuoso, sino con el asombro de quien se topa por primera vez con el dios de los pies pequeños. En este sentido, no deja de ser uno de nosotros. En medio de la épica, representa una voz cercana. Es el amigo necesario.

A estas alturas de su trayectoria, ya perdió la cuenta de los partidos que ha narrado. Lo conocí en el Mundial de Italia, en 1990, que yo cubría para el periódico *El Nacional*. Con pocos recursos, Imevisión hacía entonces programas superiores a los de Televisa, en gran parte gracias al humor inteligente de Andrés Bustamante, "El Güiri-Güiri", y a la mancuerna que Orvañanos compartía con José Ramón Fernández. Para conocerlo mejor, le pregunté en qué estadios prefería narrar partidos. Pensé que hablaría de palcos de transmisiones y públicos locales. En vez de eso, comentó: "Me oriento mucho por la comida". Entendí que conocer las costumbres vernáculas y departir en una buena mesa con amigos, antes o después del partido, era la preparación o el corolario perfecto para un narrador de temple hedonista, que puede transmitir el placer del futbol como forma de vida porque es el primero en disfrutarlo.

Mi vida es el futbol es un almacén de tiempo: aborda a figuras legendarias como Antonio "La Tota" Carbajal, que era el gran portero cuando Orvañanos se inició en el oficio, pero también se adentra en desafíos de rabiosa actualidad, como la creciente importancia del futbol femenil o la violencia física y verbal que aflora en los estadios (incluyendo el fenómeno de las "barras"). La crónica de años y años de ver partidos conforma un autorretrato cargado de emoción.

En 1963, Raúl Orvañanos salió a la cancha con la ilusión de atajar balones. Más de sesenta años después, hace la jugada más insólita de su carrera: anotar por escrito.

PRIMER TIEMPO

1. Una obsesión llamada futbol

No puedo precisar a qué edad comenzó mi amor por el futbol, porque todos los recuerdos de infancia que me vienen a la cabeza son con una pelota. Me veo en mi casa chutando un balón… en la cochera, en la sala, en el comedor o en la calle.

Hace algunos años, al ver la película Roma, de Alfonso Cuarón, una de sus escenas me transportó a un recuerdo muy intenso de aquellos años. Era el garaje de mi casa, donde apenas cabía el coche de mi padre, Raúl Orvañanos Zúñiga. Ahí me ponía a jugar futbol, solito. Cuando pateaba la pelota me sentía delantero, y a la siguiente jugada, al momento de rebotarla en la puerta, me convertía en portero. Así, toda la tarde, una y otra vez hasta caer rendido de cansancio.

Aquella ágil "transformación" de portero a delantero y viceversa hacía volar mi imaginación hasta la cancha de un estadio. Me ponía los nombres de los jugadores de la época y hasta narraba cada lance, cada tiro a la puerta, cada atajada. Era una locura. Sí, la bendita locura del futbol. Vivía obsesionado con el balón.

En esos años apenas había comenzado la era de la televisión y casi no se transmitían los partidos, así que mi más remota referencia futbolera entronca con la memoria de mi padre. Él jugaba todos los fines de semana. Tenía amigos que eran futbolistas retirados. La relación con ellos me hizo aficionarme más a este deporte. Mi tío Julio Orvañanos fue futbolista profesional. Jugó en Necaxa y América hacia finales de los años cuarenta y los primeros años de la siguiente década, y también fue presidente del Necaxa. Ver jugar a mi padre con él, y al resto de sus amigos, aumentó mi pasión por el futbol.

De ese grupito recuerdo a Manuel "La Bruja" Gutiérrez, que fue mundialista en Brasil 1950. También a Manuel Cañibe, Eduardo Palmer, Felipe "El Tigre" Gómez, Mario Pérez… estoy hablando de futbolistas que brillaron en la década de los cincuenta. Otro fue Carlos Septién, que jugó en el equipo España, y con quien todavía alcancé a jugar en un equipo que se llamaba El Parma, que había fundado mi padre. Ahí jugué antes de llegar a Primera División. Entonces tenía unos 16 años y ya me codeaba con todos ellos, algo que disfrutaba mucho.

Mi abuelo, Eduardo Orvañanos, también fue un gran aficionado al futbol, y aunque no lo conocí, en casa me han contado acerca de lo que había hecho por el deporte, sobre todo allá en la Comarca Lagunera donde vivía. No hace mucho tiempo me regalaron un suplemento de *El Siglo de Torreón*, donde mi abuelo aparece en la portada. Así que de ahí me viene la afición, aunque, ciertamente, se incrementó a través de las enseñanzas de mi padre y mi tío Julio.

Nunca olvidaré aquellos soleados domingos que me llevaban a verlos jugar, y si ellos no tenían partido, nos íbamos al estadio de la Ciudad de los Deportes a ver al Necaxa, Atlante y América, pues todavía no existía el Estadio Azteca. De ahí nos pasábamos a la Plaza México, a ver una novillada o una corrida de toros. Y así, fui forjando aficiones y gustos desde una edad muy temprana.

Mi padre era seguidor del Necaxa y en esos años se me grabó mucho el nombre de un futbolista de esa época que se llamaba Julio Palleiro, era uruguayo, y le pegaba al balón con un "fierro"; tenía una potencia asombrosa y hacía goles de larga distancia. Cuando marcaba un gol se levantaba la camiseta y debajo traía puesta la de la selección de Uruguay, país del que nunca dejó de sentirse orgulloso. Fue uno de los jugadores que más influencia ejerció sobre mí cuando era niño.

Recuerdo a un arquero que se llamaba Jorge Morelos, también del Necaxa. Era un porterazo. Y también a Manuel Camacho, que en ese entonces jugaba en el América. Años después tuve la oportunidad de convivir y entrenar con ellos cuando llegué al Atlante. Todas estas experiencias me fueron marcando y nunca las he olvidado.

Contrariamente a lo que muchos piensan, mi familia no tenía dinero y atravesamos por distintas épocas de carencia económica. En casa éramos diez hermanos. Cinco hombres y cinco mujeres. Yo soy el tercero. Así que con eso hay que imaginar las fatigas que debió pasar mi padre, para criarnos con el apoyo incondicional de mi madre, María Elena Marín, una mujer maravillosa que me tuvo una paciencia infinita. En alguna ocasión tuvimos que irnos a vivir a casa de mi tío Eduardo, pero a ninguno nos hizo falta una buena educación. Mi padre era originario de Torreón y se dedicaba al negocio del gas, en una empresa muy famosa que se llamaba General de Gas. De mis hermanos, Lalo llegó a debutar con el Atlante. En esos años fue cuando en la casa nos dividimos entre atlantistas y americanistas, rivalidad que todavía se mantiene.

El autógrafo de Pelé

En una ocasión vino a México a jugar el Santos de Brasil con Pelé, que ya era una figura consagrada, y me empeñé en ir a conocerlo al Hotel L'Escargot, que estaba en la colonia Nápoles, frente a lo que hoy es el World Trade Center. Ahí se concentraban los futbolistas que venían a jugar al estadio de la Ciudad de los Deportes, y también se vestían algunos toreros que toreaban en la Plaza México.

Pasé muchas horas afuera del hotel esperándo con emoción hasta que vi salir a Pelé y me quedé anonadado. En ese instante me acerqué a pedirle un autógrafo y sólo entonces caí en la cuenta de que había perdido el papel que llevaba para recabar su firma. Pelé sonrió cuando le propuse escribirme su nombre en el brazo. Me fui a mi casa feliz de la vida, con el autógrafo de Pelé estampado en la piel. No quería bañarme para que no se fuera a borrar aquel trazo del mejor jugador de todos los tiempos. La verdad es que en ese momento nunca imaginé que un día iba a jugar contra él. Así que este primer encuentro con Pelé es otro de los recuerdos que llevo cosidos al alma.

Por eso mi relación con el futbol está llena de circunstancias muy especiales.

Hablando del equipo Santos, cabe relatar una curiosa anécdota de cuando se transmitían por Imevisión sus partidos diferidos los domingos por la tarde. Cierto día, un aficionado habló al canal para preguntar quién era el equipo rival de Santos. La llamada llegó a la caseta de seguridad, donde contestó un vigilante que, seguramente, estaba durmiendo. El interesado preguntó: "Oiga, ¿sabe quién está jugando contra el Santos?" Aquel atolondrado vigilante, que no tenía ni la más remota idea de lo que le hablaban, tuvo la ocurrencia de contestar: "Ahhh, sí, sí, señor, mire… se trata de…, de… ¡Santos contra Blue Demondsss!"

En esa época el futbol no tenía la repercusión mediática que tiene en nuestros días. Los pocos partidos que se transmitían el fin de semana se podían ver a través de Telesistema Mexicano, que emitía su señal en los canales 2, 4 o 5. A veces también pasaban algún partido a mitad de semana, pero la oferta futbolera era sumamente escasa.

No sé por qué, pero tengo la sensación de que antaño los futbolistas tenían más personalidad. Los conocíamos a todos; sabíamos en qué posición jugaban y cuál había sido su desempeño en la temporada, y eso que no contábamos con las herramientas actuales, que facilitan el acceso a dicha información. Paradójicamente, hoy, con una cobertura mediática sin precedentes del futbol, hay aficionados que lo siguen sin la pasión de antes y que incluso desconocen a algunos jugadores. En esos años, muchos futbolistas tenían pasta de ídolos y la gente los admiraba de una manera especial. Lo mismo ocurría con cantantes, actores, boxeadores, luchadores, incluso toreros: personajes que marcaron una época.

Quizá porque no había una oferta de ocio tan amplia como la actual, ser una celebridad entonces tenía un peso real, y los medios de comunicación, con sus limitaciones de la época, contribuían a engrandecer esa figura.

Yo estaba ávido por aprender todo sobre el futbol. Escuchaba a los mayores contar diversas anécdotas de personajes singulares que en mis oídos de niño resultaban muy chistosas, como aquella de un técnico muy popular que se llamaba Felipe Castañeda, al que apodaban "La Marrana", y que entrenaba al América, que por entonces no tenía la importancia que tiene en la actualidad. En su juventud, "La Marrana" había sido portero y, como tenía la manía de escupir al balón apenas lo atrapaba, se ganó aquel apodo.

Cierto día, en un partido América contra Toluca, les dijo a sus jugadores: "Vamos a salir a esperar, muchachos, porque el Toluca es un equipo muy difícil y, cuando yo les grite *¡Jarritos de tamarindo!*, salen a jugar hacia el frente". Aquello de los *jarritos* era porque el América pertenecía a Isaac Besudo, dueño de aquellos famosos refrescos. El Toluca les puso un baile en el primer tiempo y, cuando llegaron al vestuario, "La Marrana" les preguntó por qué no habían salido al frente cuando gritó "¡Jarritos de tamarindo!"

Eduardo Palmer, uno de los jugadores famosos del equipo, le contestó, un tanto contrariado: "No, maestro, es que no le entendimos; pensamos que nos había gritado ¡Jarritos de mandarina!"

Cuando dirigía al León, a "La Marrana" le gustaba emplear una técnica de concentración un tanto extraña, que consistía en pedir a sus jugadores que se acostaran boca arriba en el césped, con los ojos cerrados y en silencio, a cierta distancia unos de otros. Mientras tanto, él iba recorriendo lentamente el campo entre ellos y les preguntaba:

—Pérez… ¡¿en dónde estoy?!

—¡Está usted adelante, a mi izquierda, maestro!

—¡Perfecto, Pérez, muy bien contestado! —replicaba el técnico. Y así continuaba con aquella operación, preguntando a diferentes jugadores, hasta que se paró cerca de donde estaba Julián "El Pachuco" Durán, que era una de las figuras de la época, y le preguntó:

—A ver, Pachuco, ¿en dónde estoy? —el Pachuco, que tenía una conducta de barrio bravo no lo dudó ni un instante y disparó:

—Mira, Marranita, no lo sé con exactitud, pero donde quiera que estés… ¡vas y chingas a tu madre!

La respuesta estaba tocada con toda la picardía de un hombre que provenía del barrio de Santa Julia, y que según don "Nacho" Trelles había sido el mejor jugador al que él había entrenado. El Pachuco no sólo era afecto al futbol, sino también al alcohol, y le gustaba meterse en problemas. Murió asesinado en una pelea entre pandilleros. Así era la vida de aquellos equipos, donde había personajes irrepetibles, dueños de una forma de ser que se ha ido perdiendo con el paso de los años.

Estampitas y periódico

De niño coleccionaba estampitas con retratos de futbolistas, de esas que se compraban en la tiendita de la esquina. Las pegaba en álbumes de colección e intercambiaba las que salían repetidas con mis compañeros de la escuela. Así era como identificábamos a los futbolistas con facilidad, sobre todo a los de los equipos a los que no veíamos jugar con tanta frecuencia.

Me enteraba de la actividad futbolística a través de los periódicos. Mi padre tenía una suscripción al *Excélsior* y su sección deportiva dedicaba buena parte de su contenido al futbol. Los lunes compraba *El Diario* para enterarme de los resultados de la jornada. Podía olvidar en casa los libros de la escuela —el de biología o el de matemáticas, por ejemplo—, pero nunca el periódico. Mi referente era don Fernando Marcos, la figura más reconocida de los periodistas que hablaban sobre futbol, porque era dueño de una elegancia y un estilo muy bien definidos. O Ignacio Matus, que trabajaba en *Esto*, donde hizo una carrera muy larga y brillante hasta hace apenas unos años. Sus crónicas definían perfectamente un partido de futbol, y me atrevo a afirmar que nadie ha conseguido igualar su agudeza para contar lo que había ocurrido en la cancha. Matus era un gran periodista. Lo vi, una vez, trabajar sin hacer una sola anotación, como si no necesitara más que sus ojos y su memoria. Aquello revelaba su capacidad para captarlo todo y su maestría para convertirlo después en una gran crónica.

Otro periodista de la época, Manuel Seyde, de *Excélsior*, en cierta ocasión escribió que en Centroamérica jugaban con un "balón cuadrado", por aquello de que su juego no tenía pies ni cabeza. Este comentario les sentó muy mal a los aficionados centroamericanos y al futbol mexicano le causó muchos problemas.

Cristino Lorenzo tenía un programa de radio los domingos en la noche, que se transmitía desde el Café Tupinamba. Ahí se reunía la gente del toro, profesionales y aficionados, además de torerillos que buscaban una oportunidad. En ese programa daban la reseña de los partidos de futbol de México y de España, y también comentaban lo que había ocurrido en los toros, cuando había corrida en la Plaza México. Si acaso no estaba en mi casa a la hora del programa, le pedía a mi padre que lo pusiera en la radio del coche. Acabando pasaban un programa de "Cri-Cri" que nos gustaba mucho a mí y a mis hermanos.

Cuando estaba en secundaria a veces me iba de pinta para ir a algún entrenamiento del América. El equipo se reunía en Tlalpan, en el terreno donde hoy está W Radio. Desde los primeros años de primaria me gustó jugar futbol en la escuela, tanto en los recreos como en los equipos que se formaban en el colegio Simón Bolívar, del que era alumno. De ahí salieron algunos futbolistas importantes como "Rafa" Puente, su hermano José Luis o Hernán Cabalceta, entre otros que ya no recuerdo. Jugábamos en una liga intercolegial que se llamaba "Aquiles Ratti". Y entre semana lo hacíamos en la calle, en mi colonia, la San José Insurgentes. Poníamos unas piedras o unos suéteres hechos bola para delimitar las porterías y ahí jugábamos las clásicas "cascaritas" callejeras, ya casi inexistentes. Siempre soñé con jugar futbol, mi anhelo era ser futbolista. Todavía no sabía si esta idea iba a prosperar, pero la ilusión de llegar a serlo siempre estaba latente en mi imaginación.

La escuela, mi coco

Mis padres me decían que había que estudiar, que era lo primero. Y no me quedaba más remedio que atender mis obligaciones en la escuela, aunque no me gustaba. Fui un mal estudiante. Era un niño que se distraía fácilmente. Sólo en determinados años tuve mejores calificaciones y me apliqué un poco más, pero los estudios no me interesaban.

Llegó un momento en que mis padres decidieron enviarme de interno a un colegio de Puebla, a ver si ahí podían encauzarme. Era el Colegio Benavente, gestionado por Hermanos Lasallistas, y tenía unas canchas de futbol magníficas. Ahí estuve solo un año. A los trece regresé a la capital y me inscribieron en el Internado México, administrado por Hermanos Maristas. Los profesores amaban el futbol: se involucraban en formar equipos, jugaban con los alumnos y creaban un ambiente tan agradable que me llenó de entusiasmo. Recuerdo a varios de ellos —el profesor Serrano, don "Goyo", don Teódulo—, casi todos con buen toque de balón. En esa etapa mejoré mis calificaciones, simplemente porque estaba feliz.

El primer día en el internado me impresionaron las canchas donde entrenaban el América y la Selección Nacional; aquello fue un aliciente enorme para mí. Esos años fueron los últimos que estudié, pues terminé solo el tercer año de secundaria. Y es algo de lo que me arrepiento: no haber continuado con mi formación académica. Nunca sabes hacia dónde te llevará el destino y, aunque logres ser exitoso, siempre es valioso contar con una preparación que te permita tener una visión intelectual más amplia.

Como ser humano siempre necesitas plantearte un objetivo nuevo, porque el día que uno deja de tenerlo, o una meta, está perdido. Hay que estar pensando continuamente en algo nuevo por hacer o aprender. Por lo menos es como yo veo el futuro. Mantener viva una ilusión es fundamental.

Durante mi estancia en aquel último año de secundaria vi entrenar a la Selección Mexicana que iba a jugar el Mundial de Chile de 1962. Por ahí pasaron ante mis ojos Raúl Cárdenas, "Chava" Reyes, Héctor Hernández, "El Güero" Jasso, Antonio Carbajal, "El Tigre" Sepúlveda, Alfredo del Águila… Iban muy seguido a entrenar y escuchaban con atención las indicaciones de don Nacho Trelles. Presenciar aquellos entrenamientos me fascinaba, porque de pronto un día salías al recreo y veías a esas figuras entrenando a unos cuantos metros de distancia. Hoy en día, eso sería impensable para cualquier niño, y yo tuve la suerte de haberlo vivido.

"¡Tú no te muevas de ahí!"

En estos años ya tenía bien definida mi posición en la cancha, que era la de portero. Un día, jugando un partido, alguien me gritó en un tono autoritario: "¡Tú no te muevas de ahí!", y obedecí. Así fue como descubrí que iba a dedicarme a ser portero. Cuando llegué al internado me dijeron lo mismo. Supongo que me habrán visto cualidades para jugar en una posición que, a mí, desde un principio, también me había gustado. Ahora mismo me resulta difícil comparar el nivel que tenía nuestra liga respecto a otras, pero con base en entrenar cada día, de jugar con constancia, nuestro nivel fue aumentando.

Después pasé a jugar en una liga amateur llamada Interclubes, donde coincidían algunos futbolistas profesionales ya retirados. Tendría entonces unos dieciséis o diecisiete años, y fue ahí donde comenzaron a decirme que tenía facultades para buscar la oportunidad de entrar a un equipo profesional. Así llegué a las reservas del Club América, que en ese tiempo se conocían como "reservas especiales" —no sé si todavía existan con ese nombre—. Antes, la estructura se dividía en "reservas especiales", "reserva profesional" y "primer equipo". Fue en esa etapa, por allá de 1965, cuando empecé a jugar como portero.

Poco después pasé a la "reserva profesional" por mediación del técnico del América, José Moncebáez, quien había sido portero. Aquella temporada el equipo fue dirigido por tres entrenadores, luego de que Alejandro Scoppeli enfrentara problemas de salud. También entró al quite el uruguayo Roberto Scarone. Permanecí ahí toda una temporada, alternando la portería con Jorge Arrieta. Los guardametas titulares del primer equipo eran Ataulfo Sánchez y Jorge Iniesta; en la cancha jugaban Arlindo dos Santos, Vavá, Javier "Chalo" Fragoso, Fernando Cuenca, Alfredo del Águila y José Alves "Zague". En esa temporada 1965-66, el América se coronó campeón.

En mi paso por el América tuve el privilegio de entrenar con varias figuras emblemáticas que me enseñaron que en este deporte no hay futbolistas viejos, sino jugadores buenos o jugadores malos. Y aquellos con los que entablé trato eran de primerísimo nivel. Como ejemplo puedo citar a José Antonio Roca, que había jugado el Mundial de 1950, y cuando debuté con Atlante todavía me tocó jugar con él. Eso sólo puedo calificarlo como un auténtico privilegio.

Cuando llegas a formar parte del plantel de un equipo profesional y compartes vestuario con futbolistas de este calibre, con mucha cercanía —aunque no siempre con demasiada familiaridad—, descubres que ser jugador no es nada sencillo. No basta con el talento: debe ir acompañado de sacrificio, dedicación y entrega para sobresalir. Es entonces cuando crece la admiración por aquellos consagrados al deporte, al verlos entrenar cada día con una disciplina férrea, fruto de una vocación profunda. Esos jugadores fueron figuras fundamentales en mi carrera.

Fernando Cuenca me hacía el favor de ir por mí a la casa para llevarme al entrenamiento. Lo hacía de corazón, y quizá porque yo le simpatizaba. Entonces él era titular y yo jugaba en la reserva. En otras muchas ocasiones, Ataulfo, que era una figura de la portería, me esperaba a que yo terminara de entrenar para darme "un aventón" en su coche. Mi admiración hacia ellos también se traducía en cariño. En esa época, Ataulfo era once años mayor, y yo era apenas un chamaco.

Mi llegada al Atlante

Con el Club América no llegué a debutar en el primer equipo, lo que sin duda iba a ocurrir tarde o temprano. En esos meses sonó un día el teléfono de mi casa, era el entrenador del Atlante, Octavio Vial, conocido como "La Pulga", y le dijo a mi padre que la directiva del club estaba interesada en que fuera a jugar con ellos. En ese momento vi más posibilidades de jugar en el Atlante que permanecer en el América en espera de una oportunidad. Acepté.

Walter Ormeño fue mi primer entrenador en el Atlante, aunque no me tocó jugar para él en Primera División. Sin embargo, fue una persona que me aportó muchísimo conocimiento. Como él había sido portero, me entrenaba a conciencia. Le gustaba dedicarme tiempo y yo acababa fundido, salía arrastrándome de los entrenamientos. Walter tenía una personalidad recia, y un peculiar sentido del humor. Era una gran figura, de las que le dieron mucho al futbol mexicano. Al paso del tiempo mantuvimos una excelente relación.

Desde que debuté en Primera División con Atlante, en la temporada de 1966, llegué a jugar más de treinta partidos consecutivos. A pesar de haber entrenado un año con el América, seguía siendo un portero con poca preparación; ese tiempo no fue suficiente para completar mi formación. Pero tenía excelentes reflejos y nunca me amedrentó jugar en canchas difíciles o contra rivales fuertes. No me achicaba. Aunque, debo reconocer que no era especialmente bueno en las salidas por arriba, me costaban mucho trabajo. Me sentía más seguro jugando por abajo. Y conforme tuve ocasión de jugar con más frecuencia, fui tratando de corregir los defectos y acrecentar mis cualidades.

Comenzaba a desarrollarse una calidad de entrenamiento enfocado e intenso que con el paso del tiempo mejoraría aún más. Después de entrenar quedaba como trapeador. Había que estar constantemente parando tiros a gol; hacer salidas para achicar el espacio; cortar centros o hasta entrenar con balones de futbol americano, que botan de una manera irregular y resulta difícil atraparlos.

El dinero que se ganaba en esos años ya le permitía a los más aventajados vivir dignamente del futbol. El primer sueldo que cobre en el Atlante fue de mil 500 pesos. Antes de terminar el torneo me aumentaron la paga al doble, lo que sin duda fue un importante incentivo. Recibir esos primeros sueldos me hizo sentirme realizado, porque representaba tener ingresos de algo que yo hacía por gusto y afición, la misma que había crecido en mí desde que era pequeño.

En esa época íbamos a cobrar nuestro cheque a la oficina del presidente del club, Fernando González "Fernandón", y todos sabíamos que había que llegar rápido al banco para que los fondos de la cuenta no se agotaran. Así que, en cuanto nos entregaban el cheque, salíamos disparados rumbo al banco. Aquello parecía un *rally*, porque los que se retrasaban en llegar a la sucursal ya no alcanzaban a cobrar. Hubo momentos en que pasamos dos, incluso tres meses sin cobrar, porque el equipo no tenía recursos y no quedaba más que aguantar. Aquella situación resultaba especialmente dura para quienes ya mantenían a una familia.

Los porteros teníamos que comprar nuestros propios guantes. El suéter que nos daba el equipo apenas aguantaba tres lavadas antes de encogerse, y no quedaba otra que invertir en uno nuevo. Los botines eran contados: un par por temporada, y cualquier extra salía de nuestro bolsillo. En esos años, el utilero no cargaba tus cosas; cada quien se hacía responsable de las suyas. Tampoco podías intercambiar la playera al terminar un partido, porque después te haría falta. Eran otros tiempos, definitivamente.

Sin embargo, la esencia del juego ahí estaba. Y también el romanticismo de los jugadores. Eso era lo que a mí me conmovía. Considero que en esa época el juego era más técnico porque era demasiado lento. Aquella forma de jugar no tiene nada que ver con el futbol que se juega en la actualidad. Hoy se exige una mayor fortaleza física, más velocidad, mayor ritmo y concentración. El futbol ha mejorado muchísimo en el aspecto de la dedicación, la disciplina y el profesionalismo de los jugadores. Lo que hace más difícil destacar. La presión a la que se somete un jugador de un equipo grande es tremenda debido a la exposición que tiene su trabajo en los medios de comunicación. Y soportar su peso en partidos complicados, requiere no sólo de capacidad, sino también de carácter.

Una de las maravillas que tiene el futbol es la mezcla de clases sociales que se dan cita a su alrededor, y eso forma parte de la salsa de su ambiente, además que te permite vivir situaciones singulares y algunas de ellas, muy simpáticas.

En una época en que el Pachuca estaba jugando muy mal, me refiero a finales de los años sesenta, la directiva contrató un hipnotista, que supuestamente hipnotizaba a los jugadores antes de salir a la cancha para mentalizarlos a ganar. Había un jugador llamado Alfonso "El Bobo" Madrigal que era originario de Tepito. El Bobo era bajito de estatura, pero atesoraba una clase extraordinaria con el balón en los pies. Un día que me lo topé minutos antes de comenzar un partido, le pregunté:

—Hola Bobo, ¿cómo estás? —a lo que me respondió:

—Ahorita no me molestes, carnal, porque estoy hipnotizado.

Aquel partido en Honduras...

Uno de los partidos más difíciles que me tocó jugar fue en Honduras, en San Pedro Sula, y eso que se trataba de un encuentro amistoso. La bronca se desató con furia entre un par de jugadores y al cabo de un rato se armó un zafarrancho. Nos tuvimos que reunir en el centro de la cancha, espalda con espalda, de la bronca tan inmensa que se desató en la tribuna. Nos querían linchar. Por fortuna la policía llegó rápido y nos sacaron del estadio en un camión que fue apedreado por la gente que estaba afuera y pasamos mucho miedo.

El Atlante tenía fama de ser guerrero y a veces hasta nos llegábamos a enfrentar a nuestra propia porra cuando se metían con nosotros. Éramos un grupo muy unido. Sin duda la etapa que recuerdo con más cariño fue aquella que viví con ese apasionado equipo. De esos jugadores tengo presentes a Marcos Rivas, a "Manolete" Hernández, José Luis Desachy, Alvarado, "Rafa" Puente, Héctor Larrazolo, Gisleno Medina, Alberto Evaristo, Norberto Boggio "El Pichi", "El Perico" González o Juan Carlos Malazzo, que llegó un poco después. Formábamos un buen equipo y era un grupo extraordinario. De todos ellos conservo grandes recuerdos.

Cuando jugaba para el Atlante viajábamos en unos autobuses que tenían un baño, lo cual era un alivio en las distancias largas. Un día que veníamos de regreso de un partido que jugamos en Irapuato, a uno de los jóvenes de la reserva lo encerramos en el baño. Para dejarlo salir le propusimos un reto: le pasaríamos la cartelera del cine para que se la aprendiera de memoria, porque le íbamos a hacer un "examen" de tres preguntas. Si contestaba correctamente, lo dejaríamos salir; en caso contrario, se tenía que aguantar el resto del viaje metido en el baño. Una vez que ya había estudiado la cartelera nos devolvía la página del periódico y comenzaba el examen. Las dos primeras preguntas solían ser relativamente sencillas de contestar. Le pedíamos que nos dijera cuál era el nombre del actor estelar en la película de moda, o qué película se proyectaba en determinada sala. Y ya cuando se entusiasmaba con sus conocimientos sobre cine y se sentía seguro de que estaba a punto de ser liberado de aquel claustrofóbico encierro, le hacíamos la pregunta la más difícil: "A ver, ahora dinos… ¿cuál es el número de autorización de la película *El Padrino*?" Desde luego que no tenía ni idea, y después de la frustración provocada, le dábamos otra oportunidad y lo mandábamos a un examen extraordinario, que se eternizó durante el resto del trayecto.

Cuando llegamos a México decidimos quién se iba a quedar atorando la puerta para dar pie a que los demás saliéramos corriendo del autobús. Elegimos al que corría más rápido, pues "el alumno" reprobado ya nos había amenazado de todas las maneras posibles, y el martes que nos vio en el entrenamiento, comenzó a corretear como loco por todo el campo al que había detenido la puerta. Esas eran las bromas que les gastábamos a los novatos para divertirnos.

En una gira que hicimos por Europa con el Atlante, por allá de 1968, Alejandro Mollinedo, que era portero y un excelente amigo, llevaba su cámara y le gustaba tomarse fotos para conservarlas como recuerdo. Durante todo el viaje nos dio una lata tremenda con eso de "oye, tómame una foto, porfa". Varios de los compañeros ya estábamos hartos de esa manía que tenía Mollinedo de querer retratarse en los estadios, en las plazas públicas, en los parques, posando al lado de un coche, etcétera. Cuando llegó a México llevó sus rollos a revelar y la mayoría de las fotos se las habíamos tomado de la cintura para abajo… ¡a propósito, para molestarlo! Desde luego que el coraje que hizo fue monumental.

Desde un principio, mi relación con la afición fue buena, pues no es común encontrar porteros que debuten a una edad tan temprana y que los mantengan como titulares. Quizá también ayudó aquel partido amistoso que jugamos contra el Santos de Pelé, aquel 30 de agosto de 1966. De hecho, antes de comenzar el juego, mis compañeros querían tomarse una fotografía con Pelé y fueron a buscarlo menos yo. Cuando volvieron me preguntaron por qué no había querido ir, y les comenté que no me daba la gana hacerme la foto con un rival, aunque fuera Pelé. Creo que con este gesto le estaba dando importancia a mi dignidad de jugador. Sabía que, si iba a tomarme la foto, luego me podía sentir ridículo si Pelé me marcaba un par de goles. Lo bueno de esta anécdota es que durante el partido le detuve dos cabezazos que iban a gol. Empatamos dos a dos, y creo que esa actuación mía le cayó bien a la gente que estaba en el estadio y a los miles de aficionados que la vieron por televisión.

Parece mentira, pero con el transcurrir de los años, es increíble que muchos aficionados sigan recordando aquellas atajadas a Pelé y ahora que él ya falleció, este recuerdo de ese partido contra Santos volvió a ser comentado. Generaciones de nuevos aficionados no conocían esa anécdota, o mucho menos que yo había jugado como profesional, y me lo han llegado a decir con cierto asombro y eso habla de la trascendencia de Pelé. Haber jugado contra él es un orgullo, sobre todo porque en ese momento era el mejor jugador del mundo y yo era un chico de 19 años que apenas empezaba mi carrera, y quizá todavía no tenía una visión tan clara de la grandeza de Pelé.

También es curioso contar que, al cabo de los años, cierto día le dije que yo había jugado contra él y de inmediato me preguntó:

—¿En qué equipo jugabas? —su respuesta me hizo caer en la cuenta de que había jugado contra cientos de equipos a lo largo de su vida, pero sí recordaba lo sucedido A partir de ese día, cada vez que nos encontrábamos, me saludaba con su característica amabilidad:

—Hola, amigo goleiro —que significa portero en portugués, o "¿Cómo va, goleiro?", y a mí me llenaba de satisfacción.

Otra forma de entrenar

Un aspecto que no se trababa con los futbolistas de mi generación era el psicológico. Sólo algunos técnicos que eran más inteligentes y sabían manejar las emociones de sus jugadores, se sentaban contigo a platicar cuando veían que necesitabas algún consejo, o ese apoyo moral de parte de ellos. Pero lo hacían sin el grado de profesionalismo que existe hoy día en asuntos de esta naturaleza.

A los técnicos les importaba que jugaras bien, y si no lo hacías te mandaban a la banca, como era lógico suponer. Pero no se preocupaban de algo fundamental, como suele hacerse en la actualidad: el apoyo emocional a sus jugadores. Un aspecto que refuerza el interés colectivo de un grupo humano del que se pretenden obtener resultados positivos.

También había técnicos que te ordenaban cortarte el pelo, bajo amenaza de dejarte fuera de la cancha si no obedecías. Eran esos años en que la moda de traer el pelo más largo era recurrente, y a los entrenadores más conservadores no les gustaba. Estos detalles nada tenían que ver con el desempeño del jugador en la cancha, sino que se trataba de prejuicios que, por suerte, ya han quedado en el pasado.

Mi padre miraba mi carrera con escepticismo. No le emocionó que me convirtiera en futbolista profesional; no era como esos padres que ven en ello una mina de oro en potencia, menos aún ahora, cuando los sueldos han crecido tanto. Afortunadamente, fue crítico conmigo, tanto en mi profesión como en mi conducta fuera de la cancha. Muchas veces los futbolistas piensan que más allá del mundo del futbol no hay ninguna otra cosa, cuando lo cierto es que detrás está toda una vida. El deporte debe ayudarte a tener una formación integral como persona y creo que esa es su enseñanza más significativa.

En esos años llegué a recibir consejos de algunos futbolistas. Ataulfo, por ejemplo, me decía aquello de que no es difícil llegar, sino mantenerse arriba. Eso era lo complicado de este juego, y lo sigue siendo. También me decía una frase que no he olvidado: "El domingo, el portero descansa". Esta aparente contradicción en realidad se refería a que, llegado el día del partido, el trabajo del portero ya tenía que estar hecho durante todos los días de la semana previa, mediante un buen entrenamiento. De aquella frase de Ataulfo encontré un símil con ésta: "Entrena como si compitieras, y compite como si entrenaras".

Haber jugado en Europa fue otra de las satisfacciones que me quedan de mi etapa como futbolista. Jugué en el Camp Nou contra la Selección Catalana, conformada por varios jugadores de Primera División de los equipos catalanes, como el Barça y el Espanyol, incluidos otros regionales de Segunda División. Esta selección todavía disputa algunos partidos amistosos. También jugué contra la Unión Deportiva Las Palmas, y un par de partidos más en Italia: uno contra la A. S. Roma y otro contra el Atalanta B. C., en la ciudad de Bérgamo.

Jugué muchas veces en Centroamérica y también en Perú contra el Sporting Cristal de Lima, así que tuve la oportunidad de viajar a varios países cuando aún era muy joven.

Este viaje a Perú, por cierto, no terminó de manera muy agradable, ya que la mitad del equipo, los solteros, nos quedamos "empeñados" en el hotel de Lima hasta que la directiva de nuestro club pudiera liquidar la cuenta completa de la estancia. Así estuvimos una semana, a pan y agua, a la espera de que llegara el dinero para saldar la cuenta y regresar a México. Ése era el Atlante de aquella época.

El partido más triste de mi carrera fue el día que Toluca me metió cinco goles. Tenían un delantero brasileño que era un auténtico demonio: Amaury Epaminondas, que me clavó tres de los cinco tantos. Esa cancha se me complicaba mucho, llegaba muy presionado a jugar ahí, no me gustaba, me costaba trabajo. Creo recordar que esa fue la cancha donde nunca pude ganar ningún partido con los equipos que jugué. En cambio, en Monterrey siempre me iba bien, lo mismo que en el Estadio Azteca, del que guardo excelentes recuerdos de partidos que me dejaron huella.

Una vez jugamos un partido amistoso en el Estadio Azteca contra el equipo de Las Palmas de Gran Canaria, al que vencimos 4-1, y cuando tocó ir a España a devolver la visita, sus partidarios estaban sumamente deseosos de que ellos nos ganaran, como era lógico. En ese entonces, Las Palmas jugaba en Primera División y tenía un buen equipo. El partido fue emocionante, tuvo mucha acción, y al final nos vencieron 3-2. Esa noche, ya cuando estábamos descansando, nos llamaron a la habitación para decirnos que bajáramos porque nos iban a llevar a una tienda donde vendían productos más baratos, por estar en un puerto libre de impuestos. Ya era tarde, cerca de las doce de la noche, y aquella invitación la hacía el dueño de la tienda de manera especial para los jugadores del equipo mexicano.

Cuando llegamos al local, que estaba bien abastecido, cada uno eligió la mercancía que más le había agradado. Unos escogieron relojes; otros, ropa o zapatos, y hasta hubo quienes se llevaron diversos *souvenirs*. A los pocos minutos de haber llegado de regreso al hotel, cuando ya estábamos a punto de dormirnos, el técnico, Dagoberto Moll, nos volvió a llamar en tono molesto para ordenarnos que bajáramos de inmediato a la recepción. En ese momento no comprendí de qué se trataba, ni cuál era su molestia, pero ya que estuvimos ahí reunidos, el entrenador nos dijo en un tono serio y solemne, delante del dueño de la tienda: "El señor nos abrió gentilmente su negocio para ir a comprar, y aquí me trajo una lista de lo que le hace falta... así que, por favor, los que hayan tomado cosas sin pagarlas, hagan el favor de regresarlas".

No podía creer lo que estaba escuchando y me sentí sumamente avergonzado por lo sucedido. Comenzamos a mirarnos unos a otros y nadie decía nada. El instante vivido fue muy bochornoso. Y lo peor del caso es que todo mundo hizo mutis; no apareció nada, y no se volvió a hablar del asunto durante el resto del viaje. La banda atlantista era de cuidado, y supongo que aquel buen hombre nunca se imaginó que los futbolistas aztecas le iban a meter esa estocada.

Mi relación con la afición fue agradable, pues tanto los aficionados del Atlante, como más tarde los de Zacatepec, me trataron muy bien. Asimismo, mi trato con la prensa fue bueno. Desde luego que no había la cantidad de medios que destinaran espacios al futbol, o reporteros que iban a los entrenamientos o que acudieran a cubrir la totalidad de los partidos.

De los más destacados, por supuesto, eran los diarios deportivos como *Ovaciones* y *Esto*, y los demás periódicos de información general tenían amplias secciones deportivas donde le dedicaban espacio al futbol, pero sin la relevancia de la actualidad. Así que el trato que el futbolista tenía con la prensa no era tan intenso y cotidiano como sucede ahora, que se ha convertido en un producto noticioso de primer orden para muchos medios de comunicación, y más con la llegada de internet y las redes sociales, o hasta canales de televisión dedicados a difundir las noticias de determinados equipos en particular.

De esos años recuerdo a varios reporteros con los que teníamos un trato excelente, como el caso de Jesús García Sandoval o Manelich Quintero, que a veces venían a comer con nosotros y conversábamos de todo. También con los fotógrafos teníamos buena relación. Algunos aparecían en los entrenamientos y nos llevaban fotos impresas para que se las compráramos. Era gente muy dedicada y profesional que cubría entrenamientos o partidos. Unos trabajaban en periódicos y otros por su cuenta, y todavía siguen existiendo.

Uno de los personajes más emblemáticos de mi época en el Atlante fue Bernardo "El Manolete" Hernández, que guardaba un gran parecido con el famoso torero cordobés y que, al igual que "El Bobo" Madrigal, era del barrio bravo de Tepito. Jugaba de extremo, era muy delgadito y hábil con el balón, además de rápido. Para los seguidores del Atlante, haber nacido en un barrio tan popular como Tepito les granjeaba a ciertos jugadores más simpatía que a otros, sobre todo en aquellos años en que el Atlante era un equipo del pueblo, como se le reconocía. Si "El Manolete" Hernández hubiera jugado en esta época, habría ganado muchísimo dinero. En la temporada 67-68 fue el campeón de goleo... ¡jugando de extremo izquierdo!, y eso tiene un gran mérito.

Sin duda, en esos años, fue el personaje más carismático y querido de la afición atlantista.

Dos convocatorias a la Selección

A lo largo de mi carrera como portero tuve dos convocatorias a la Selección Mexicana. Fue cuando estaba dando mis primeros pasos en la Primera División, jugando para el Atlante. El técnico que me convocó fue don Nacho Trelles, para estar como suplente de Nacho Calderón, que era el arquero titular, y con el que hice una gran amistad. Fue en esta etapa que experimenté la manera tan peculiar que don Nacho tenía de trabajar con los jugadores, y no cabe duda de que era un adelantado a su tiempo. Bajo su mando, jugamos un par de partidos amistosos contra Suiza.

En esa época, estamos hablando del año 1967 o 1968, previo al Mundial de México 70, este tipo de encuentros se disputaban con frecuencia y se jugaban en el Estadio Azteca o El Jalisco. En la actualidad, estos partidos suelen jugarse en Estados Unidos por el ingreso económico que representan, y es lógico que así suceda.

En esa concentración tuve como compañeros a casi todos los jugadores que llegaron a la Selección de 1970. La segunda convocatoria para estar en la Selección me la hizo el ingeniero Javier de la Torre, después de ese Mundial de México, por allá de 1971 o 1972. El ingeniero era una magnífica persona, un hombre preparado y muy decente. Jugamos dos partidos contra la Unión Soviética y también fue una excelente experiencia. Ahí tuve ocasión de convivir y entrenar con la mayoría de los seleccionados de México 70. Aunque no me tocó jugar con la Selección en un partido oficial, fue una experiencia muy bonita haber sido convocado. De hecho, en esa segunda ocasión también llamaron a "Rafa" Puente, con el que no sólo coincidí como jugador, sino también en distintos trabajos en los medios de comunicación. De todos esos futbolistas de aquella época guardo muy buenos recuerdos que siguen frescos en mi memoria.

Adiós a las canchas

El hecho de jugar futbol me enseñó a convivir con personas de distintos estratos sociales. Y si de pronto este deporte te permite estar con gente importante, también te mantiene cerca de la gente humilde. Esto te debe de servir para valorar lo que tienes y saber dónde estás parado. Lo más maravilloso es que todos estamos unidos por una misma pasión: el futbol.

Después de jugar en Atlante durante unos seis o siete años, me fui a Zacatepec y tuve una temporada muy buena. Desafortunadamente, unas semanas antes de terminar el torneo me fracturé un dedo de la mano derecha. Fue en un partido amistoso contra el Cuautla, que jugaba en Segunda División. En una jugada cualquiera, el delantero del equipo contrario no midió bien la distancia y la fuerza, y acabó dándome una patada en el dedo. Me sacaron de inmediato del campo y tuve que estar dos meses enyesado y sin jugar. La recuperación la hice en la clínica del doctor Aurelio Pérez Teuffer, a la sazón padre de Ricardo, con el que, casi cuatro décadas más tarde, trabajé en Televisa. El doctor Pérez Teuffer era el médico predilecto de los futbolistas, así como hoy día lo es el doctor Rafael Ortega, de Guadalajara.

Me ganó la fiesta

Me encantaba salir a divertirme en las noches, y este fue un aspecto negativo para mi carrera como futbolista. Soy consciente de que la fiesta, las mujeres y las copas, no se llevan con el deporte profesional. Siempre me ha gustado la buena comida y la bohemia, y todo eso se juntó en un momento en que, como todo joven que se precie, te sientes el rey del mundo. Acudía mucho a un lugar que se llamaba "El Terraza Casino", pero también a "Los Globos" o al "Villa Florencia", entre otros bares y cabarets de moda que había en la Ciudad de México a finales de los años sesenta y comienzos de los setenta.

En ese tiempo conocí a personajes que se adueñaban de la noche y, la mera verdad, me la pasaba de lujo. Llegué a alternar, por ejemplo, con Paco Malgesto, que era una gran figura de la comunicación; o con Mauricio Garcés, que era muy simpático y ocurrente; o con los Tres Ases, uno de los mejores tríos de la época, así como otros personajes del medio artístico a los que tuve acceso cuando me casé con Lucía Guilmáin, pues mi suegra, doña Ofelia Guilmáin, era una de las mejores actrices de teatro de México, una mujer muy respetada y talentosa.

Con mi querido compadre, Gonzalo Vega, por ejemplo, mantuve una gran amistad gracias al padrinazgo de su hijo Gonzalo. Lo conocí cuando trabajaba en obras de teatro en esos mismos años en que Lucía y mi cuñado, Juan Ferrara, también estaban comenzando sus carreras en el teatro. A Gonzalo le gustaba el futbol, era atlantista. También fue fanático de los toros, y antes de convertirse en actor intentó ser torero y toreó varias novilladas vestido de luces. Años después se hizo ganadero de toros de lidia en un rancho que tenía en Michoacán. Una vez me acompañó a una Copa América que se jugó en Perú, y en otra ocasión a la Copa del Mundo de España, en 1982. ¡Ah, cómo nos divertimos!

En ese entorno me desenvolví cuando era joven, pasándola bien y sin darme cuenta de que la fiesta era perjudicial para mi carrera. Al día siguiente había que levantarse temprano a entrenar y cuando eres joven quizá tu cuerpo soporta más de una juerga, pero tu mente no está concentrada al cien en el futbol, y todas esas distracciones llegan a afectar tu rendimiento en la cancha. Se nota rápidamente cuando un jugador está en lo suyo, y también cuando está distraído, pues el rendimiento y los resultados no suelen ser los mismos.

Las malas influencias que siempre están alrededor de los futbolistas, o de los toreros o boxeadores, o cualquier figura pública similar, son las que, sin pensarlo, a la larga te hacen daño. La vida nocturna no va de la mano con el futbol. Me equivoqué y tardé tiempo en comprenderlo. Confieso que sí me arrepiento, pues no voy a venir aquí con el cuento ese de que "no me arrepiento de nada", como les gusta decir a muchas personas para justificar sus errores.

De no haber tenido esos deslices con tanta frecuencia, es muy probable que hubiera llegado a jugar más tiempo y mi desempeño como portero hubiese sido mejor, más destacado. De eso no tengo duda. Tal vez lo que más me pesa recordar de esta circunstancia es que mi vocación como futbolista estaba entera, y lo que me ganó fue la inmadurez de verme con dinero, rodeado de amigos y amigas, y en ese momento crees que lo que estás haciendo está bien; crees que todo es muy fácil y que esas "pequeñas distracciones" no te van a pasar factura. Sin embargo, cuando te das cuenta de que algo no anda bien, ya suele ser demasiado tarde.

Recuerdo que mi padre me reprendía por mi conducta cuando se enteraba de mis francachelas. Me decía que eso que estaba haciendo no era de un auténtico profesional. Pero no lo escuchaba. Por eso considero que el deportista profesional debe contar con las herramientas necesarias para tener una buena preparación desde sus cimientos, aunque muchas veces es muy difícil que ocurra porque lo tienes todo a mano; eres la envidia de mucha gente y eso te nubla la cabeza.

Dejé el futbol de un día para otro después de los problemas que tuve con Joaquín Collado, que era directivo del Atlético Español, y ese momento coincidió con una oferta para trabajar en una agencia de publicidad llamada Camacho y Orvañanos, donde un tío mío era socio. Entré al área dedicada a la publicidad exterior. Mi chamba consistía en hacer una revisión de los espectaculares y vallas de las calles para cotizarlos y tener una relación de dichos espacios publicitarios para ofrecerlos a los clientes de la agencia.

En esas semanas me llamaron de otros equipos para seguir jugando como portero, como el Veracruz, el Torreón, que fue anterior a Santos… pero, francamente, después de haber jugado en Atlante o Zacatepec, y también en el Atlético Español, ya no quería volver a tropezar con los problemas que me hicieron decepcionarme del futbol, y no del juego, sino de la forma en que los clubes eran administrados.

Y como al poco tiempo de estar en la agencia de publicidad me salió la oferta para trabajar en la televisión, todo fluyó para que, cada día que pasaba, yo me alejara paulatinamente de cualquier idea de volver a jugar futbol de manera profesional. Así que la decisión que tomé fue el clásico "hasta aquí llegué". Además, para entonces ya había nacido mi hijo Raúl y había que sentar cabeza.

El último partido profesional lo jugué con el Atlético Español en contra del San Luis Potosí, y terminó 0-0. Ahí terminó mi carrera en las canchas, sólo tenía unos 26 años.

De hecho, había amigos que me decían que todavía era muy joven y que no me rindiera, que debería de seguir jugando. Inclusive, cuando Juan Ignacio Basaguren llegó de técnico al Atlante, me propuso hacerme una prueba a ver cómo estaba físicamente, pero el presidente y dueño del equipo, aquél que no pagaba ni de broma, se opuso a la idea planteada por Basaguren, porque años antes habíamos tenido muchos problemas.

Mentiría si dijera que no extrañé jugar al futbol de manera profesional. No fue fácil dejar los guantes y la portería, y hasta la fecha lo sigo extrañando sobre todo cuando veo un partido emocionante en algún estadio donde yo jugué. Los recuerdos me llegan de inmediato y la nostalgia me invade. Pero, ciertamente, ya lo veo como algo remoto, de un pasado hermoso, el de mi juventud como portero.

Estoy convencido de que nunca me he arrepentido de la decisión que tomé. Esa certeza me ayuda a asimilar mejor lo ocurrido, porque mi trabajo en los medios de comunicación ha sido muy fructífero y me ha permitido realizarme como persona. Y es posible pensar, a toro pasado, que mi futuro no estaba en el futbol sino en los medios, no obstante que como futbolista tuve una carrera aceptable, aunque sin llegar a ser una figura de mi tiempo, pues eso también hay que decirlo.

Quizá la gente me recuerda como futbolista más de lo que debería, derivado de mi presencia de tantos años en los medios, y no porque haya tenido una carrera futbolística brillante, ni mucho menos, pero sí fue digna y tuvo pasajes interesantes, como aquel célebre partido contra Pelé de 1966. Pero al final no hice más cosas como futbolista por mi culpa, por haberme distraído en el instante en que tenía que haber hecho lo contrario; es decir, concentrarme en mi profesión. Y eso fue una gran lección de vida de cara al futuro.

Al poner punto final a mi actividad como jugador profesional, el apellido Orvañanos, que ya tenía presencia en el medio futbolístico desde años atrás, ha seguido vigente, tanto dentro como fuera de las canchas, porque un hermano menor, Eduardo, como lo apunté, también jugó en el Atlante; un primo hermano, Alejandro Orvañanos, fue presidente del América a finales de los noventa. Al cabo de los años, mi hijo Raúl jugó en Cruz Azul y Necaxa como portero, y Alejandro Orvañanos, que es mi sobrino, actualmente es comentarista de la cadena Claro. Además, otro sobrino mío, Rafael Mancilla Orvañanos también jugó en Atlante y fue presidente de la Comisión de Árbitros, sin dejar de mencionar a mi tío Julio Orvañanos, que fue el primero en jugar de manera profesional con Necaxa y América para después convertirse en presidente de Necaxa.

Así que el apellido Orvañanos, en un futuro cercano, estará cumpliendo un siglo de presencia continua en el futbol mexicano. Por último, cabe mencionar que mi hija María Teresa Orvañanos algún tiempo trabajó conmigo en Fox, y es atlantista de corazón.

Increíble: campeón de goleo

Por otra parte, tras mi retiro seguí jugando como amateur y pude cumplir uno de mis sueños: ser centro delantero y coronarme campeón goleador en la liga Interclubes, con un equipo llamado Tránsito, patrocinado por un grupo de agentes motociclistas de tránsito. Como estaba recién retirado, todavía tenía el ritmo del futbol profesional y eso me ayudó a ganar ese título. Así fue mi paso por las canchas de los amateurs hasta que lo dejé cuando mi trabajo en los medios se intensificó.

Para mí, afortunadamente, ese tren pasó dos veces, porque al segundo me subí para convertirme en comentarista y no dejé pasar esa gran oportunidad de seguir vinculado al futbol, pero desde otro aspecto que me ha permitido realizarme, como ya dije, como persona.

Relaciones de pareja

Estuve casado tres veces: la primera con Lucía Guilmáin, y mi hijo Raúl es fruto de ese matrimonio. Tengo fotos con Raúl de mascota del Atlante. Me gustaba llevarlo a la cancha uniformado. Lucía fue una extraordinaria persona y una excelente actriz, pues lo llevaba en la sangre, y siempre tuve una relación cordial y amistosa con ella inclusive después de que nos divorciamos. Cuando me casé con ella entré en su mundo, el del teatro y la televisión, y eso me permitió conocer a grandes actores como don Ignacio López Tarso, José Gálvez, Héctor Bonilla, Sergio Corona, o el mismo Juan Ferrara, que sigue trabajando con mucho éxito. Actualmente está haciendo una obra que se llama *No te vayas sin despedir*. Con toda la familia de Lucía tuve muy buena relación.

Cuando me separé de Lucía vivía en la colonia Juárez, en la Zona Rosa, en la calle de Londres, en un departamento muy bonito. Al cabo de los años, y ya cuando trabajaba en los medios, conocí a María Teresa Landero, que era sobrina del presidente José López Portillo, y con ella tuve a mi hija María Teresa. Andando los años María Teresa, de la que me había separado hace tiempo, falleció después de haber enfrentado un cáncer con gran entereza. Su muerte me pesó mucho, pero guardo un buen recuerdo de ella y de la relación que en su día tuvimos como pareja.

El ambiente de actores entre los que había vivido con Lucía, de pronto cambió al de los actos que rodean a la política, y este hecho me permitió conversar en un par de ocasiones con el presidente López Portillo al que, por cierto, le gustaban mucho los deportes. Tenía mucha personalidad y me trató muy bien. Como muchas personas en esos años, yo no comulgaba con algunas de sus gestiones como presidente, pero me abstenía de comentarlo en público.

Con Olga Pescador llevo muchos años y soy feliz de haberla encontrado en mi camino; nos entendemos de maravilla y nuestra convivencia ha sido fantástica. Es una mujer muy inteligente que ha sabido comprender mi trabajo, y por ello le estoy profundamente agradecido. Para mí, el trabajo es lo máximo: me gusta, me divierte y me hace sentir productivo. A mi edad, son pocos los que pueden darse ese lujo, aunque es cierto que hoy envejecemos más tarde, algo que ha jugado a mi favor. Quizá por eso, a veces pienso que me gustaría tener más tiempo para viajar, una de las cosas que más disfruto hacer con ella. Hemos compartido viajes que nos han dejado un grato sabor de boca. Además, Olga es una de las personas que más me han ayudado a centrarme en la vida, y eso no tiene precio.

2. Del arco al micrófono

La práctica de futbol a nivel amateur es algo maravilloso, porque el espíritu de los jugadores se percibe de forma natural. El juego se transforma en un gozo que te provoca emociones agradables que te llenan de satisfacción, sobre todo cuando ganas un partido a un rival difícil. El ambiente que se vive dentro del futbol amateur está tocado por esa gracia de un interés puramente colectivo.

Cuando comienzas a jugar de manera profesional el panorama cambia mucho. Se tejen otro tipo de intereses, favoritismos y envidias con las que hay que aprender a lidiar. No es fácil porque en esa fase los egos se disparan en distintas direcciones. Resulta curioso observar cómo se comporta la gente ante situaciones de este tipo, ya sean jugadores, técnicos, directivos, árbitros, y hasta dueños de equipos.

Hay quienes se encargan de crear un mal ambiente, o de poner a la prensa en contra de determinado jugador o del técnico, y esto hace mucho daño dentro de un equipo. Inmediatamente te das cuenta quiénes son esas personas que suelen ser dañinas para el grupo. Este es un mal que sigue existiendo. Aunque parezca extraño, dichas actitudes también las he encontrado en mi trabajo periodístico, en distintos medios donde he tenido la oportunidad de colaborar.

En mi paso por la radio, la prensa y la televisión, me he topado con envidias de esta naturaleza, sobre todo en la televisión. Siempre hay algún compañero que afirma ser mejor narrador que al que programan y se queja de que no lo toman en cuenta. En contraparte, también te encuentras gente amable, compañeros capaces y profesionales, que saben hacer muy bien su trabajo y con los que disfrutas momentos inolvidables dentro y fuera de la labor periodística, porque unifican grupos y aportan ideas brillantes que enriquecen el trabajo de los demás.

Pero es curioso que los que nos dedicamos a analizar y a criticar la forma de juego o la conducta de los futbolistas, reconocidos por su mal comportamiento o su indisciplina, lo hacemos con mucha facilidad cuando ciertos colegas de los medios son similares en algunos aspectos. La única ventaja, cuando uno está de este lado, es que las críticas sólo llegan de manera esporádica a través de las redes sociales, que se han convertido en foros inmensos donde cualquiera se siente con el derecho de desprestigiar, atacar o, inclusive, de insultar a los periodistas sin ningún respeto.

Quizá otro de los males que existen hoy día en los medios que dedican espacios al futbol, es que hay muchos comentaristas que no tienen la preparación suficiente para desempeñar este trabajo. Desconocen el tema y emiten juicios que suelen equivocar a la audiencia. Muchos no saben siquiera chutar un balón, y me daría vergüenza dar nombres, pero es la realidad. Lo más sorprendente es que hay varios que ya tienen bastantes años en los medios y todavía no se enteran de qué va esto y critican con suma facilidad. Asimismo, del otro lado, hay futbolistas que menosprecian la labor de los medios sin conocer cómo trabajan. Por eso existe una similitud entre ambos ambientes, el de la comunicación y el futbol.

Mi mentor, el publicista Carlos Alazraki, a quien le estoy enormemente agradecido por la ayuda que me dio para entrar en televisión, me llevó a trabajar al Canal 13. Ahí me dieron un trabajo de tiempo completo en un programa llamado *Noti-Trece*. Desde un principio me gustó ya que había que cubrir partidos y entrenamientos. Mi primer jefe fue José Ramón Fernández, a quien siempre estaré agradecido por la oportunidad que me brindó.

Entonces sólo había dos reporteros: el de deporte profesional, cuya labor me encomendaron a mí, y el otro era Rogelio Hernández Huerta, que se dedicaba a cubrir deporte amateur. Me mandaban a reportear notas de futbol y también realicé algunas de otros deportes, como boxeo, por ejemplo. Llegábamos a la redacción con el material, que se filmaba en cine, en 16 milímetros, y había que entregar la película para que la revelaran. Después escribía la nota, grababa el audio voz en *off*, y la nota quedaba disponible para el noticiero.

Así aprendí a editar, como cualquier reportero de televisión, siempre con la asesoría del productor. Es un trabajo creativo que nunca debe volverse rutinario. Siempre es importante encontrar un ángulo distinto, tratar de contar la noticia con un estilo propio. Eso sólo lo consigues con el paso del tiempo, ya cuando tienes el oficio de esta maravillosa profesión, de la que sigo aprendiendo, más ahora con los grandes avances de la tecnología.

Dos figuras del micrófono

Mi primera narración de un partido fue desastrosa. Estaba en el estadio Luis de la Fuente, "El Pirata". Ese día Veracruz jugaba contra el Irapuato. Durante el primer tiempo había estado reporteando en la cancha. En el descanso, al productor se le ocurrió decirme que narrara la segunda parte del partido. La verdad es que fue una osadía atreverme a hacerlo sin ningún tipo de experiencia previa, ni ensayos, ni nada parecido. Creo que fue un acto de imprudencia el que cometí, tal y como en otras ocasiones de mi vida. Vi la oportunidad de narrar y me lancé al ruedo para acabar haciendo un ridículo espantoso. Parecía que estaba pasando lista en el colegio y no narrando un partido de futbol. Ahí no había alma, ni emoción. A partir de este fracaso me propuse mejorar, aprender y tratar de hacerlo bien.

En esos años sufrí una reprimenda fuerte de don Luis de Llano Palmer, que me insistía en que debía guardar ciertas formas estando frente a la cámara. Estos regaños me sirvieron para tratar de superarme. En ese tiempo me acerqué a José Luis Ibáñez, un excelente productor y director de teatro, así como maestro de actuación, para que me diera consejos que me ayudaran a mejorar mi trabajo.

La narración la practicaba viendo partidos con el volumen de la televisión apagado y me ponía a describir las imágenes. Así fue como, poco a poco, fui encontrando el ritmo y la entonación adecuada, y comencé a crear mi estilo, el que, finalmente, me ha conferido identidad a lo largo de los años. Encontrar un estilo es fundamental para cualquier persona que se dedique a la comunicación. Tener un sello propio es la única manera de ser diferente a los demás y prosperar.

De los dos narradores que más aprendí fue de don Fernando Marcos y de Ángel Fernández. Eran dos "monstruos" del micrófono. Ángel tenía mucho ingenio para poner apodos y una fascinante pirotecnia verbal. Y don Fernando era un hombre culto, analítico, profundo en sus conceptos, que había sido jugador, entrenador, árbitro… y su forma de hablar de futbol se complementaba con la manera de narrar de Ángel, que atesoraba la virtud de transformar un partido mediocre en todo un espectáculo. Él sabía que la televisión era un medio de entretenimiento para el público, y actuaba en consecuencia.

A muchos aficionados conocedores del futbol no los convencía el trabajo de Ángel. Pero era una minoría. En cambio, a la gran mayoría la cautivaba. Los americanistas lo adoraban porque nunca negó su amor por el club. Al contrario, era un fanático desaforado del América y eso le otorgaba un rasgo de identidad ante la afición americanista. Este hecho polarizó su trabajo en la televisión, y también generaba una gran antipatía entre aquellos que odiaban al América tanto como al propio Ángel, que era un tipazo, dueño de una chispa infinita. Él y don Fernando hicieron una pareja extraordinaria y cubrieron toda una época de la televisión mexicana.

Después de analizar el trabajo de ambos, llegué a la conclusión que debía ubicarme en un término medio, procurando no imitar a ninguno, pero sí utilizando ciertos recursos de los dos, aunque con un estilo personal que fuera diferente.

Cuando uno comienza en esto es muy fácil caer en el error de imitar las entonaciones de los cronistas consagrados, y a veces te sucede sin darte cuenta. Es el defecto de no tener definido el estilo. Por eso también ayuda el ejercicio de escuchar las narraciones, e identificar qué cosas le vienen bien a tu forma de hablar, de ser y de sentir, para trabajarlas concentradamente hasta afianzarlas y encontrar una "voz" propia.

Considero que, en Imevisión, a mediados de la década de los ochenta, logré hacer algo distinto: narrar y comentar a la misma vez. Esto le dio un valor añadido a mi trabajo porque sabía "leer" bien un partido y me percataba de lo que estaba sucediendo en cuanto al movimiento de los equipos sobre la cancha. Y creo que esta forma de transmitir le gustó a la gente, aunque debo admitir que me costó trabajo llegar a dicha conclusión, y a partir de entonces procuré madurar la idea y convertirla en un sello distintivo.

Por otra parte, siempre me ha gustado ser mesurado en mis comentarios, alejarme de lo "explosivo", y más ahora que esa forma de hacer televisión se ha vuelto más frecuente. En este sentido, siempre he sido fiel a mi estilo y, al cabo de casi medio siglo de permanencia en los medios, creo que eso también tiene un mérito; es decir, el hecho de no dejarte influenciar por las tendencias o las modas.

Aciertos y errores

Hacer televisión o radio en vivo tiene la espontaneidad que representa la improvisación, dentro de lo que cabe; de la sorpresa; del error, que es preciso subsanar sobre la marcha para no quedar como un tonto ante la audiencia.

En un partido de Pumas contra Nacional de Montevideo había un jugador que se apellidaba Cabrera, y al ir a buscar un balón dije: "¡Varela fue al cabrón!", en lugar de "¡Cabrera fue al balón!" Me di cuenta en el momento, pero seguí narrando y traté de disimularlo. No quiero ni imaginar hoy día una metedura de pata de ese tamaño con la existencia de las redes sociales. Seguramente, me hubiesen crucificado aquellos a los que no les simpatizo.

A diferencia de lo que ocurre en otros países como España, Argentina o Uruguay, donde existe un mayor conocimiento sobre futbol, en México la gente se fija más en su equipo que en el juego; defiende sus colores y disfruta el espectáculo, pero no suele ser tan agudo en la observación del juego. Los aficionados de otros países están más documentados y analizan mejor lo que sucede sobre la cancha.

Y respecto a los comentaristas de televisión, hay tantos, que la mayoría no están bien preparados, por eso algunos duran poco, porque no hay quién los oriente. La cantidad de jóvenes que quieren ser comentaristas o narradores de futbol es impresionante, y son escasos los que llegan a consolidarse y hacen una carrera destacada en los medios.

Para ser un buen narrador de futbol hay que tener conocimientos, dedicación, disciplina, buena voz, cultura general, personalidad, ser perseverante y procurar relacionarse con personas que te puedan ayudar, porque de otra manera es muy difícil prosperar. Y si alguien se quiere dedicar a esto, le sugiero que realmente piense si está dispuesto a sacrificar muchas cosas, además de que se trata de una carrera muy mal pagada, y más del 70 por ciento de los que lo intentan se quedan en el camino.

Quizá uno de los atractivos para aquellos que nos gusta viajar, es que a través de esta profesión conoces el mundo. He tenido la oportunidad de viajar a muchos lugares, casi como cualquier persona con una posición económica desahogada. Formar parte de los medios de comunicación no ha significado un "trabajo", tal y como lo entenderían otros. Esto ha sido una alegría permanente que me ha dado muchas satisfacciones y me permitió realizarme como persona después de haberme retirado de las canchas. Y ahora que lo pienso, estaría dispuesto a hacer mi trabajo con idéntico entusiasmo, aunque no recibiera una buena paga. Espero que esto no lo vayan a leer mis jefes, jejeje.

A veces he abusado de esa "afición" a mi trabajo, supongo, porque he antepuesto mis obligaciones laborales a otras cosas que, en su momento, eran prioritarias, como la familia, por ejemplo. Pero es que me apasiona tanto el futbol, que ha sido la causa de que me haya metido a fondo en lo que he estado haciendo a lo largo de mi vida.

Recuerdo una anécdota muy simpática que refleja lo que estoy afirmando. Cierto día, un compañero futbolista no llegó a un entrenamiento, y al día siguiente que el técnico le preguntó el motivo, éste le dijo:

—No vine porque nació mi hijo —a lo que el entrenador le preguntó:

—¿Acaso es usted ginecólogo?

A mí se me quedó grabado ese comentario, y aunque creo que el entrenador exageraba, la enseñanza estaba dada:

ser profesional y responsable, y cumplir con tus obligaciones por encima de cualquier circunstancia.

Mirando al futuro

Los medios de comunicación han sufrido una transformación que hace dos o tres décadas no hubiésemos imaginado. Antes sólo había un par de programas de futbol por radio a la semana y hoy hay varios, y se emiten todos los días. Y también canales de deportes de televisión como FOX Sports, ESPN, TUDN, donde transmiten programas especializados de análisis.

Por si fuera poco, estos programas ahora están al alcance de la mano, a cualquier hora, en los teléfonos móviles, que es donde creo que está el futuro por la forma y el estilo de vida que la sociedad acabará por tener de aquí a los próximos años. El celular se ha convertido en un artículo de primera necesidad para millones personas, y no sólo se ha convertido en una necesidad sino una dependencia.

Además, y como lo he venido comentando, también están las redes sociales en las que encuentras contenidos en tiempo real. Aunque la información se expone con una gran inmediatez, muchas veces no profundiza en los aspectos más interesantes. La crítica que se hace ahí tiende a ser visceral y carece de objetividad. Pero así funcionan estas plataformas y cada vez son más los usuarios que las consultan.

Los medios de comunicación obligan a sus colaboradores a participar en las redes sociales para que contribuyan a difundir la información. Y como dice el refrán: "El que se ríe, se lleva". Así es como hay que afrontarlo. Si estás en *X*, por ejemplo, y alguien se mofa de ti, procuras ignorarlo. En otras ocasiones, respondes un comentario o aclaras algún hecho en concreto. Si te insultan tienes la opción de bloquear al usuario que te faltó al respecto. Si *X* no fuera gratis, estoy seguro de que no tendría el mismo éxito. Quizá lo más valioso de esta plataforma es que el aficionado cuenta con un eficaz canal de expresión y puede utilizarlo para manifestar rechazo ante cualquier situación determinada, y externar su comentario al respecto de cualquier decisión tomada por el presidente de un equipo o los directivos de la Federación Mexicana de Futbol.

La mediatización del futbol ha ido en aumento a la par de la penetración que, con el paso de los años, han tenido los medios de comunicación. El rápido avance de las nuevas tecnologías ha hecho de este deporte un asunto sumamente popular. Los futbolistas se han transformado en *rockstars*, lo que ha incidido en que exista una mayor profesionalización entre ellos.

Lo que no comprendo es que en México no se haya puesto en marcha un canal de televisión de un equipo, como los del Barça y Real Madrid, donde todo el día están informando a sus seguidores cuanto acontece alrededor del equipo y sus futbolistas. Creo que Televisa podría hacerlo con el América, dada la importancia y popularidad del equipo, y de la propia televisora que también es propiedad de Emilio Azcárraga Jean.

Chivas TV surgió en una época en que la red de internet no estaba todavía al nivel de hoy. Por otra parte, antepusieron la transmisión de partidos en vez de pensar en la consolidación de un canal alimentado de contenidos interesante sobre el equipo. Esto lo hubieran conseguido mediante la programación de partidos antiguos, entrevistas con las figuras legendarias de Chivas, programas noticiosos o de análisis, etcétera. Y tengo que reconocer que con el tiempo ha mejorado notablemente.

Resulta increíble que el equipo que comenzó con un programa de televisión dedicado a su institución haya sido el Pachuca, con la emisión llamada *Tuzzoccer*, y eso que no estamos hablando de los mismos presupuestos que manejan los equipos grandes. Creo que se han tardado en hacer algo similar. Esto resultaría muy relevante como medio de difusión para cada una de sus franquicias.

Si nos comparamos con otros países de América Latina, los medios mexicanos han hecho una gran labor alrededor del futbol y hemos crecido mucho en dicho aspecto. Quizá seamos uno de los tres países más competitivos en este renglón, con Argentina y Brasil. Pero si hacemos una comparación con determinados países europeos, como Inglaterra, Alemania o España, todavía nos falta conseguir que el futbol tenga una mayor exposición y, sobre todo, mediante la producción de contenidos de calidad.

Por ejemplo, las producciones de los resúmenes de partidos de Liga Premier están filmadas en cine, y se emiten al día siguiente con una gran calidad. Eso es realmente un lujo para el aficionado, y hasta para cualquier espectador, aunque no le guste tanto el futbol. En cambio, aquí en México se transmiten resúmenes de televisión y sólo con aquellas imágenes que te permite utilizar la competencia cuando no tienes los derechos de imagen.

La Liga MX debería producir un resumen adecuado, y si no quieren filmarlo en cine porque resulta muy costoso, se podría establecer una alianza con todas las televisoras para que ese contenido fuera una especie de "resumen oficial" de la liga, con un costo razonable para las propias televisoras. Así se haría una comunicación unificada.

"La tienda de enfrente"

Cuando Imevisión comenzó a llamar la atención por sus contenidos, en la década de los ochenta, el público se dio cuenta de que sí se podía hacer otro tipo de televisión. La creatividad fue una característica distintiva del equipo de trabajo que encabezaba José Ramón Fernández. Había gente muy talentosa, como el productor Armando Sáenz, o Jessie Espinosa, que era una magnífica coordinadora, además de todo el equipo de comentaristas. Entonces aparecieron programas atractivos, que se presentaban de una manera diferente y le gustaban al público.

En esos años transmitíamos los partidos de Pumas y Chivas, y es de justicia reconocer que se respiraba un espíritu de superación de todos nosotros. Nos sentíamos orgullosos del trabajo realizado y sabíamos que empezaba a gestarse una rivalidad con los programas y transmisiones de deportes de Televisa. De hecho, a mí fue a quien se le ocurrió la idea de bautizarlos como "los de la tienda de enfrente", y un día José Ramón me preguntó:

—¿Bueno, y entonces nosotros qué somos? —le respondí:

—Somos una tiendita al lado de un supermercado —le contesté al aire en *DeportTV*. Esa era una forma elocuente de comparar el tamaño de ambas empresas.

Sin embargo, nunca nos acomplejamos, ni nos sentimos inferiores; al contrario, buscábamos despertar la atención del público, que fue lo que siempre nos alentó a seguir adelante. Procurábamos hacer las cosas bien para tratar de arrebatarles el *rating*. El programa clave para conseguirlo fue *DeporTV*, uno de los mejores de la historia de la televisión mexicana en materia deportiva. Y aunque andando los años tuve algunas dificultades con José Ramón, nunca dejaré de reconocer que tuvo un decidido liderazgo y conseguimos muchos logros trascendentes.

La rivalidad con Televisa se acentuó a mediados de los ochenta. Hubo, inclusive, situaciones de clara confrontación en las que varios comentaristas de las dos televisoras estuvieron a punto de llegar a los golpes. Lo más curioso es que mientras nosotros peleábamos y discutíamos, los dueños de las compañías de televisión que estaban arriba comenzaban a ponerse de acuerdo y pactaban entre ellos. Eso fue mucho más evidente cuando Imevisión dejó de pertenecer al gobierno y se convirtió en Televisión Azteca en 1993, cuando la adquirió Ricardo Salinas Pliego.

Cabe mencionar que tuvo mucho mérito lo que se hizo en Imevisión, no me cabe la menor duda. Y cuando cambiaban al director, lo que a veces sucedía con frecuencia, no afectaba mayormente a la estructura. La gente seguía trabajando con el mismo rumbo definido que se había trazado unos años atrás.

Cuando llegué a Televisa, la empresa era gigante. Ahora no conozco con exactitud la situación que se vive ahí, pero en esos años tenía una inmensa penetración en el panorama nacional. Aparecer en un programa en el Canal 2 me dio más popularidad, por la influencia que tenía Televisa entre la gente. De ahí tomé la decisión de irme a FOX Sports —más adelante contaré los detalles de mi salida de Televisa—, y pensé que había que picar piedra porque en el año 2006, cuando comencé con el programa *Fox Gol*, se hacía en un estudio que nos rentaba Multivisión.

La escenografía no era ni la sombra de lo que había visto en Televisa. Los presupuestos eran reducidos. Pero al cabo de unos años, FOX empezó a crecer con una enorme proyección y es una cadena muy fuerte, que hoy día transmite equipos de la Liga MX, y ha sido la que más ha impulsado el desarrollo del futbol femenil en México. Ha tenido en su programación la Copa Libertadores y también La Champions, con muy buena aceptación por parte del público. FOX no es un medio de comunicación donde se hable bien de un equipo determinado, sino que existe objetividad y cada comentarista dice lo que piensa, lo que siente, y nunca se ha ordenado a los comentaristas alinearse a una política editorial.

Por cierto, debo mencionar que cuando entré a Televisa nunca me marcaron línea, aunque sí había compañeros que me contaban que antes los castigaban por emitir comentarios en contra del América, aunque su apreciación fuera correcta. El castigo consistía en quedar "suspendido"; es decir, dejar de aparecer en la programación semanal de la transmisión de algunos partidos, lo que se traducía en recibir menores ingresos. Pero nunca tuve un problema de este tipo, quizá porque mi llegada se dio en una época en la que se buscaba una apertura gradual y las cosas comenzaron a cambiar.

De hecho, mi llegada a Televisa fue un paso más de dicha apertura, si consideramos que había sido un comentarista muy identificado con Imevisión. Por cierto, no recuerdo haber hecho nunca una crítica ofensiva hacia Televisa. Eso no va conmigo, no es mi forma de conducirme en los medios. Siempre he procurado ser respetuoso y he tratado de fundamentar mis argumentos. Desconozco si en estos últimos años Televisa volvió a aplicar aquella vieja práctica de dar "línea" a sus comentaristas, aunque tengo la impresión de que ya no lo hace.

Aquella forma de proceder era absurda porque el televidente no es tonto y no se le puede engañar. Si el América jugaba mal, la gente se daba cuenta, y no porque los comentaristas estuvieran diciendo lo contrario. Eso, al final, creó un ambiente adverso en contra del equipo y también de Televisa.

Reclamos de silbantes

A lo largo de tantos años en los medios, he podido observar que la manera más sencilla de adquirir notoriedad es hiriendo, insultando, "golpeando". Y hay gente a la que le agrada ese tipo de comentaristas, porque consideran que ellos "sí dicen la verdad", y los siguen muchas veces de manera equivocada. En cambio, lo verdaderamente meritorio es hacer una carrera brillante basada en el conocimiento, en el estudio de la materia analizada. Soy consciente de que se trata del camino más difícil, pero también el más reconfortante. Es el camino que me propuse recorrer cuando comencé a trabajar en esta profesión y nunca he tenido dificultades con nadie. Bueno, solamente un día me llamó el árbitro Marco Rodríguez para reclamarme porque me había referido a él como "Chiquidrácula". Este apodo se lo pusieron cuando inició su carrera como árbitro. A mí se me hizo fácil llamarlo así durante una transmisión, pero no lo hice con ánimo de ofenderlo. Me comentó que no le parecía correcto que yo me refiriera a él de esa manera y tenía toda la razón del mundo. Le ofrecí una disculpa y ahí terminó el asunto.

Otro día se molestó conmigo Edgardo Codesal. Afirmé que lo habían elegido a él para acudir a pitar a la Copa del Mundo de Italia 1990, porque su suegro era Javier Arriaga, el presidente de la Comisión de Arbitraje. Y comenté que me parecía una injusticia que no fuera Arturo Brizio, que tenía más merecimientos para representar a México en ese Mundial. Pero fuera de estos dos casos aislados, curiosamente los dos con árbitros, nunca he tenido problemas con nadie.

En el diccionario del futbol la palabra "autocrítica" no existe. Son pocos, realmente, los que la tienen y se atreven a decir: "jugamos mal", o "el árbitro estuvo bien, aunque nos anuló un gol", etcétera. Aquí la culpa siempre es de otro. Excepcionalmente escuchas una frase en la que un jugador o un técnico diga que la regó. Casi nadie reconoce que se equivocó y eso creo que no es ético. Por eso, muchas veces dan risa las declaraciones que escuchas en muchas conferencias de prensa al terminar un partido. Ser autocrítico te sirve para reconocer tus errores y tratar de enmendarlos; te ayuda a crecer como persona y eso se traslada también a tu trabajo.

Retomando el tema de los comentaristas, también se vale buscar la originalidad, desde luego, como la que han encontrado Luis García y Christian Martinolli. A Luis lo considero uno de los mejores analistas que hay en la televisión mexicana, y creo que Martinolli tiene un ritmo sensacional para narrar, y ellos eligieron un estilo diferente. No sé cómo nació, pero es original y a mucha gente le gusta. En ocasiones son irreverentes; en otras, muy simpáticos… y en otras más, insoportables. Pero creo que tienen la cualidad de ser auténticos, y la autenticidad es un bien generalmente escaso en la televisión. Ellos apostaron por esa forma de narrar un partido y les dio un gran resultado. A mí no me gusta, pero los admiro y los respeto por lo que han logrado. Aparte, siempre he pensado que para luchar contra la maquinaria de Televisa se necesita hacer algo diferente, como en su día lo hicimos en Imevisión.

Emocionarse y emocionar

Para narrar bien un partido hay que ser emotivo. Es importante compenetrarte con el ambiente, con la atmósfera que se vive en el estadio, con lo que está sintiendo el jugador y también el público. Si a ello añades una buena voz, ritmo y conocimiento sobre futbol, se reúnen los requisitos más adecuados para que la transmisión sea buena. Explicarle al televidente lo que está mirando en la pantalla, pero también aquello que está sucediendo en otro lugar de la cancha. Eso es producto de la observación y saber captar todo cuanto acontece en el estadio. Porque la televisión sólo sigue la zona de movimiento, pero a veces está pasando algo más en otra parte del campo que va a tener un desenlace que involucra a la acción principal.

Con todos estos elementos configuras una buena narración. Y también es importante tratar de ser didáctico, porque no podemos suponer que los televidentes saben de futbol como si fueran profesionales. ¡Al contrario! Hay que hablar con sencillez para que toda la gente te entienda lo que quieres transmitirle y tratar de utilizar un lenguaje práctico, directo, de fácil comprensión para un público diverso.

Hay cronistas a los que la revolución no les ha hecho justicia, como se dice coloquialmente. Es el caso de Raúl Pérez, que es un gran narrador y no sé por qué no ha llegado más lejos. Me parece que los cronistas que han tenido una formación en la radio han conseguido un ritmo más fluido, y tienen más recursos por aquello de estar describiendo con lujo de detalle lo que ocurre en un partido. Y conseguir que la gente se emocione con escucharlos, ya representa un logro en sí mismo. Por desgracia, la tradición de narradores de radio en los deportes se ha ido perdiendo y es triste porque tiene una magia especial.

Hacer los programas de análisis en la radio también ha sido un trabajo que me agrada muchísimo. En Grupo Fórmula, la cadena más importante de México, llevo 27 años al aire de lunes a viernes con el programa *La Fórmula es Orvañanos*. Desde aquí quiero agradecer a don Rogerio Azcárraga y a su hijo Jaime, quienes confiaron en mí en aquellos años en que este consorcio radiofónico comenzaba a introducir programas hablados en su programación. Para mí, tener este programa de radio ha sido una de las mejores cosas que me han sucedido en la vida, porque ahí he formado parte de un equipo de periodistas muy destacados, como es el caso de Joaquín López-Dóriga, Pepe Cárdenas, Ciro Gomez Leyva, Leonardo Curzio, Eduardo Ruiz-Healy o Maxine Woodside, entre muchos otros, que le han dado lustre a Grupo Fórmula.

Este programa tiene su antecedente en aquél que hacíamos en Radio Mundo a comienzos de los noventa, cuando se transformó en Radio Sportiva. De ahí nos fuimos a

Radio Variedades, una estación de Grupo Radio Centro, y luego a Grupo Fórmula, donde hemos conseguido mantener el programa como el de mayor audiencia de su género. Me encanta hacerlo y espero seguir al aire más años.

En la radio te sientes más libre que en la televisión; eres menos formal, más casual y espontáneo, y esto encaja muy bien con mi estilo. La radio es un medio de comunicación de una gran importancia, que muchas veces se ha visto infravalorado por aquellos que no conocen sus alcances.

En todos estos años he tenido magníficos compañeros, varios de los cuales los considero amigos sinceros, como a Enrique "El Perro" Bermúdez, con el que le dimos la vuelta al mundo narrando los partidos de la Selección Mexicana.

En su día tuve la oportunidad de trabajar con figuras de la talla de don Nacho Trelles, que era una enciclopedia sobre futbol. Y de ello dio constancia durante una transmisión que hicimos en el mundial de 1978, en el Estadio de Mar del Plata, en Argentina. Estuvimos más de media hora hablando antes del comienzo de un partido. Y ello se debió a que los equipos de Francia y Hungría saltaron a la cancha con una camiseta de una tonalidad muy parecida. Tuvieron que ir a buscar camisetas del Temperley, que era el equipo local, para que las utilizaran los jugadores de Francia y el partido se pudiera disputar.

En esos minutos aproveché para hacerle una entrevista a don Nacho, en la que contó cosas que no había platicado nunca, tales como el hecho de haber sido futbolista en Chicago. Don Nacho, además de ser un conocedor del futbol en todos sus aspectos, atesoraba un sentido del humor muy agudo. Era un tipazo, además de un personaje que, tras una fructífera vida de 103 años, se convirtió en una leyenda del futbol mexicano.

Miguel Marín tenía una personalidad sumamente atractiva y se expresaba muy bien. También trabajé con Benito Pardo, Manuel Lapuente (fallecido en octubre de 2025), "Carlito" Peters y Óscar Ruggeri, entre otros personajes que aportaban muchos conocimientos y enriquecían las transmisiones. Con Hugo Sánchez, por ejemplo, tuve oportunidad de hacer distintos viajes para acudir a narrar varios partidos. Era impresionante ver cómo la gente lo reconocía en todos lados. Recuerdo una noche en París, por allá de 1997. Íbamos con Manuel Lapuente y al llegar a cenar a un restaurante de la famosa avenida de los Campos Elíseos, el local estaba lleno y no nos querían recibir, pero cuando el capitán reconoció a Hugo, de inmediato improvisó una mesa y nos atendieron de maravilla.

Con Manolo tengo una magnífica amistad. Fuimos rivales en una época. Siempre lo bromeo de que no salió campeón goleador por mi culpa, porque Amaury me metió dos goles en el último partido de la temporada 66-67 y así fue como le arrebató el título de goleo a Manolo. Disfruto enormemente su compañía porque le gusta la comida y el buen vino, y en eso congeniamos bastante.

Sin duda, uno de los aspectos más gratificantes de mi profesión de narrador y comentarista de futbol, es que me ha permitido hacer estupendos amigos en el camino, y para mí eso es algo muy valioso.

3. El futbol y la televisión

La televisión ha sido muy importante para el futbol. Primero Telesistema Mexicano comenzó a transmitir los partidos y recuerdo haber visto los del Mundial de Chile 62; un gran Mundial en cuanto a transmisiones de televisión se refiere. Aquella operación representó una hazaña titánica, pues tuvieron que llevar una unidad de televisión en barco para hacer todo el trabajo, y luego enviaban los rollos de película en avión conforme se iban disputando los partidos, para que llegaran aquí al día siguiente y se pudieran transmitir. En ese entonces a nadie la importaba que fueran en diferido. Al contrario, se agradecía mucho que los pasaran.

Entre este Mundial y el de Inglaterra 66, las transmisiones de futbol empezaron a tener un mayor auge. En México, los partidos de Ciudad Universitaria se transmitían los jueves y domingos y tenían una amplia audiencia. Hay que considerar que la televisión estaba todavía en su fase inicial y la programación era escasa.

En esos años a los que me refiero, el futbol se le fue por delante al béisbol, que era un deporte con mucho arraigo en el país. Y también había mucha afición por el boxeo y la lucha libre, con sus grandes figuras como "El Cavernario" Galindo, El Santo, Blue Demon o La Tonina Jackson, entre otros. Cuando yo era niño me encantaba ver los enfrentamientos de estos luchadores. Sin embargo, la emisión de partidos a través de la televisión contribuyó a dar al futbol una mayor popularidad, que le permitió anclarse en el gusto del público mexicano.

Desconozco los motivos que llevaron a Emilio Azcárraga a entrar al futbol, pero lo hizo muy bien. Supongo que fue por dos razones lógicas: su afición a este deporte y su visión de negocio. Porque estoy seguro de que vio el filón económico que había detrás, y al poco tiempo de la compra del América, orquestó un despegue definitivo que ayudó al posicionamiento del futbol en el gusto de la gente, gracias a la gran influencia de la televisión.

El binomio Emilio Azcárraga-Guillermo Cañedo fue muy exitoso no sólo en la realización de Copas del Mundo, sino en el impulso para el futbol a través de la televisión. Y en esos años el América se fue para arriba con el apoyo de este medio de comunicación. Por entonces nadie imaginaba la importancia que iba a tener la televisión manejando un equipo.

Con el paso de los años nos empezamos a dar cuenta de lo que significaba que una televisora tuviera un equipo, y no me cabe la menor duda de que para esa época fue una circunstancia muy positiva que apareciera Telesistema Mexicano y que más tarde, al fusionarse con Televisión Independiente de México, surgiera Televisa en 1973, que aprovechó muy bien su fuerza mediática para la difusión del futbol y las telenovelas, los dos productos que le dieron un enorme éxito en los hogares mexicanos. Así que es preciso reconocer la labor que, andando el tiempo, realizó Televisa transmitiendo los partidos de futbol. Es importante notar que su influencia ha sido una parte fundamental en el desarrollo de este deporte en México.

De aquellos grandes cronistas de los que ya he hablado, como fueron Fernando Marcos y Ángel Fernández, que marcaron el rumbo a seguir para todos los que llegamos después, también estaban Óscar "El Rápido" Esquivel, que narraba béisbol y futbol, o Fernando Luengas, además de Pepe Alameda y Paco Malgesto, que eran las voces de la fiesta de los toros. Por otra parte, también recuerdo a Daniel Pérez Alcaraz y a "Madaleno" con su famoso programa *El Club del Hogar*. En provincia aparecieron buenos narradores de futbol como Roberto Guerrero, que lleva muchos años transmitiendo los partidos con un estilo muy agradable. El futbol creció en medio de este *boom* generado por la televisión.

Primero comenzaron a transmitirse los partidos que se jugaban en la Ciudad de México, y poco después los de Guadalajara, así como algunos de la Selección Mexicana. A partir de esa época el futbol se convirtió en un fenómeno de masas impresionante. La FIFA también comenzó a crecer de una manera bestial. Los afiliados a la FIFA eran más numerosos que los de la ONU. El dinero que siempre se ha manejado en FIFA es exorbitante, y por eso había que tener el control del futbol. Y fue en esta época cuando la labor de Televisa dentro del deporte empezó a distorsionarse, porque hasta antes de eso, los presidentes de la Federación Mexicana de Futbol no estaban vinculados a Televisa.

Al poco tiempo se fortaleció el mito de que los árbitros "ayudaban" al América, y creo que eso no es verdad porque, de ser así, el América hubiera ganado más campeonatos. Sin embargo, y eso es evidente, desde entonces y hasta la fecha, Televisa sigue teniendo el control de la Femexfut, pues, como lo señalé, sus presidentes han sido operadores colocados por Televisa con el único fin de proteger sus intereses. Aquí está la lista de los que vinieron después de José Luis Pérez Noriega (1970-1974):

Alfonso Estrada (1974) y Carlos Laviada (1974) tuvieron un paso fugaz por la presidencia de la Femexfut, y podría afirmar que fue de transición. Luego llegó Juan de Dios de la Torre (1974-1978), cuya labor no estaba tan influenciada por Televisa. Más tarde llegó Guillermo Aguilar Álvarez Mazarrasa (1978-1980), de Pumas, que sí fue un presidente que conservó su criterio y su independencia, fiel al espíritu que ha caracterizado a este gran equipo. Pero luego eligieron a Rafael del Castillo (1980-1988), y a partir del comienzo de esa década, la de los ochenta, se estableció esa nociva forma de proceder dentro de la Femexmut, en la que Televisa siempre la ha manipulado. Y estamos hablando ya de cuarenta años, que es mucho tiempo.

La lista de los demás presidentes de esta institución hasta nuestros días es la siguiente: Rafael Castellano (1988), que fue interino; Marcelino García Paniagua (1988-1989), de Chivas, que fue impuesto por Alejandro Burillo, accionista de Televisa, por paradójico que parezca.

Más adelante apareció Jesús Reynoso (1989-1990) de manera breve, y Francisco Ibarra García de Quevedo (1990-1993), que al principio hizo un buen papel, también de manera independiente a Televisa. Después regresó al cargo Marcelino García Paniagua (1993-94), otra vez impuesto por Televisa.

Juan José Leaño (1994-1998), también llegó de la mano de Televisa, y años después vinieron Raúl Borja Navarrete (1998), hombre de Pumas, y Enrique Borja García (1998-2000), que había tenido una estrecha amistad con Emilio Azcárraga Milmo, desde su época como jugador del América.

Luego Alberto de la Torre Bouvet (2000-2006), de Chivas, pero que estaba totalmente manejado por Televisa, lo mismo que Justino Compeán Palacios (2006-2015), que era un directivo con gran capacidad, excelentes relaciones, y que estuvo nueve años en el cargo... pero también era operador de Televisa. Justino le cedió la estafeta a Decio de María (2015-2018), un hombre brillante, pero obediente de las decisiones de Televisa, y Yon de Luisa (2018-2023) quien poco tiempo antes de ocupar este cargo se desempeñaba como presidente deportivo del América.

Más tarde llegó Juan Carlos Rodríguez (2023-2024), que terminó renunciando dos años antes de terminar su período, y actualmente está Mikel Arriola, que entró en marzo de 2025 y le tocará estar al frente de la Femexfut cuando se dispute el Mundial de 2026.

Los hechos saltan a la vista y la conclusión sobre este asunto que he comentado es evidente, recientemente ha vuelto a entroncar con las prácticas de aquellos años en que Guillermo Cañedo estuvo al frente de la organización, misma que, en su día, compaginó con la dirección del Club América durante una década, de 1960 a 1970. Y si hay que hablar del lado bueno de Televisa, creo que está encarnado en la persona de don Guillermo, que hizo cosas muy importantes por el futbol, aunque sin dejar de mirar por los intereses de Televisa, que para él eran una prioridad.

Cabe señalar que mi relación con la gente de la Federación ha sido buena en general. Cuando convives con algunos de estos personajes del futbol, en el momento en que cada uno está trabajando, procuramos conservar nuestra propia independencia, aunque siempre he tratado de decir lo que pienso sobre su trabajo, con argumentos, sinceridad y respeto.

Berlusconi y el Milán

En Italia hubo un caso similar al de Televisa cuando Silvio Berlusconi, que era dueño de varios medios de comunicación, entre ellos una televisora, llegó a encabezar el AC Milán durante casi 20 años, y creó un puente muy sólido entre el futbol y la política cuando ocupó la presidencia de Italia.

Desde luego que no veo mal que el dueño de una televisora sea propietario, a la misma vez, de un equipo. Lo que no me parece correcto es que pretenda mandar sobre la Federación Mexicana de Futbol y anteponga los intereses de su empresa de televisión a los del colectivo. Por ello, al cabo de tantos años de vivir una situación como la que se vive en México, me queda claro que está visto que no es saludable que Televisa siga manejando los destinos del futbol, porque no es el modelo que necesita este deporte. Y aunque la Femexfut ha tenido grandes presidentes, nunca dejaron de ser operadores de Televisa. Siempre recibieron órdenes de cómo comportarse respecto a los contratos de la Selección Mexicana. Esas decisiones siempre estaban dictadas desde la oficina de los señores Azcárraga, padre e hijo. Y hasta que Televisa no deje de meter las manos en la Femexfut, nuestro futbol seguirá sin tener un desarrollo mejor estructurado y con la proyección necesaria.

Ejemplos de esto que afirmo hay muchos. Recuerdo que, previo al Mundial de 1998 en Francia, los partidos que se consiguieron para la gira fueron horribles, contra equipos de Segunda División. A la Femexfut no le importaba mientras tuviera las transmisiones que generaban una cantidad muy importante de ingresos económicos para Televisa, pero sin importar la estrategia de entrenamiento de la Selección, que pasaba a un segundo término. Suena duro, pero la mayoría de las veces Televisa piensa primero en su negocio y no en el futbol. Y es lógico que así sea, porque su negocio principal es la televisión. Por ello insisto en que no es saludable que los directivos de la Femexfut sigan siendo sus operadores.

No se me olvida el día de 2004 que nos llamaron a una reunión con Ricardo Pérez Teuffer, que era el responsable de Eventos Especiales de Televisa, a la sazón un gran ejecutivo, muy profesional, de los mejores con los que he trabajado. Nos citó para anunciarnos que Emilio Azcárraga Jean había decidido, "en agradecimiento al futbol y lo que había significado para el crecimiento de Televisa", convocar a la formación de un "Consejo de Dueños" en la Femexfut. Desde ese momento percibí que, de ahí en adelante, el futbol iba a estar controlado por Televisa a través de este organismo que agrupa a los dueños de los equipos del futbol mexicano. Y de esto han pasado más de 20 años.

Fracaso de la oposición

Hay cinco o seis equipos que sí se han atrevido a ponerse en contra del Consejo de Dueños, pero los demás han sido sumisos y siempre han hecho lo que éste les ha pedido. Es así como el Consejo consigue la mayoría de votos para la toma de decisiones y de esta manera ratifica los contratos con la Selección.

El último fue uno de los más difíciles de concretarse, porque un grupo conformado por varios equipos pretendía que Televisa pagara más dinero por los derechos de la Selección. Este grupo se opuso a la suma ofrecida por Televisa, así que América Móvil, propiedad de Carlos Slim, a través de Elías Ayub, intentó entrar a la negociación y obtener otro tipo de producto para que ellos pudiesen transmitir desde una plataforma de internet, pero Televisa tampoco cedió.

En medio de este estira y afloja, algunos otros equipos que dieron marcha atrás, como fue el caso de Pumas, a través de Rodrigo Ares de Parga. Supongo que se retractó tras recibir una orden del rector de la UNAM, Enrique Graue. También se echó para atrás Alejandro Irarragorri, de Santos. Desconozco si lo habrán presionado para desistir de enfrentar al presidente de la Femexfut.

Finalmente, Televisa volvió a quedarse con los derechos de transmisión de la Selección pagando la cantidad que había ofrecido. A los pocos días, la Femexfut hizo saber que ya había firmado un contrato con Televisa con una fecha anterior a esta polémica reunión. Y lo más extraño del caso es que no lo haya avisado durante dicho encuentro. Esto quiere decir que la decisión estaba tomada desde antes, con la finalidad de blindar los intereses de Televisa y así evitar que se pusieran en riesgo.

Estos vanos intentos de rebelión han sido rápidamente sofocados porque en el futbol mexicano no hay unidad. Se trata de una industria manejada por Televisa, que se empeña en mantener el poder y no deja que nada ni nadie afecte sus intereses; vamos, los de su negocio de televisión. Y esta parece ser una historia que se repite constantemente, algo así como una de sus famosas telenovelas que, cada determinado tiempo, vuelven a poner en la televisión.

La función de Televisa tendría que ser exclusivamente con el América, al que por cierto manejan muy bien porque Emilio Azcárraga se ha rodeado de gente inteligente y capaz. A Televisa le hace falta una buena dosis de autocrítica y comprender que su dictadura dentro del futbol no le hace nada bien al deporte.

La falta de transparencia ha sido otro de los grandes problemas de nuestro futbol. A ello habría que sumar la alianza entre Televisa y Televisión Azteca, que es propietaria del Puebla y Mazatlán, y también tiene acciones en el Atlas, esto es un duopolio conformado por dos potencias televisivas con idénticos intereses, por eso ahora permanecen unidas. Y mientras no se dé prioridad a un manejo correcto del futbol, y se cuestionen a los intereses de dichas televisoras, la Selección no va a mejorar... y lógicamente no van a tener ellos un producto de más calidad para vender a sus patrocinadores. Su vista sólo alcanza a llegar hasta la televisión y no al campo de juego, y lo más lamentable de todo esto es que casi nadie se atreve a denunciarlo por temor a sufrir alguna represalia. En el futbol mexicano muchos medios prefieren levantar la alfombra y poner la basura debajo... "y hagan de cuenta de que aquí no pasa nada".

¿Y la transparencia?

Otro ejemplo del manejo inapropiado se da también con los contratos que firman las televisoras con los equipos de la Liga MX. Desde luego que han mejorado notablemente, y aquí es importante resaltar el trabajo de Grupo Pachuca. Cuando adquirió al equipo León, Jesús Martínez me preguntó por qué en FOX no les transmitíamos los partidos de la Liga de Ascenso, y aquella propuesta me pareció una excelente idea. Al poco tiempo el León ascendió a la Liga MX y se convirtió en un fenómeno impresionante porque es un equipo que goza de simpatía en todo el país. En ese momento me comentó Jesús que tenía un compromiso moral con Televisión Azteca y que ya no iba a ser posible transmitir los partidos de León a través de FOX.

Los directivos de FOX comprendieron la situación y nos resignamos, no obstante que queríamos tener los partidos de un equipo de Primera División. Entonces, León comenzó a negociar con Televisión Azteca para firmar el contrato. Gustavo Guzmán le dijo a los directivos del León que les iba a dar la misma cantidad de lo que pagaban por televisar los partidos de los Tecos, que eran tres millones y medio de dólares por temporada. También les comentó que se iba a ir de viaje a Europa y que a su regreso esperaba una respuesta. La gente de León rechazó esa oferta porque estaban convencidos de que la imagen del León representaba una inversión mayor que la ofrecida por TV Azteca y no llegaron a un acuerdo.

Quizá Guzmán pensó que a León no le iba a quedar más remedio que aceptar aquella oferta porque así se acostumbraba. Y ese gesto de arrogancia privó a TV Azteca de quedarse con las transmisiones del León. Al llegar el campeonato, el León se quedó sin transmisiones durante dos o tres jornadas. Jesús Martínez me llamó y por intermediación mía se consiguió que FOX se quedara con los derechos del León y así fue como se rompió el duopolio conformado por Televisa y TV Azteca.

A partir de ese día, todos los equipos que estaban con Televisa o TV Azteca les pidieron un aumento por el pago de los derechos de transmisión de sus partidos. Y a todos se los acabaron dando. Ese detalle fue lo que detonó todo, en una muestra fehaciente de que, en cierta medida, sí se puede acabar con ese círculo vicioso del manejo del futbol por parte de las televisoras en cuestión.

En la actualidad, FOX, ESPN, Televisa y Televisión Azteca transmiten los partidos en franca competencia, y así el devenir de la liga tiene una difusión más amplia y eso es beneficioso para los equipos y también para los medios de comunicación. Hoy en día no hay muchos empresarios que quieran invertir en el futbol. ¿Por qué? Imaginemos que a un empresario exitoso, al que le guste el deporte, le ofrecen en venta el Puebla, que es precisamente el equipo de su ciudad natal, ahí donde tiene afectos y negocios. Y le dicen que invirtiendo en el futbol tiene posibilidades de ganar dinero a mediano plazo, y además va a contribuir a darle un buen equipo a su ciudad y tendrá el gran escaparate mediático que le brinda este deporte, entre otras cosas parecidas. Pero cuando se entera que dentro de la Femexfut no tendrá voz ni voto, cualquiera con dos dedos de frente saldrá huyendo.

Una salvación

Si hubiera un cambio de fondo, integral, y con una administración independiente, estoy seguro de que habría más empresarios interesados en invertir en este deporte. Hoy día resulta curioso observar que la salvación del futbol en México es la multipropiedad; es decir, ser dueño de más de un equipo. En un principio no queríamos la multipropiedad porque se prestaba a suspicacias en los resultados de determinados partidos. Sin embargo, se ha visto que no ha habido corrupción en ese sentido. El ejemplo más claro es que el América echó a Segunda División a Necaxa, y ahí Televisa, que es dueña de ambos equipos, perdió mucho dinero con el resultado de aquel partido de 2009.

El futuro es digital

El futuro del futbol tiene un panorama muy alentador por el surgimiento de las nuevas tecnologías que van de la mano de internet. El proyecto de Marca Claro está siendo paciente y tarde o temprano va a ser exitoso. La apuesta del futbol debería ir en ese rumbo, considerando que hoy la gente tiene una enorme variedad de opciones en sistemas de televisión de paga, accesibles desde una pantalla convencional, una computadora, una laptop o un teléfono inteligente.

La tendencia indica que, en unos cuantos años, los partidos ya no se transmitirán únicamente a través de la televisión abierta, y en otros países esto ya es una realidad. Desde luego, quienes tienen los derechos de la Selección, están obligados a transmitirlos en televisión abierta. Y la televisión de paga, en la que están canales como FOX, ESPN, TUDN o VIX —que es de Televisa—, cada vez es más barata y accesible para una mayor cantidad de personas. Se trata de un negocio bien repartido entre los dueños de estos canales y las empresas de cable que compran su señal para incluirla en los paquetes que ofrecen a sus clientes. Sin embargo, la esencia seguirá siendo la misma: la calidad de los contenidos. Mientras la gente de producción sea creativa y se enfoque en generar propuestas interesantes para el público, tendrá éxito.

El futbol es un deporte que le interesa a una gama muy diversa de la población, desde el niño, que se forma como aficionado de la mano de su padre o su abuelo, hasta las personas de edad avanzada. El reto de las nuevas plataformas se encuentra en generar contenido lo suficientemente atractivo para un público de tan amplio espectro.

Los equipos, por otro lado, se enfrentan a la paradoja de que, para ser exitosos, deben mantener llenos los estadios aun cuando los aficionados pueden acceder a los partidos de forma sencilla, económica e inmediata desde su teléfono, sin salir de casa o desde cualquier lugar con una conexión aceptable a internet. Por ello, sería importante generar nuevas estrategias que ofrezcan a quienes asisten al estadio elementos de entretenimiento adicionales.

La tendencia es que los estadios nuevos se construyan con aforos más reducidos. El último ejemplo es el Estadio Olímpico de Tokio, edificado para los Juegos Olímpicos de 2020 en el mismo lugar donde estaba el antiguo Estadio Nacional. Su capacidad es de 68 mil personas, 22 % menos que el Estadio Azteca. Y, hablando de estadios, el "Gigante de Acero", como se conoce al estadio BBVA de Monterrey, y el Akron, de Chivas, no le piden nada a los mejores del mundo: son dos obras arquitectónicas de máxima categoría.

Los estadios de futbol soccer de Estados Unidos tienen una capacidad para entre 30 mil y 40 mil espectadores, y si en México tuviera que construirse un nuevo estadio de futbol, dependiendo, claro está, de la ciudad donde fuera a levantarse, no debería de tener más de 40 mil localidades. Sería el tamaño ideal para que la asistencia media de público contribuya a que las tribunas siempre se vean más o menos pobladas, un hecho que, por imagen, también favorece a la televisión.

Cuando se habla de una "entrada pobre" en el Azteca, con una asistencia de 25 mil personas, esa misma cifra en un estadio más pequeño representaría más de dos tercios de su aforo. El estadio de Tigres tiene una capacidad para 42 mil espectadores, mientras que el de Monterrey, que apenas se inauguró en 2015, puede albergar 52 mil personas. No tengo el dato preciso, pero ambos estadios están entre los cincuenta del mundo con mayor número de asistencia al año, y eso es un lujo para sus respectivos equipos, además de que representa un importante logro comercial para ambos.

También Tijuana es una plaza bien valorada, pues el precio de los boletos es elevado, y tiene un costo promedio de mil pesos para ver un partido de la Liga MX, a diferencia de lo que ocurre en otros estadios como el de Toluca o Pachuca, donde el ingreso del trabajador promedio es menor que en Monterrey y, por lo tanto, estos clubes tienen que vender los boletos a un precio más reducido.

Este tipo de equipos se ayudan con ingresos que proceden de otros rubros, como la publicidad, y tienen que ingeniárselas para lanzar determinadas promociones y procurar hacer más rentable su negocio. Si comparamos el precio de un boleto en México con el de otros países, éste debe ser uno de los más baratos del mundo. En Europa, por ejemplo, asistir al futbol es caro, sobre todo en Inglaterra o España, donde el precio promedio para ver un partido de primera división es de unos dos mil pesos.

En directo

Asistir a un partido tiene una emoción especial, distinta al hecho de verlo a través de la televisión, y lo digo sin reparos, no obstante que me dedico a transmitir los partidos a través de este medio de comunicación. Pero si te gusta el futbol, no hay como disfrutarlo en el estadio, ya que ahí tienes la posibilidad de gozar toda la experiencia que implica acudir a ver el juego. Esta comienza desde que compras el boleto y te pones de acuerdo con amigos o familiares para reunirte con ellos antes del partido.

Además, dentro del estadio tienes una visión más amplia de lo que está ocurriendo en toda la cancha; puedes ver cómo están "parados" los equipos, el movimiento del técnico en la banca y su interacción permanente con los jugadores, entre otras muchas cosas. A mí me produjo una enorme emoción la final de la Champions que disputaron el Tottenham y el Liverpool en el Wanda Metropolitano de Madrid. Lo que sucedía en la tribuna fue un gran espectáculo paralelo a lo que estaba ocurriendo en la cancha. Los aficionados del Liverpool estaban extasiados, no dejaron de apoyar a su equipo durante los 90 minutos. Hubo un momento en que el espectáculo era más vibrante en la tribuna que en el campo de juego, porque el partido, en sí mismo, fue un tanto mediocre. La emoción que es capaz de generar una afición como ésta, inyecta a los futbolistas una motivación extra que es bienvenida y hasta gozosa.

La televisión ofrece una visión parcial que únicamente se centra en el balón, excluyendo la "mirada periférica" que se goza al estar sentado en la tribuna. Esa frescura de ver un partido en directo quizá pueda compensarse para el que lo está viendo en la televisión, porque cuenta con las repeticiones, la cámara lenta o los comentarios de los especialistas, detalles que conforman el lenguaje visual de un partido visto a través de la televisión.

Personalmente, no me agrada ver un partido de futbol diferido, aunque no conozca el resultado. No sé por qué pierde la sensación de emoción que me produce verlo en vivo. Y aunque no sepa lo que va a pasar, el hecho factible es que cualquier cosa que vaya a ver en la pantalla, ya ocurrió. Tengo amigos que graban los partidos y te prohíben que les reveles el resultado porque van a llegar a su casa a verlos.

En lo tocante a mi adaptación a la tecnología, se me quedó grabada una frase venida de Japón: si no estás al día en el manejo de los dispositivos digitales de la modernidad, te conviertes en un analfabeto. Desde entonces me propuse no rezagarme en el aprendizaje del uso de las nuevas tecnologías. Es cuestión de preguntar a los más jóvenes y de practicar para familiarizarte con la utilización de este tipo de dispositivos y plataformas.

Desde luego que tengo personas que me ayudan a manejar mis redes sociales, porque a mí no me daría el tiempo laboral de un día completo para hacerlo por mi cuenta. Soy consciente de que tus redes se vuelven una fuente de información para quienes te siguen. Pero hay que procurar adaptarse a lo nuevo. Y más, viniendo de la vieja escuela, en la que, como ya dije, hacíamos notas para la televisión con escenas filmadas en película de 16 milímetros.

También debo reconocer que las redes sociales le han dado voz a todos, y hay quienes las utilizan para insultar en lugar de cuestionar, preguntar o proponer, que sería más atractivo para quienes estamos del otro lado, siempre expuestos a una descalificación o calumnia. Porque a ciertas personas, escondidas en el anonimato de un mensaje digital, se les hace fácil insultarte. Decía un amigo, en tono jocoso, que "el problema de X es que es gratis", así que escribir una mentada de madre no cuesta nada.

Aunque hay que ser conscientes de que no todo lo que aparece en internet es verdad, y suele haber mucha información falsa, sesgada o sin un respaldo periodístico profesional, las redes sociales te sirven para tener un conocimiento más ágil de lo que está sucediendo en el mundo o de cosas que la prensa, a veces, no alcanza a conocer o ni siquiera quiere desvelar.

Suelo rechazar cualquier discusión violenta, como de pronto veo que sí enfrentan algunos de mis compañeros, pero considero que sí les doy un uso adecuado, y eso ayuda a tratar de potenciar mi trabajo y mi imagen. Y por eso, me agrada mucho ver comentarios serios e inteligentes, los cuales no abundan en redes. Más aún cuando salen de la cuenta de aficionados que saben argumentar. De pronto te encuentras con alguien que te hace un análisis objetivo, preciso, sobre un partido o algún tema noticioso, y eso da gusto.

Cuando surgieron las redes sociales —Facebook y X—, básicamente, nunca me hice el planteamiento de quedarme fuera, pero conozco colegas que nunca les interesaron y no las usan. Ciertamente, no me considero un apasionado de ellas, ni tampoco las he sobrevalorado, pero sí creo que son de mucha utilidad.

La publicidad en el futbol

La publicidad abarca otro tema interesante para el comentario, pues hoy día ha llegado a unos niveles increíbles si lo comparamos con lo que me tocó vivir cuando era jugador.

Respecto a la publicidad que se pauta durante una transmisión de futbol, me parece que ya rayamos en la exageración. Ese tipo de publicidad que aparece mediante "súpers", como se dice en lenguaje televisivo, es abrumador. A mí no me gusta, porque corta el ritmo de un partido, pero hay que tolerarlo porque así es el negocio de la televisión.

Por otra parte, la publicidad estática ha crecido una barbaridad, está bien aprovechada y no es un factor que distraiga la atención del televidente. Hay pantallas abajo, en la cancha, y arriba, también. Son modernas y vistosas, y le dan su colorido al estadio, además de que impactan a quienes siguen un partido a través de la televisión.

Habría que comentar que cuando el Pachuca estaba a punto de terminar su contrato con Televisión Azteca, ya era un hecho que los partidos los iba a transmitir FOX Sports. Y en las últimas transmisiones que hizo TV Azteca de los partidos del Pachuca, algún ejecutivo dio la orden a los productores que las tomas de sus camarógrafos las hicieran cerradas para evitar que se vieran los anuncios estáticos colocados alrededor de la cancha. El problema de esta decisión era que, al tratar de cerrar las tomas para que no se vieran dichos anuncios, se cortaba parte de la imagen que correspondía al juego. Y este no es sino un ejemplo más de ese poder y el celo de las grandes televisoras, así como sus prácticas monopólicas y autoritarias que nada bien le han hecho al futbol mexicano.

Otro tema de la publicidad en el futbol son los anuncios en las playeras de los futbolistas. Si se trata de un equipo que tiene una gran convocatoria, no hace falta poner más que un solo anuncio, pero si no es uno de esos equipos privilegiados, se ven obligados a colocar las marcas de varios patrocinadores porque eso representa un ingreso importante.

Para el Campeonato Mundial de Clubes solamente puedes tener un patrocinador. Para este torneo, el Monterrey, por ejemplo, eligió a la marca OXXO como su único patrocinador, y fue lógico que así lo hiciera porque esta cadena de tiendas de conveniencia pertenece a FEMSA, el grupo propietario del equipo y allí tiene su sede.

En este caso, las marcas de ropa que fabrican uniformes deportivos, como Nike o Adidas, aportan dinero a las federaciones de cada país para obtener los derechos, que luego aprovechan al vender las camisetas de cada Selección. La playera de México debe ser de las más vendidas en el mundo, pues su comercialización se dirige a dos mercados gigantescos: México y Estados Unidos, donde vive una enorme comunidad de más de 39 millones de paisanos, equivalente a una tercera parte de la población total de México. Me parece que, en época de Mundial, la camiseta de la Selección Mexicana es la segunda más vendida luego de la de Brasil. En teoría, el dinero que recibe la Femexfut por concepto de derechos de marca para la venta de playeras, se utiliza para sostener a las divisiones menores, y dicho sea de paso, en estas divisiones se ha hecho un buen trabajo.

Las fuerzas básicas

Hace algunos años, Nacho Trelles me contaba cómo se trabaja en México con las fuerzas básicas, y quién mejor que él para explicarme este asunto. Existían las llamadas "reserva especial", la "reserva profesional" y "la juvenil". Después apareció el "Campeonato Nacional de Reservas", donde jugaban las reservas profesionales con algunos titulares que no iban a alinear. Este torneo tenía muy buen nivel.

En la época de Decio de María como presidente de la Femexfut se les ocurrió una excelente idea que fue organizar los torneos de Sub-17 y Sub-20. Y luego aparecieron los torneos Sub-13 y Sub-15. El resultado de esta importante labor es la producción de buenos futbolistas. Lo más significativo es observar quiénes trabajan bien con sus fuerzas básicas.

En primer lugar pondría a Pachuca, Santos y América, que son magníficos ejemplos del trabajo que se hace con los jugadores más jóvenes. Quizá también colocaría en este renglón al Guadalajara, a pesar de que ha producido muy pocos futbolistas para el primer equipo. Durante mucho tiempo José Luis Real hizo un estupendo trabajo.

El Atlas ha sido otro de los equipos que han hecho un papel destacado en este sentido. Pumas, por su parte, busca retomar el trabajo de otra época, cuando se distinguió por producir jugadores nuevos y relevantes, como sucedió en la etapa del ingeniero Aguilar Álvarez, especialmente en los años en que surgieron Hugo Sánchez, Manuel Negrete —quien jugó para el Sporting de Lisboa y el Real Sporting de Gijón— y, más tarde, los dos Luises: Flores y García, entre otros.

Pumas producía jugadores de calidad, varios de los cuales se fueron a jugar a Europa. Esa labor se descuidó y a Pumas le pasó factura. Porque no sólo es producir jugadores, sino darles la oportunidad de desarrollarse, que era lo que en su día hicieron muy bien, como hoy día está ocurriendo con Pachuca y Santos. Chivas exportó a Maza, Salcido y al Chicharito, jugadores salidos de su cantera, además de José Juan Macías, aunque a él no le fue bien.

Es la asignatura que tiene pendiente el conjunto tapatío: la optimización de sus fuerzas básicas, lo que ha hecho América, que sacó a Guillermo Ochoa, Edson Álvarez y Raúl Jiménez. El asunto es que cuesta mucho trabajo ayudar al primer equipo porque abundan los extranjeros que copan los espacios en los que se podrían desarrollar mejor los jugadores extraídos de las fuerzas básicas del América. En la actualidad, los jóvenes buscan estar en equipos como Pachuca o Santos, porque saben que en ellos pueden encontrar una oportunidad de jugar en Primera División y prosperar.

El nivel de competencia de México en equipos Sub-15, Sub-17, incluso Sub-20 es bastante bueno y ha dado resultados positivos. Sin embargo, luego es difícil que esos jugadores den el salto cualitativo, quizá porque no encuentran las oportunidades necesarias para desarrollar su talento a una edad temprana, algo que, por desgracia, no suele suceder.

4. Mi paso por Televisa

Mi llegada a Televisa fue tan curiosa como inesperada. Pero antes debo contar que, a comienzos de la década de los ochenta, tuve unas breves participaciones en Canal 11, del Instituto Politécnico Nacional, donde me solicitaron apoyo para transmitir varios partidos del Atlante. Entonces el equipo jugaba en el Estadio Azul. También colaboré fugazmente en Multivisión, en el programa *Palco Deportivo*, de Alfredo Domínguez Muro. Ese trabajo duró poco porque en Canal 13 me lo prohibieron. Sin embargo, a esas alturas de mi carrera, ya sentía la necesidad de buscar nuevos horizontes profesionales.

El antecedente de mi relación con Televisa se remonta a mi familia paterna, pues mi tío Eduardo Orvañanos fue comentarista de Telesistema Mexicano a finales de los cincuenta y principios de los sesenta. Narraba partidos de béisbol. Por otra parte, como ya he mencionado anteriormente, mi tío Julio tenía la agencia de publicidad Camacho y Orvañanos en la que yo había comenzado a trabajar y su despacho le hacía algunos trabajos a Televisa. Además, fue presidente del Necaxa, así que existía una buena relación con mi gente.

Cierto día de 1991 me invitaron a un programa de Cablevisión —lo que hoy se conoce como Izzi— se llamaba *Controvertido* y lo conducían Juan Dosal, Edgardo Codesal y Shanik Berman. Asistí con entusiasmo porque me pareció una buena idea que invitaran a un comentarista de Canal 13, de quienes éramos, como ya quedó asentado, acérrimos rivales.

Creo que ahí comenzó a generarse un cambio de actitud en los comentaristas de Televisa, porque a los pocos días también invitaron a José Ramón Fernández, que había sido tremendamente crítico y hasta despiadado en sus comentarios contra ellos.

Durante la emisión del programa, una persona del público hizo una llamada para preguntar si me gustaría trabajar en Televisa, a lo que respondí que no tendría inconveniente, siempre y cuando me ofrecieran algo atractivo. En ese momento no me percaté de que aquella respuesta fue el detonante para que el interés por contratarme se materializara.

La idea de llevarme a *Controvertido* fue de Alejandro Burillo, que era accionista de Cablevisión, porque no sólo recibí una llamada del productor del programa, sino también otra de Miguel Ángel Couchonnal, que era un cercano colaborador de "El Güero" Burillo. Así que acepté la invitación y ni siquiera me tomé la molestia de avisarle a José Ramón, pues en Imevisión siempre trabajé como freelance y no tenía que pedir permiso para asistir al programa de Juan Dosal, con el que mantenía una buena relación. En el programa externé lo que pensaba y quedó claro que tenía una manera distinta de ver las cosas respecto a cómo las veían los comentaristas de Televisa. Creo que mis comentarios y forma de ver el futbol generó un mayor interés en llevarme a trabajar a Cablevisión, que era la única televisora de su género en aquel entonces; es decir, que emitía una señal de televisión por cable.

Adiós a Canal 13

Cuando le comenté a José Ramón mi inquietud de marcharme de Canal 13, no comprendió mis argumentos. Él consideraba que era un error dejar Imevisión, porque ahí aparecía en televisión abierta, y según su criterio, Cablevisión no me iba a aportar nada relevante. Pero estaba claro que yo quería irme. Ya me había saturado mentalmente de estar a su lado, no obstante que era consciente de que formábamos una equilibrada pareja de comentaristas.

Y no porque José Ramón fuera un jefe tan exigente, sino porque tenía un trato muy especial y un carácter difícil. Ahora me dicen que ha cambiado, que ha suavizado su forma de ser. Cuando me lo encuentro nos saludamos con amabilidad, y no he percibido de su parte ningún tipo de resentimiento hacia mi persona. Hablando de su lado positivo, debo decir que marcó toda una época en la televisión mexicana con un estilo combativo, ésa fue precisamente su bandera, y más aún en contra de Televisa. Eso habría que alabarlo y es preciso reconocerlo. Por otra parte, *DeporTV* fue un clásico de la televisión mexicana, uno de los mejores programas deportivos de la historia y eso hay que decirlo con todas sus letras.

Sin embargo, para mí había llegado el momento de emprender un proyecto nuevo, que fuera atractivo y contribuyera a mi crecimiento como comentarista, y creo que era el momento de dejar Imevisión luego de 15 años de trabajo. Y no me fui por dinero, porque realmente en esta carrera no se gana el dinero que a veces cree la gente. Fue algo más bien personal. Al cabo de los años considero que aquella fue una excelente decisión de la que me siento satisfecho.

En Cablevisión trabajé a gusto como jefe del área de deportes, donde me sentí libre y encabecé varios programas, como *Espectacular Deportivo* que producía Armando Sáenz, que llegó conmigo procedente de Imevisión. Ahí conocí a mucha gente e hice amigos. También impulsé la carrera de comentaristas jóvenes, a los que ayudé a impulsar su crecimiento, y al paso de los años varios de ellos se han convertido en destacados comentaristas en distintos medios. Me refiero a Eduardo Camarena, Jorge Pietrasanta, Juan Antonio de Labra, Ernesto del Valle, Javier Sahagún, Erick Fisher, Arturo Medina, Bernardo García, Roberto Sosa, José Pablo Coello, Gustavo Torrero, Jorge Álvarez o Eduardo Luna.

En ese tiempo conseguimos un logro muy significativo en Cablevisión: transmitir la pelea entre Julio César Chávez y "El Macho" Camacho en la novedosa modalidad de "Pago por evento". Fue la primera vez en la historia de la televisión mexicana que se hacía algo así y era un gancho de mercadotecnia para que la gente se suscribiera a Cablevisión. Aquella iniciativa tuvo tanto impacto que, un par de días antes de la pelea, había colas enormes de gente a las afueras de las oficinas de Río de la Loza tratando de contratar el servicio para ver la pelea, ya que el conmutador se había colapsado de la cantidad de llamadas de la gente que quería contratar el servicio.

La trascendencia de este hecho rebasó cualquier expectativa, tanto que, por una orden directa de la presidencia —entonces encabezada por Carlos Salinas de Gortari— y debido al revuelo que se había formado, se solicitó a Cablevisión que la pelea se transmitiera diferida en un canal abierto de Televisa. La alegría para la gente fue mayor porque Julio César Chávez tuvo una actuación épica, en una de las peleas más emocionantes de su brillante carrera.

Un día de 1992 me avisaron que Cablevisión pasaría a formar parte de Televisa, que ya tenía acciones en la empresa, y que se encargaría del control administrativo. Entonces, Emilio Diez Barroso le pidió a su hombre de confianza, Javier González, que se encargara de depurar Cablevisión. La verdad es que no me agradó la idea de trabajar con Javier por su manera de hacer las cosas. Formaba parte de esa Televisa americanista de hueso colorado, con una forma de pensar anticuada, así que decidí presentarle mi renuncia.

Oportunamente, en esos días me llamaron para formar parte de un programa de noticias matutino en el Canal 2 que conducía Guillermo Ortega. Se llamaba *Al despertar.* Ahí participaba en la sección de deportes al lado de Javier Alarcón y Toño de Valdés. El programa tuvo una magnífica aceptación, y de momento me quedé con esta colaboración hasta que le dieron un nombramiento a Jorge Berry como director de deportes, y fue él quien pidió autorización al señor Azcárraga para que me pusieran a narrar los partidos, un hecho que contravenía los planes de Javier González y su equipo de trabajo.

Berry consiguió meterme a las transmisiones y debuté en un América-Chivas al lado de "El Perro" Bermúdez y Juan Dosal, al que le dieron instrucciones para que se hiciera cargo de los comentarios, un hecho que no le agradó porque él estaba acostumbrado a ser narrador.

Con el paso del tiempo los demás compañeros se dieron cuenta de que había llegado a hacer mi trabajo con dedicación y que venía a sumar. Varios de ellos, como Toño de Valdés, Heriberto Murrieta o Enrique Burak, me dieron un magnífico trato. Los tres son personas de primera. Obviamente, había otros que no estaban contentos con mi presencia y su actitud me parecía lógica hasta cierto punto, pues llevaban años ahí instalados y de pronto la empresa había contratado a alguien que venía de la competencia con la que mantenían una feroz rivalidad. Hoy, esto sería algo de lo más normal, pero en esa época no. Así comencé a narrar partidos y hacerme de un nombre dentro de Televisa.

Afortunadamente, mi llegada a Televisa coincidió con una transformación de mentalidad en la empresa. De hecho, en esos años, mis compañeros de deportes me decían que no podían hacer ninguna crítica al América porque se arriesgaban a ser suspendidos, y cuando eso ocurría los quitaban de narrar partidos, lo que representaba dejar de ganar un dinero extra. A mí, en cambio, debo confesarlo, ningún ejecutivo o jefe me pidió hablar bien del América o hablar mal de cualquier otro equipo. Siempre me sentí con la libertad de expresar lo que pensaba y por eso estuve trabajando muy contento en Televisa durante más de 14 años.

...Y nació *La Jugada*

Cuando sentí que ya me había afianzado en Televisa, tanto como colaborador de *Al despertar*, y narrador titular de los partidos, sugerí que era necesario hacer un programa de deportes donde los comentaristas aparecieran a cuadro, pues en *Acción*, que ha sido un súper programa desde 1979, todo se hacía voz en *off*; es decir, sin que los comentaristas dieran la cara y emitieran juicios. Y así fue como empezamos a producir *La Jugada*.

Al poco tiempo, por orden de Emilio Azcárraga Jean, lo cual le agradezco, el programa comenzó a emitirse en Canal 2 y creo que dimos buenos resultados, pues *La Jugada* sigue siendo, al cabo de tanto tiempo, el programa de deportes insignia de Televisa. Aclaro que el formato actual de *La Jugada* no me gusta, y no quisiera que se malinterprete lo que digo, simplemente por el hecho de que ya no estoy en Televisa, sino porque al programa le hace falta una buena dosis de análisis.

Habría que apuntar que, en esos años, el Canal 2, que comenzó a llamarse "El Canal de las Estrellas", tenía un impacto mediático impresionante. Decía un amigo que el Canal 2 tenía *rating* hasta con las barras de color. La aparición de *La Jugada* en este canal supuso un enorme crecimiento para mi imagen. Ahí empezamos a hacer cosas diferentes, y de inmediato percibí cómo crecía mi popularidad como comentarista.

Por allá del año 1998 me ofrecieron la Dirección de Deportes de Televisa, precisamente en la misma época en que Televisa había dotado de una nueva imagen al manejo de toda esta área de la empresa, ya fuera en noticieros, programas especializados, o eventos deportivos. No lo acepté porque nunca me ha gustado trabajar entre cuatro paredes. Es una sensación que me asfixia y siento que se me cae el techo encima. No tengo el hábito ni la disciplina de trabajar bajo ese esquema, con horarios fijos y tan largos dentro de una oficina. Nunca tuve aspiración a ocupar puestos ejecutivos. A mí siempre me ha gustado estar en exteriores; salir a hacer entrevistas a locaciones, viajar, moverme de un lado a otro, cumplir con mis obligaciones puntuales del día, pero también saber disfrutar de mi tiempo y organizarme a mi manera. Elegí un trabajo a mi gusto, y hacer lo que hago no representa realmente un trabajo para mí; es una pasión, una forma de vida que me hace sentir privilegiado y bendecido.

Esos años de presencia constante en Televisa también me ayuadaron a afianzarme en el gusto de un sector de la afición, y tuve la fortuna de poner voz y emoción a distintos pasajes importantes de la historia del futbol mexicano.

Cabe mencionar que, gracias a la imagen de la televisión, en dos ocasiones me han invitado a formar parte de distintos partidos políticos con la intención de que fuera diputado por la Ciudad de México. Desde luego que me he sentido muy halagado con estas invitaciones, pero la política no es lo mío.

Puñalada trapera

Ante mi negativa de aceptar la dirección de deportes de Televisa, contrataron a Alfredo Domínguez Muro, que duró unos cuantos años antes de que llegara al cargo Javier Alarcón. Con él mantenía una relación muy estrecha desde nuestra época en el programa matutino de Guillermo Ortega, ya que tuvo una permanencia al aire de unos seis años, comprendidos entre 1992 y 1998. Ese trato cotidiano me sirvió para invitarlo a mi programa de radio, justo en el momento en que Rafael Puente y yo nos habíamos mudado de Radio Sportiva a Grupo Radio Centro en 1995.

Javier comenzó a hacer su trabajo como director del área de deportes y a mí me respetaba, lo mismo que Ricardo Pérez Teuffer… hasta que llegó el Mundial de Alemania 2006 y Pérez Teuffer me comentó que Alarcón se iba a quedar con la conducción de *La Jugada* durante el Mundial. Ante esta propuesta mi comentario fue contundente: "Aquí los que mandan son ustedes, pero en cuanto pongan a Javier en mi lugar yo me voy".

Ricardo me insistió que me quedara como narrador de los partidos de la liga, y también con los de la Selección, y hasta me dijo que me los iban a pagar mejor. Sin embargo, eso no hacía ninguna diferencia, pues ya los venía narrando desde hacía varios años. En cambio, pretendían quitarme el programa que se había creado por sugerencia mía, y eso no lo consentí. Así se los hice saber antes de viajar a Alemania.

De haber aceptado continuar en Televisa, habría actuado en contra de mi dignidad, y eso no lo iba a permitir. No me importó renunciar a la liquidación por los años que había trabajado allí. Nunca supe con exactitud qué ocurrió, pero detrás de este hecho solo podían estar Bernardo Gómez, Emilio Azcárraga Jean… o ambos. Me sentí traicionado por Javier al no decirme lo que sabía sobre este asunto, sobre todo después de que, en su momento, le tendí la mano para ir a mi programa de radio y, más tarde, a *La Jugada*, cuando ya éramos compañeros en Televisa.

Una vez que le externé a Pérez Teuffer mi postura, no volvimos a hablar del asunto. Estando en Alemania tuve un encuentro casual con un ejecutivo de Televisa, que supongo me invitó a tomar una copa para sondear si había cambiado de opinión, aunque nunca me lo preguntó abiertamente. En esa charla le hice saber que estaba muy contento, y con ganas de terminar el Mundial para irme a recorrer Alemania. Nunca tocamos lo de la posibilidad de quedarme en Televisa, pues eso yo lo tenía muy claro. Así que, cuando terminó el partido de Italia contra Francia en el Estadio Olímpico de Berlín, me quité los audífonos, me levanté de la silla y le dije al "Perro" Bermúdez:

—Ya me voy, amigo.

Enrique se quedó muy extrañado y me preguntó:

—¿A dónde vas, Raúl? —a lo que le respondí a manera de broma:

—¡Qué te importa!

Mi amigo se rio sin comprender a qué me refería. Nadie sabía que ese había sido mi último día en Televisa, porque a mi regreso de Alemania presenté mi renuncia.

En esas semanas, mi hermano Mauricio ya había entablado conversaciones con los directivos de FOX Sports, y casi era un hecho que, en cuanto se formalizara mi salida de Televisa, me iría a trabajar con ellos. Situación que, antes de terminar el Mundial, me había dado tranquilidad.

Este proceso laboral me dejó una enseñanza, la de saberme seguro de mí, de mi capacidad como narrador y comentarista, con el respaldo de una trayectoria de muchos años en los medios. Y no por dejar de trabajar en Televisa sentí que perdía relevancia una trayectoria tan sólida. Pude confirmar que sí hay vida después de Televisa.

En este medio, tanto del futbol como de la televisión, hay muchas personas que son demasiado especiales. Con tal de figurar, son capaces de pisotear hasta a su propia madre en esta guerra de vanidades, sobre todo los que trabajan en la televisión, que suele llenar de soberbia a quienes no tienen la madurez para conservar su sencillez y no dar tanta importancia al hecho de aparecer en pantalla. Más todavía en estos años, en los que ya no es la misma televisión en la que me forjé. En aquellos años la televisión tenía un peso específico enorme. Se había erigido como el medio de comunicación con mayor proyección para quienes aparecíamos a cuadro. Hay que considerar que hace unos 35 años sólo había un puñado de canales de televisión, y el impacto que provocaban en la gente era grande porque pasaban a nivel nacional, en cadena abierta y de manera gratuita. Todo esto ya no existe, es historia. A muchos comentaristas se les sube a la cabeza la televisión y su vanidad no les permite comprender que todos somos unos simples comunicadores, iguales a otros que trabajan con la misma dedicación o esfuerzo en radio o prensa escrita.

Esos primeros meses, tras mi salida de Televisa, llegaron a ser un tanto incómodos, porque mucha gente en la calle me preguntaba qué había pasado conmigo. Querían conocer el trasfondo del problema. Y es que el grado de popularidad que te otorga la televisión te vuelve un personaje asequible para cualquier persona y, en mi caso, gracias a mi forma de ser, con mayor razón.

Me solicitaron varias entrevistas de distintos medios de comunicación para hablar del asunto, y se las concedí para comentar mi versión de los hechos. Afirmé sentirme traicionado, especialmente por Javier Alarcón, al que también se lo dije por teléfono. En esos días, algunos artistas de Televisa con los que llegué a encontrarme de manera fortuita en los estudios de Grupo Fórmula me felicitaron por lo que había hecho, diciéndome que no todo mundo tiene el valor para mandar a volar a Televisa. Eso fue algo que me reconfortó, pues me confirmó que había hecho lo correcto.

Mi llegada a FOX Sports fue muy agradable y me llenó de entusiasmo. Ellos ya tenían los derechos de la Copa Libertadores y la estaban transmitiendo. Además, habían comenzado a emitir un programa dominical que todavía está al aire: *FOX Gol México*, que era conducido por Santiago Puente y Carlos Velasco.

Tras algunas conversaciones con la gente de FOX, llegamos a un acuerdo favorable. Desde luego que el sueldo no era una maravilla, y yo sabía que, al tratarse de una televisión restringida, tendría menor presencia que en Televisa. Pero creo que el proyecto de FOX, que buscaba consolidarse, encajaba con lo que también yo estaba buscando en ese momento: seguir adelante con mi carrera haciendo lo que me gustaba, y contribuir al crecimiento de este canal, que poco a poco comenzó a fichar a otros comentaristas valiosos que se fueron sumando al proyecto.

En FOX he podido dar continuidad a mi realización profesional, y me siento feliz y agradecido de haber llegado a esta casa. Por ahora todavía no tengo prisa en retirarme de los medios, aunque sé que llegará el día de decir adiós. No me gusta pensar las cosas tan a largo plazo; vamos, ni a mediano plazo. Siempre he tratado de vivir al día, de disfrutar la vida como viene, como se va presentando. Pero soy inquieto y me gusta pensar en diversos proyectos a la vez, como es el caso de la cantina que abrí antes de la pandemia en la colonia Roma, y a la que bauticé con el nombre de "Invicta"; o la redacción de este libro, que hace tiempo tenía ganas de escribir.

Desde que entré a trabajar a FOX, la brecha entre la televisión abierta y la restringida, o de paga, se ha reducido de manera considerable, y mi percepción actual es que la gente también te sigue en canales de este tipo. Será también porque ya son muchos años en los medios de comunicación, y tener detrás el respaldo de toda una trayectoria es un gran aval que a mis 78 años me ha permitido seguir adelante.

Prensa y radio

Respecto a los medios impresos, he colaborado con varios periódicos. Por allá de 1978-79 estuve en un periódico que se llamaba *Estadio*, y más adelante entré a colaborar al diario *Ovaciones*. Posteriormente estuve cuatro años escribiendo una columna en *Reforma*, y más tarde en *Récord*. De ahí salí porque al final no estuve de acuerdo con su política editorial. Actualmente escribo para Marca Claro, que es una plataforma en línea de noticias deportivas.

Debo confesar que escribir me cuesta trabajo porque no tengo tanto oficio como redactor. Admiro a la gente que sabe escribir con elegancia y es capaz de plasmar sus ideas con soltura. De hecho, el proyecto de hacer este libro lo había concebido desde hace mucho tiempo, y fue hasta ahora que tuve la dedicación de ponerme a redactarlo, pues creo que había llegado el momento de dejar constancia de mi paso por el futbol y los medios de comunicación.

Mi relación con la radio se remonta a los ochenta, cuando comencé a hacer un programa con Carlos Albert en ABC Radio, mismo que duró varios años. Ahí con nosotros comenzaron su carrera varios reporteros jóvenes que han crecido con el paso del tiempo, como es el caso de Antonio Moreno o Alfredo Ruiz, y ya estaban en esa estación de radio otros que prometían, como Francisco Javier González, que colaboraba con Chucho Domínguez. La estación estaba en la colonia Del Valle, y aunque la frecuencia se emitía en AM, tenía una buena penetración en esos años en que la FM casi no transmitía programas hablados y la mayoría de sus estaciones solamente programaban música.

Por azares del destino, nos cambiamos a Núcleo Radio Mil, de don Edilberto Huesca. La radiodifusora se encontraba en Avenida Insurgentes, cerca de Plaza Inn, y cuando vino el Mundial de Italia 1990, Carlos Albert no fue porque estaba vetado por FIFA. Esta circunstancia me obligó a redoblar el esfuerzo y me propuse hacer una excelente cobertura, que en esa época no era tan fácil porque había menos herramientas que hoy, y me esforcé por hacer un buen trabajo, enviándole contenidos interesantes.

Al regresar a México me sorprendió que me dijera que el programa que teníamos ya no iba a pasar al aire en el horario de costumbre, porque había decidido, sin consultar mi opinión, hacer un programa con su esposa, María Luisa Manzo. Entonces le dije que yo mejor buscaría otra estación de radio.

A los pocos meses se inauguró Radio Sportiva que fue una gran aventura, por innovadora y creativa, dedicada exclusivamente a los deportes, donde conseguimos desarrollar mucho talento joven y creo que ese fue un logro importante que dio magníficos frutos con el apoyo de dos queridos amigos: Emilio Nassar y Enrique Bernal, dos emprendedores con una amplia trayectoria familiar en la radio.

Radio Sportiva nació en la frecuencia 690 AM, que había pertenecido a Radio Mundo. Fue la primera estación de la historia de la radio en México que creó una programación dedicada exclusivamente a hablar sobre deportes. Armamos un buen equipo de trabajo, con gente de experiencia y varios jóvenes comentaristas, con ese afán que comentaba antes de impulsar a los nuevos valores. Ahí el programa estelar lo conducía con "Rafa" Puente, y fue el antecedente de lo que hoy día es *La Fórmula es… Deportes*.

Pero ahondando un poco más en Radio Sportiva, vale la pena comentar que en esa época conseguimos transmitir un par de partidos amistosos de la Selección Mexicana, lo que fue un gran logro, ya que los derechos los tenía W Radio, de Televisa. Sin embargo, Emilio Maurer nos ayudó a conseguir los derechos y uno de esos encuentros lo narré a través de Radio Sportiva desde el Coliseo de Los Ángeles.

La radio me ayudó a formarme en los medios. Es un medio fascinante que te deja explayarte más que la televisión, que suele ser un tanto más rígida, quizá hasta un punto acartonada, y más elaborada en cuanto a su estructura. La radio es más espontánea y se puede producir con un número menor de elementos técnicos, además de que es más versátil porque llega a un abanico más amplio de personas y goza de mucha penetración.

En la televisión a veces no es tan importante el conocimiento, sino cómo lo transmites para acercarte a la gente. Debes decir las cosas con sencillez para que te entienda cualquier persona. Si el analista de futbol no tiene un lenguaje claro y fácil para ser comprendido por el público, su mensaje no impacta de la misma manera. Por eso considero que es importante conocer estos conceptos y tratar de ponerlos en práctica.

Uno de los defectos más comunes en los comentaristas, y sobre todo en aquellos que jugamos al futbol de manera profesional, es sentir que sabemos más que nadie y siempre hay alguien que está viendo la televisión o escuchando la radio, que sabe más que uno. Eso me queda claro. Por ello no es conveniente pontificar, ni dárselas de sabelotodo, pues actitudes como esas son odiosas y te alejan de la gente.

Siempre he procurado tener presencia en prensa, radio y televisión al mismo tiempo, pues así cierras el círculo que te hace más versátil como periodista.

Algunas anécdotas...

En mi trabajo como comentarista también he vivido algunas anécdotas curiosas. Quizá las más angustiantes han sido cuando, por alguna razón, he tenido que enfrentar contratiempos para llegar al estadio a narrar un partido y se sufre de una manera espantosa.

Cierta vez que iba a un partido importante en El Azteca, la avenida Tlalpan estaba colapsada, y fue desesperante porque no había agentes de tránsito ayudando a agilizar la movilidad de la zona. En la transmisión hice una crítica a las autoridades de la Delegación Tlalpan, y al día siguiente me llamó la delegada para reclamarme por aquel comentario. Me sostuve en mi dicho y le hice ver la importancia de implementar operativos eficientes para casos como el que habíamos vivido, así que no le quedó más remedio que aceptar mi queja.

En otra ocasión que me dirigía al aeropuerto, para volar a Monterrey a transmitir un partido, un camión me chocó. El chofer no quería tratar nada hasta que llegara el ajustador del seguro y el gerente de la línea de autobuses. Los minutos transcurrían sin que aquello tuviera solución. La angustia comenzó a desesperarme y estuvimos a punto de agarrarnos a golpes. Del enfado tan grande que tenía, terminé subiéndome al camión, agarré la marimba de las monedas y me bajé furioso. Total, aquella morralla no me iba a servir de mucho para reparar mi coche, pero por lo menos sentí que me había cobrado "a lo chino" antes de manejar a toda prisa rumbo al aeropuerto.

Y en otra ocasión, saliendo de un partido de Tigres, precisamente allá en Monterrey, tuvimos un aparatoso accidente. Al volante iba Luis Manuel Jaramillo, que era un excelente director de cámaras de Imevisión. En el asiento del copiloto viajaba José Ramón Fernández, y atrás venía yo, recostado. De pronto, un coche nos impactó por atrás y a mí me proyectó con violencia hacia el asiento delantero. Jaramillo se golpeó en el volante, mientras que José Ramón se dio un golpazo contra el parabrisas y se hizo un corte en el labio. Del golpe que me di entré en *shock* y no recordaba nada. Nos llevaron a la Cruz Roja de San Nicolás de los Garza. Cuando me estaban revisando el doctor me preguntó:

—¿Oiga, y cómo quedaron los Tigres?

No me acordaba del resultado, y comencé a inquietarme. Ahí estuvimos un rato largo, recuperándonos, y de pronto vi que un médico iba a darle unas puntadas en el labio a José Ramón y sugerí que solamente le hiciera una curación para que en México lo revisara su médico de cabecera, que fue quien finalmente lo atendió.

MEDIO
TIEMPO

5. Diez *cracks* fascinantes

Pelé: el Rey

Pelé ha sido el futbolista más completo que he visto en mi vida. Le pegaba bien al balón con las dos piernas; cabeceaba con un gran resorte; era veloz y tenía una corpulencia física que lo hacía muy competitivo. Por si fuera poco, también era un jugador versátil porque podía abarcar varios sectores de la cancha con la misma desenvoltura y, aunque se le daba mejor viniendo de atrás, en una especie de "nueve y medio" —si se me permite la expresión—, era un jugador impresionantemente ofensivo, ya fuera en una actitud activa… o hasta pasiva.

Una de sus mayores cualidades era que el rival no sabía en qué momento iba a firmar una gran jugada, de esas que desequilibran y hacen la diferencia en el resultado de un partido. Y lo mismo ponía un servicio como aquel tan famoso que le dio a Carlos Alberto en el Mundial de México 70, o hacía una jugada individual con una enorme calidad.

Nunca sabías lo que iba a hacer, así que esa condición era una cualidad muy valiosa en su forma de jugar, sobre todo al grado al que la desarrolló. Porque podía gambetear a cuatro o cinco defensores en espacios cortos, jugaba el balón siendo un pasador muy fino, o hacía una jugada de "pared" con precisión. Vamos, no era un jugador previsible y ahí radicaba parte de su magia y por eso era sorprendente.

Por otra parte, Pelé era un futbolista disciplinado y con mucha entrega en la cancha. No podría afirmarlo de manera categórica, pero supongo que fue uno de los primeros jugadores a los que los defensas empezaron a marcar dos a uno. Tratar de anular su juego era complicado porque también sabía defenderse de las patadas. Pelé era un problema para el contrario y creo que pocos pueden presumir de haberlo superado limpiamente.

Hablando de su personalidad, fue un hombre carismático, admirado, respetado y querido por todo el mundo, que además tuvo una carrera larga y con amplia presencia mediática cuando trabajó como embajador de varias marcas. Llenaba los estadios y el día que jugaba se incrementaba el precio de los boletos al doble. Llegó a jugar más de 52 partidos en un año; es decir, más de un partido a la semana, lo que también habla muy bien de su consistencia y el amor que sentía por el futbol.

Recuerdo que llegó a jugar de portero en una ocasión con Santos de Brasil, cuando expulsaron a Gylmar a escasos minutos para terminar un partido contra Gremio, en el que ganaban 4-3, y Pelé fue capaz de hacer varias atajadas, conservar el marcador como estaba y, finalmente, obtener la victoria.

Quizá lo más relevante es que conservó su buena imagen, la de ídolo popular de mucho peso, y ahí están sus logros, sus jugadas, sus goles —mil 283—, como el ejemplo más claro de un triunfador, y para mí, el mejor jugador de la historia. Así, nada más.

Beckenbauer: una mente brillante

Franz Beckenbauer fue un adelantado a su tiempo. Ser considerado uno de los mejores jugadores del mundo, en la posición de defensa central, es algo muy difícil de que vuelva a repetirse. También podía jugar como mediocampista de contención. Tenía facilidad para ir al frente y marcar goles. Su juego era elegante, vertical.

No parecía alemán, porque el fútbol que practicaba el jugador alemán de los años setenta —fuerte, robusto y dado al choque para imponer su fuerza— no se parecía en nada al de Beckenbauer, un futbolista de clase, refinado en el trato del balón.

Como defensa, sabía marcar muy bien y tenía facilidad para cabecear con eficacia, tanto en defensa como en ataque. Pero quizá lo más valioso era que daba la impresión de ser un "entrenador auxiliar" dentro de la cancha; es decir, un hombre que ayudaba al técnico del equipo a ordenar a sus compañeros sobre el terreno de juego, y desde la posición en que jugaba, se le facilitaba hacer esta labor de la que pocos jugadores se pueden jactar.

Beckenbauer fue figura con el Bayern Múnich y también con la Selección de Alemania. Al paso de los años, cuando ya se había convertido en entrenador, ganó el Mundial de Italia 90, y así consiguió un logro sumamente difícil de conquistar: ganar una copa del mundo como jugador, la de 1974 en Alemania y, años más tarde, también como técnico en 1990, igualando el récord que tenía el brasileño Mario Zagallo. Sin embargo, considero que Beckenbauer fue más allá que Zagallo, ya que era una persona muy influyente dentro del futbol. Curiosamente, el destino quiso que murieran con dos días de diferencia, los primeros días de 2024.

Ha sido el mejor defensor que he visto, no sólo por lo que hacía sobre la cancha, sino por el espíritu y confianza que transmitía a los demás jugadores de su equipo. Los hacía sentirse seguros, bien defendidos atrás, con su pasta de líder que motivaba para sobreponerse a un resultado desfavorable y luchar sin descanso para darle la vuelta a un marcador, o simplemente lograr una victoria más contundente.

Con el transcurrir del tiempo, su inteligencia le permitió continuar vinculado al futbol en distintas facetas. Cuando se retiró ya tenía planificado su futuro y trabajó en cargos de mucha responsabilidad, primero como presidente de la Federación Alemana de Futbol y más tarde como directivo de la FIFA.

Por otro lado, a pesar de que en su día los futbolistas no contaban con la gran difusión mediática de la actualidad, Beckenbauer era reconocido por la gente tal y como ocurría con Pelé, o después con Maradona, figuras indiscutibles del futbol, jugadores que dejaron una profunda huella entre la afición mundial.

Cruyff: un catedrático, dentro y fuera

Johan Cruyff fue un extraordinario futbolista que, sin haber ganado una Copa del Mundo, dejó su nombre inscrito en letras de oro en la historia del futbol, no obstante hay quienes le quieren achacar este hecho como algo negativo en su carrera, pero eso fue circunstancial, pues para ser uno de los mejores futbolistas del mundo no es necesario haber ganado un Mundial.

El futbol que hacía Cruyff tenía clase, inteligencia, y también jugaba de forma vertical. Burlaba a un contrario en un terreno reducido y disparaba a la portería con precisión. Su colocación en la cancha era ejemplar porque se desprendía de su capacidad para leer el juego y siempre estaba atento a situarse en el lugar que hacía más daño al contrario.

Esa forma de ver el futbol ya se había incubado en la mente de Cruyff desde que fue jugador de la Selección de Holanda —hoy Países Bajos, desde 2020—, un equipo que, en alguna medida, vino a revolucionar el futbol en la Copa del Mundo de Alemania 74, cuando fue bautizado como la "Naranja Mecánica" en alusión a la polémica película de Stanley Kubrick, estrenada en 1971. Y si no ganaron ese Mundial fue porque se jugaba en Alemania, y vencer a los alemanes en casa era complicadísimo. Estoy seguro de que si se hubiera disputado en otro país, los holandeses habrían sido campeones.

Toda esa intuición que Johan Cruyff había desarrollado en su etapa como jugador, lo llevaría, una vez retirado, a ser uno de los entrenadores más exitosos de los últimos tiempos. Para muestra queda la relevancia de su trabajo con el Barcelona. En los ocho años que estuvo al frente del Barça, entre 1988 y 1996, construyó un equipo muy importante. Pero más allá de los logros cosechados en este período, quizá lo más relevante fue que Cruyff imprimió al Barça un estilo de juego con sello propio, que terminó por ser un referente de excelencia dentro de la liga española.

Fue un hombre muy espontáneo en su conducta, tanto dentro como fuera de la cancha. Lo dejaban fumarse un cigarrillo en el medio tiempo, y creo que esa mentalidad, la de conocer al jugador y su psicología, la supo aplicar de maravilla cuando estuvo al frente de distintos equipos como entrenador. Esta rebeldía no afectó su imagen, porque formaba parte de su personalidad.

Es de los pocos futbolistas a los que se le rindió un homenaje póstumo de una enorme relevancia, al haber bautizado al estadio de Amsterdam —donde juega el Ajax, equipo al que también entrenó—, con el nombre de "Arena Johan Cruyff". El gesto nos habla de lo que significa para su gente, y el respeto que se le tiene a su memoria. Y Cruyff goza de este privilegio que honra el recuerdo de uno de los futbolistas más trascendentales. Vamos, un fuera de serie al que, en lo personal, tengo catalogado como uno de los tres o cuatro mejores de todos los tiempos.

No olvidaré aquella entrevista que le hice la víspera del partido México-Alemania del Mundial de Francia 98, cuando me dijo: "A los alemanes no puedes dejarlos levantarse si los tienes a tiro, porque si les permites levantarse, te liquidan".

Y así fue. Nos liquidaron. Esas palabras de Cruyff quedaron como una triste premonición y, también, una pequeña muestra de su claridad para analizar el futbol.

Platini: el mariscal francés

A Michel Platini lo vi jugar por primera vez en el Mundial de Argentina 78, en el estadio de Mar del Plata, donde Francia disputó más partidos. En esa cancha Platini metió un gol que de poco le sirvió a su equipo, que terminó siendo eliminado. A pesar de ello, a mí me causó una agradable sensación su forma de jugar y de inmediato me percaté de la proyección que tenía. Al cabo de los años, este tipo de futbolistas como Platini han escaseado, pues su lugar en la cancha era de "diez", y dicha posición ya está en extinción.

De hecho, este tipo de futbolistas me encantan porque practicaban un futbol romántico, con una picardía y un estilo de juego muy apetecible para el buen aficionado, y por ello considero a Platini como una de las figuras más destacadas del siglo XX y el mejor del futbol francés, inclusive por encima de Zidane, del que ya hablaré más adelante.

Platini es uno de los jugadores más fachosos que han existido, pues siempre salía a la cancha a jugar con la camiseta desfajada y las medias caídas. A veces los árbitros no dejaban de indicarle que se subiera las medias o se fajara la playera, además de insistirle en que debía utilizar espinilleras, que era algo que no le gustaba. Pero esa forma tan desaliñada de lucir, quedaba en un irremediable segundo plano cuando tenía el balón en los pies, con aquella capacidad asombrosa para jugar al futbol.

Era un "diez" clavado y tenía una enorme calidad. Formó parte de una Selección, la que fue a competir por Francia al Mundial de España 82, que para mí ha sido la que mejor ha jugado, y se quedó a un tris de ser campeón del mundo porque los alemanes los echaron fuera en un partido que terminó en penales y fue sumamente controvertido. Creo que Francia debió haber ganado ese día en que no expulsaron al portero Schumacher. Pero la manera de jugar de Francia en ese mundial, como ya lo dejé asentado, ahí quedará para la historia... y Platini brilló como un sol.

Cuatro años más tarde, en el Mundial de México 86, los franceses también quedaron fuera. En esa Copa del Mundo hubo un partido que fue memorable entre Francia y Brasil, que se jugó en el Estadio Jalisco.

Platini tuvo una carrera larga y jugó con éxito en la liga italiana, con la Juve. Lo triste y lamentable ha sido el final de Platini dentro del futbol, ya que en 2019 fue requerido por la justicia por un supuesto caso de corrupción en la concesión del Mundial de Catar 2022, y en marzo de 2025, tanto él como Joseph Blatter, que había sido presidente de la FIFA, fueron absueltos por un tribunal Suizo.

Maradona: "El diez" que fue dios

Cierto día, un buen amigo llamado Mario Pavés, futbolista argentino retirado que jugó en México, me platicó que en Argentinos Juniors había un muchachito que estaba despertando un gran revuelo. Ya desde esos años, aquel chiquillo ya jugaba en Primera División cuando tenía 16 años, y Mario me decía que era un jugador que hacía cosas atrevidas, diferentes. Aquel jovencito no era otro que Diego Armando Maradona, que al cabo de poco tiempo comenzó a crecer, a desarrollarse como futbolista, y lo llamaron a la Selección de Argentina que iba disputar el Mundial de 1978 en casa.

Cuando parecía que iba a debutar con la camiseta albiceleste, y mucha gente esperaba este acontecimiento, el técnico César Luis Menotti tomó la decisión de no alinearlo, un hecho que a Maradona le provocó un enfado mayúsculo.

Pero al margen de esa circunstancia, hasta cierto punto comprensible, ya que Diego Armando estaba muy joven y casi no tenía experiencia, lo que hacía con el balón en los pies era distinto a lo que la gente estaba acostumbrada a ver en las canchas. Y quizá lo más llamativo de su estilo en esa época, era su capacidad para gambetear en corto y quitarse de enfrente a un defensivo. Pero no sólo eso, sino la potencia que tenía en las piernas para dejarlo atrás con facilidad.

Además de esta habilidad, que siempre ha sido valorada por cualquier futbolista que la posee, Diego Armando era capaz de poner el balón donde quería, pues contaba con una pierna izquierda privilegiada. Se daba el gusto de ejecutar penales inverosímiles, con una frialdad impresionante, que dejaba a los porteros sin ninguna opción. A veces, el balón entraba a la portería rodando porque Maradona esperaba hasta el final para ver hacia donde se iba a lanzar el arquero y después tocaba el balón con destreza. Esta condición, además de su liderazgo en la cancha, le permitía hacer jugadas individuales, o de conjunto, que dejaban asombrado al público, como aquel famoso gol que le metió a Inglaterra en el Mundial de México 86, que fue un poema.

Dentro de esa complejidad que tenía su juego y su destreza, quizá el único aspecto que no cumplía del todo bien era cabecear con la habilidad de un jugador más alto, y aunque su juego de cabeza no era deficiente, su baja estatura, en comparación con la estatura de los defensores, era un factor en su contra. Pero su velocidad, su capacidad, los servicios que ponía a sus compañeros, el pegarle al balón con la izquierda, y su viveza para jugar, hacían de Diego Armando un futbolista para no perderlo de vista ni un segundo porque era un deleite verlo jugar.

Por otra parte, su picardía en la cancha, adquirida en el barrio, le permitía anticiparse a las acciones del contrario. Pero no era sólo una picardía maliciosa, estaba acompañada de calidad, la de un futbolista con una amplia visión del campo y una facilidad para leer lo que estaba sucediendo sobre el terreno de juego de una forma asombrosa.

Estoy convencido de que Maradona era un superdotado; un jugador con una resistencia física inmensa, pues a pesar de la vida tan disipada que llevó, siempre era capaz de resolver y de sobreponerse a la adversidad, que en su caso estaba representada por una serie de problemas derivados de su adicción, su desenfreno para vivir, su forma de ser tan impulsiva. Y a pesar de todo ello, Diego Armando seguía siendo figura, situado siempre en los primeros lugares.

Quizá lo más importante en la carrera deportiva de Maradona, fue que superó la condición de ídolo y se convirtió en una especie de dios terrenal, tangible; un ser que irradiaba un fuerte magnetismo que iba más allá del futbol. Creo que eso se atribuye a que venía de una cuna muy humilde, que era gente del pueblo, un hecho que, de entrada, le granjeaba mucha empatía con millones de argentinos. Y ese amor que el pueblo argentino sentía por él nunca menguó, ni siquiera en sus horas más oscuras como ser humano. Maradona era Maradona, a pesar de todo.

Cabe destacar un hecho que a mí me llama mucho la atención: no tenía problemas con sus compañeros y siempre los defendió. Tenía un sentido de la dignidad muy elevado y era capaz de anteponer cualquier interés personal al colectivo. Creo que esto habla bien de Diego como persona. A pesar de su educación tan limitada, él buscó ser un líder, un jugador positivo para cada uno de los equipos en los que jugó. De hecho, Maradona consideraba que la FIFA explotaba a los jugadores y que estaba en contra de Argentina, y nunca tuvo empacho en manifestarlo públicamente. Era un defensor de los derechos del futbolista y lo resumió con aquella frase: "La pelota no se mancha".

Maradona fue el primer gran ídolo admirado a través de la televisión. Aquí en México lo empezamos a ver semana tras semana en los partidos que transmitían del Nápoles, por allá de mediados de la década de los ochenta. En esa etapa consiguió darse a conocer de una manera extraordinaria. En cambio, a jugadores como Pelé o Cruyff, inclusive a Platini, los veíamos jugar únicamente en los mundiales de forma esporádica, y por ello la forma de jugar de Maradona, su personalidad, nunca ausente de controversia, ya era conocida por muchísimos aficionados al futbol alrededor del mundo. En cada partido se le veía jugar con un nivel competitivo alto, no obstante que con frecuencia estaba lidiando con sus adicciones. Si Diego Armando hubiera sido un hombre responsable en su manera de ser fuera de la cancha, hubiera durado más años jugando en un nivel como el que tenía cuando estaba en Italia.

Caer bajo y recuperarse para resurgir otra vez de sus cenizas, fue una condición que lo hizo hermanarse con el pueblo. Tal vez por ello a Diego Armando siempre se le perdonaron todos esos errores que cometió en su vida personal. Era una figura que inspiraba grandeza y cuya existencia generaba una inmensa empatía con la gente.

Los grandes ídolos de Argentina han sido el piloto Juan Manuel Fangio, el boxeador Carlos Monzón, y el propio Maradona, éstos últimos con vidas muy turbulentas y finales trágicos. La idolatría del pueblo por ellos no ha tenido parangón, aunque en los últimos años la gente se ha volcado con Messi. Pero estoy seguro que, al paso de los años, el lugar de Maradona, "El Diego", el "diez" que fue dios, seguirá siendo algo muy especial para la memoria deportiva de Argentina.

Zidane: mente clara y mucha garra

Es muy difícil que un jugador que mide 1.85 pueda tener tanta calidad técnica con el balón en los pies. Y es que, si eres una persona demasiado alta, suele ser más complicado desarrollar una coordinación motriz armoniosa. Pero Zidane la tenía. No era un jugador "artista", pues su juego no era bello, pero su eficacia era aplastante.

Uno de los goles más impresionantes que he visto, sobre todo por las circunstancias en que fue anotado, salió, precisamente, del botín derecho de Zidane. Fue en aquella Final de la Champions disputada en Escocia entre el Real Madrid y el Bayern Leverkusen, en mayo de 2002. Zidane remató un balón de volea y lo clavó en uno de los ángulos de la portería que defendía Hans Butt. Con ese gol el Madrid acabó ganando el partido 2-1 y fue catalogado por la FIFA como la mejor anotación de la historia de la Champions, un logro difícil de superar. Aquel gol terminó de convertir a Zidane en un ídolo para la afición madridista, con la que más tarde terminó de construir una inolvidable relación cuando fue técnico del equipo blanco.

Zidane fue un jugador fundamental en el Campeonato Mundial de Francia 1998, y creo que ahí tuvo su gran escaparate y demostró su forma de juego, en la que destacaba su compromiso con el equipo. Era un jugador que pesaba dentro de la cancha, y eso generaba confianza en los demás jugadores de su equipo y también influía en el rival, ya que no se trataba de un futbolista con una personalidad tan carismática o atractiva como la de los demás *cracks* a los que me he referido anteriormente.

Solía salir a jugar con mucha tranquilidad emocional, pero no dejaba de tener un temperamento fuerte que, en algunos partidos decisivos, le hizo perder los estribos, sobre todo en aquellos que estaban siendo vistos por millones de personas a través de la televisión. Uno de ellos fue en el Mundial de Francia 98, cuando le dio un pisotón a un jugador de Arabia Saudita y Arturo Bricio lo expulsó sin miramientos, quizá casi sin darse cuenta de que se trataba de Zidane hasta que le había sacado la tarjeta roja. Esa expulsión derivó en la sanción de dos partidos que le impuso la FIFA.

El otro incidente en el que perdió la razón fue cuando dio aquel famoso cabezazo a Materazzi en el pecho, durante la final entre Francia e Italia, en el Mundial de Alemania 2006. Aquella fue una reacción inesperada que lo dejó fuera el resto de ese partido, y así perdió la posibilidad de tomar parte en la serie de penales y ayudar a su equipo, que terminó perdiendo. Luego se supo que Zidane había actuado de dicha manera porque Materazzi le había hecho un comentario muy ofensivo sobre su familia, y de ahí la consiguiente reacción que se suscitó por parte del jugador galo.

Como técnico, Zidane ha mantenido un estilo de juego que a muchos aficionados no les gusta, pero que ha dado muchos resultados positivos. Hizo del Madrid campeón de la Champions y de la liga, de tal manera que, como entrenador, también ha realizado un trabajo que ha trascendido. No dudo que pronto vuelva a dirigir a un equipo de los grandes o que, inclusive, lo contraten para hacerse cargo de la Selección de Francia.

Ronaldo: magia en los botines

De no haber padecido lesiones tan severas, así como el problema de tiroides que le impedía controlar su peso, Ronaldo Luis Nazario de Lima, simplemente "Ronaldo", hubiese sido un jugador de una trascendencia mundial equiparable a la de Pelé.

Pero hablando de sus distintas cualidades, habría que destacar su técnica, aunque a primera vista no parecía tener tanta calidad. A veces peleaba un balón en media cancha y se trababa con un rival, pero no le arrebataban la pelota. Por eso le decían "La Bestia", porque era capaz de salir con el balón controlado, encarar la portería y marcar un gol gracias a la fuerza física que tenía, porque también aprovechaba su elevada estatura y no era fácil detenerlo.

Y fiel a ese concepto de habilidad de los jugadores brasileños, en un espacio pequeño, en medio de dos o tres rivales, hacía un túnel y salía hacia adelante con el balón dominado, a veces haciendo gala de un sprint potente que dejaba atrás a los contrarios.

En otras ocasiones frenaba, cambiaba de ritmo y le pegaba a la pelota con precisión para enviar un pase o un disparo a gol. En ese sentido, Ronaldo era igualmente imprevisible que Pelé, y eso le confería un estilo inconfundible a su manera de jugar. Inventaba una jugada en un espacio corto, con una acusada agilidad mental para ejecutarla, característica propia de los jugadores brasileños.

Además de estas cualidades que he mencionado, aunque Ronaldo jugaba en la posición de centro-delantero, de pronto lo veías jugando más atrás o en otro sector de la cancha que poco tenía que ver con el que tenía asignado. Este hecho daba frescura a su juego y desconcertaba a la defensa del equipo contrario, más todavía cuando venía con el balón desde atrás. También fue admirable su capacidad de lucha para recuperarse de lesiones, y cómo regresaba a las canchas con la misma entrega y determinación de siempre.

Ronaldo fue campeón del mundo con Brasil en los mundiales de 1994 y 2002. Nunca se supo que le ocurrió aquella mañana en la final de Francia del 98. Estoy seguro que ese partido contra Francia hubiese sido distinto si Ronaldo hubiera estado al cien de sus facultades físicas.

Por otra parte, habría que mencionar que tuvo el talento de invertir muy bien el dinero que ganó, y aunque era un amante de la buena vida, supo manejar muy bien su carrera. Actualmente es socio mayoritario del club Real Valladolid de España, y en Brasil adquirió acciones del Cruzeiro. Además, tiene otros negocios muy rentables que le permiten vivir como magnate.

Ronaldo es un hombre afable, sencillo, que transmite buena vibra y tiene un agradable sentido del humor, así que la admiración que en su día proyectaba como jugador, se ha multiplicado fuera de los estadios.

Ronaldinho: una sonrisa en la noche

Ronaldinho era la alegría jugando al futbol. Me atrevería a afirmar que no ha existido otro futbolista que le haya caído tan bien a la gente como este simpático brasileño. Y si ya antes apuntaba que Pelé o Ronaldo eran impredecibles con un balón en los pies, pues casi nunca se sabía lo que iban a hacer. Ronaldinho de pronto enganchaba la pelota por arriba o por abajo, o salía disparado en un *sprint* con el balón dominado; o jugaba a un ritmo lento, casi inverosímil, antes de hacer una genialidad. A veces pienso que prefería hacer una jugada vistosa, aunque supiera que podía fallarla. Pero si aquello que había intuido le salía bien, provocaba una enorme fascinación en el espectador, independientemente de que éste fuera seguidor del equipo contrario. Verlo jugar siempre fue una experiencia gozosa.

Y todo eso que estoy comentando se basa en una máxima que hoy día es muy rara de ver en cualquier futbolista: Ronaldinho entendía el juego precisamente como lo que es: un juego, y por eso salía a la cancha a divertirse, a disfrutar, liberado de la presión de conseguir resultados. En ese afán de libertad, muchas veces conseguía lo que no se había propuesto: poner pases magníficos a sus compañeros, marcar goles y ganar partidos.

Pero esa infinita alegría se prolongaba más allá de la cancha, y considero que su desenfreno para vivir lo llevó a la perdición. Se distrajo muchísimo y hoy está pagando las consecuencias de llevar una vida disipada, plagada de fiestas y escándalos.

Ronaldinho debió llegar más alto como futbolista, en cuanto a trascendencia deportiva se refiere, y aunque fue un jugador que dejó una huella indeleble, sus continuas distracciones lo apartaron del camino y no alcanzó el lugar de privilegio que, por derecho propio, le correspondía. En el aspecto económico no goza de la situación tan beneficiosa de Ronaldo, por ejemplo. Por tener malos manejos hechos a través de su hermano, tuvo que sufrir un arresto domiciliario en Uruguay.

Cuando llegó a México en 2014 no venía físicamente en su mejor momento, pero todavía realizó jugadas muy llamativas. Su presencia en Querétaro hizo que el equipo fuera conocido en todo el mundo y eso también fue muy positivo para la ciudad. Sin embargo, cuando se contrata a un futbolista con estas características el problema es para el técnico, que tiene que ser muy astuto para saber dirigirlo correctamente y que rinda en la cancha, para no se distraiga fuera de ella, cosa que, con Ronaldinho, no era fácil.

Aquí jugó un partido inolvidable contra el América, que se disputó en el Estadio Azteca. Entró de cambio e hizo cada jugada, y cada gol, que los americanistas terminaron rendidos a su magia tan peculiar, dotada de buen humor y una especie de cinismo —o desmedido atrevimiento— para hacer jugadas inesperadas o fantásticas, que, si las hubiera intentado otro jugador, lo tacharían de loco.

Una de sus mayores satisfacciones fue que la afición del Madrid le aplaudió en el Bernabéu, en un partido que jugó en 2005 vistiendo la camiseta del Barça, cuando le anotó dos goles al equipo merengue. Cualquier otro jugador que vaya ahí y le meta goles al Madrid, lo más probable es que salga abucheado. Por eso, esta anécdota refleja muy bien la dimensión del carisma de Ronaldinho y la brillantez de su juego, que subyugaba al público partidario de cualquier equipo. Y eso sólo lo consigue un *crack* del futbol.

Cristiano Ronaldo: la raza del goleador

A Cristiano Ronaldo hay que darle un calificativo especial, y no sólo como el de "un gran jugador". Porque más que eso, Ronaldo es el mejor delantero, el más efectivo, el que tiene el gol dibujado en la mente, el que no le interesa nada más que hacer goles, casi de una manera obsesiva… y lo ha hecho muy bien.

Ronaldo no es un virtuoso del futbol, como algunos otros de los jugadores que aparecen en este capítulo. Es un trabajador, un atleta, un profesional, y todo ello le ha ayudado a llegar a un nivel envidiable. Es un jugador que, en el momento en que se descubrió como goleador, entendió cómo enfocar su juego y manifestar su espíritu dentro de la cancha. Además, tiene suerte. Muchas veces el balón llega justo adonde está él y de ahí saca un disparo a puerta que convierte en gol; o intenta una chilena y la manda a la red sin que el portero pueda hacer nada; o ejecuta esos remates de cabeza imponiendo su físico a un defensor. Pero siempre está ahí, con ese olfato tan desarrollado para el gol.

Si a ello sumamos su agilidad dentro de la cancha, su fuerza y su velocidad, sobre todo en un terreno más abierto, todas estas cualidades hacen del portugués un jugador excepcional que representa al prototipo del futbolista moderno.

Uno de los aspectos más llamativos de la figura de Ronaldo es su físico, que dista mucho de parecerse al de los futbolistas del pasado, y no tenemos que retroceder tan lejos en el tiempo, pues estoy haciendo referencia a los jugadores de hace un par de décadas. El trabajo que Ronaldo ha hecho en el gimnasio para ganar masa muscular, y rendir a tope en la cancha, es ejemplar para cualquiera que juegue futbol.

Pasan los años y sigue siendo un jugador rentable. ¿Cuándo se va a acabar todo ese cúmulo de cualidades? Es posible que dure más tiempo en activo que los demás jugadores de su generación, ya que la vida que ha llevado es un ejemplo de dedicación, de profundo amor por su profesión, y de esa ambición desmedida por seguir anotando goles, que es la esencia de su ser y seguramente va a durar algunos cuantos años más jugando al mismo nivel mostrado hasta ahora.

Porque la ambición de Cristiano es asombrosa, y a lo largo de su carrera ha habido varios momentos decisivos, en partidos puntuales, de un gran compromiso para su equipo, ya fuera jugando para el Real Madrid o con la Selección de Portugal, en el Manchester United o inclusive en el Al Nassr de Arabia Saudita, en que una acción suya es decisiva para ganar un partido y ello añade valor a su figura.

También ha demostrado saber manejar la presión, que es algo difícil de conseguir si no se tiene fortaleza mental y seguridad en sí mismo. Bajo esta premisa, ha gestionado diversas situaciones de juego a su favor y las ha sabido aplicar en el instante preciso. Por eso es letal dentro del área.

A diferencia de Ronaldinho, que le cae bien a todo mundo, Ronaldo ha tenido que luchar también contra aquella mala vibra de los que lo envidian, y esto también ha influido en la forma en que él ha conseguido sobreponerse a todas esas críticas —muchas veces infundadas—, y proyecta una imagen de triunfador al que no le hace ninguna mella esa animadversión que existe en su contra.

Y es que ha conseguido una inmensa notoriedad mediática y que se hable de él, para bien o para mal, ya que su forma de ser como jugador y como persona no deja indiferente a nadie, y eso es bueno: que la gente hable de los futbolistas, que los tenga identificados plenamente y opine sobre su forma de ser o de jugar.

En la historia del Real Madrid, Ronaldo ha sido uno de los jugadores más influyentes, al mismo nivel de Alfredo Di Stéfano o Hugo Sánchez, porque los logros que ha conquistado han dado muchísimas satisfacciones a la afición madridista. Ganar la Champions con el Madrid o títulos de goleo, o haber sido el rival directo de Messi, han hecho de Cristiano un jugador que ya entró en los anales de la historia del club blanco. Y no obstante que el Real Madrid ha llegado a tener mejores futbolistas, sus triunfos tienen un peso específico dentro del club porque pocos jugadores han cosechado tantos resultados positivos como él, que es una máquina de hacer goles, una infatigable aplanadora.

Messi: arte en movimiento

Lionel Messi es producto de la paciencia de los directivos del Barcelona, que tuvieron el tino de trabajar con él desde fuerzas básicas, en lo que llaman "La Masía", para convertirlo en un jugador exitosísimo.

Primero se vieron obligados a enfocarse en su aspecto físico, y lo medicaron de la manera correcta, algo que no supieron hacer en Argentina. Y aunque desde muy joven Messi ya mostraba unas tremendas cualidades para jugar al futbol, su baja estatura era una desventaja. Así que, por principio de cuentas, tratar este asunto fue fundamental para que su carrera comenzara a encauzarse por el camino que esos visionarios le habían trazado.

La capacidad técnica combinada con la velocidad, hacen de Messi un jugador muy especial. Por eso es tan complicado marcarlo, y ya no se diga anular su juego. A eso hay que sumar que en un tiro libre puede hacer un gol desde cualquier distancia. En cambio, no tiene tanta destreza tirando penales. Quizá éste es uno de sus puntos débiles, y a pesar de que ha fallado varios, los técnicos que lo han dirigido no se han atrevido a decirle nada. Pero en porcentaje de anotaciones de tiros libres es más eficaz que ninguno, incluyendo a Cristiano Ronaldo.

También tiene la capacidad de hacer un gol tirando un balón desde medio campo, o concretar una pared entrando al área y pegarle a la pelota con facilidad para rematar la jugada. O llegando por un costado, cuando parece que va a poner un servicio, ejecuta una diagonal y pone el balón donde quiere. Y así como Pelé o Ronaldo, y también Ronaldinho, Messi ha sido un jugador absolutamente imprevisible, un título que sólo está al alcance de unos cuantos predestinados.

Otra de sus mayores cualidades es saber moverse en la cancha para tratar de ser siempre el hilo conductor del juego. Sus pies son como unos imanes que atraen muchos balones, y sus compañeros saben que, en cualquier circunstancia, Messi sabrá conducir la pelota y darle salida según convenga en ese momento. Además, este hecho les quita presión a ellos.

Messi es un futbolista que le tocó jugar en una época más competitiva. Ahora hay más preparación físico-atlética;

más velocidad en el juego y también un marcaje mucho más específico que busca anular a los líderes con eficacia. Asimismo, es más factible hoy día que un equipo rival lo observe jugar, ya sea en directo, a través de la televisión o en partidos grabados, y analice con más detalle su forma de juego para tratar de obstaculizar su desempeño. Sin embargo, siempre quedará la sorpresa, la intuición, la genialidad de Messi, que marca la diferencia.

El equipo que formaron en el Barça con Pep Guardiola, donde estaban Iniesta, Xavi, Messi, aquel al que le decían el *Dream Team*, es uno de los mejores que ha habido en la historia del conjunto blaugrana. Debo confesar que, siendo seguidor del Real Madrid, como apasionado del futbol me gustaba más ver jugar a ese Barcelona.

Y es que en aquel equipo no sólo había varios jugadores de una enorme calidad individual, también aportaban cada uno su talento a un grupo que estaba muy bien dirigido e implementó un estilo de juego peculiar gracias a la visión de Guardiola. Aquel famoso "tiqui-taca", que era jugar el balón en corto, de manera insistente, para desequilibrar al rival, fue una valiosa aportación al futbol y estoy convencido de que Messi contribuyó mucho a que ese estilo de juego se hiciera realidad y se desarrollara en el Barcelona y más tarde en la Selección de España.

El triunfo que obtuvo con la Selección Argentina en el Mundial de Catar, para Messi fue una liberación, porque el aficionado argentino anhelaba verlo levantar una Copa del Mundo, un hecho que provocó un sentimiento de orgullo tan grande como el que en su día provocó Maradona.

SEGUNDO TIEMPO

6. Las eliminatorias mundialistas

Recuerdo particularmente la eliminatoria mundialista de 1966, cuando México se enfrentó a Costa Rica antes del Mundial de Inglaterra, pues esos eran los partidos estelares en esta región del planeta, pues se trataba de un viejo clásico. Uno de ellos se disputó en el estadio de Ciudad Universitaria. Aquel partido terminó en una bronca tremenda tras la victoria de México, que le había ganado a Costa Rica un gol a cero. Estoy seguro de que los aficionados de la vieja guardia aún recuerdan aquella pelea entre Álvaro Grant McDonald y Ernesto Cisneros, que era un jugadorazo del que meses más tarde fui compañero. En esa eliminatoria participaron jugadores a los que, años más tarde, traté cuando me contrataron para jugar con el Atlante, como fue el caso de Emilio Sagot, que era portero de la Selección de Costa Rica.

A lo largo de mi carrera tuve la oportunidad de jugar varios partidos amistosos en Centroamérica. En esos años era frecuente que algunos equipos mexicanos acudieran a jugar contra Honduras, El Salvador o Guatemala. Existía una enconada rivalidad, sobre todo de ellos hacia nosotros, así que aquellos encuentros solían estar llenos de patadas —y de faltas— por su afán de ganarnos. Era bastante complicado jugar allá, inclusive tratándose de partidos que no tenían un carácter oficial, sino únicamente servían como entrenamiento. La experiencia acumulada en esos partidos servía para que el jugador se hiciera una idea precisa de cómo eran las eliminatorias, aunque, ciertamente, a mí no me tocó jugar ninguna con la Selección Mexicana.

Lo que sí me tocó fue transmitir eliminatorias para diferentes Copas del Mundo, y la más complicada fue la que jugó México para ir al Mundial de Estados Unidos. Uno de los partidos más difíciles fue en el Estadio Nacional de Tegucigalpa, precisamente contra la Selección de Honduras. Los nuestros jugaron muy bien ese 2 de mayo de 1993 bajo la dirección técnica de Miguel Mejía Barón. Alberto García Aspe hizo un gran gol en los primeros minutos, y México acabó ganando 4-1.

Antes de que empezara el partido, Hugo Sánchez realizó sus ejercicios de calentamiento sobre la línea de banda, frente a la tribuna que ya estaba abarrotada. De pronto, la gente comenzó a insultarlo, pero él no se inmutaba. Supongo que lo hacía para liberar la presión de sus compañeros, mientras él atraía, como un imán, la ira de los aficionados hondureños.

Cuando se acabó el partido mucha gente invadió la cancha. A los jugadores los colocaron en el círculo central para que los elementos de seguridad del estadio pudieran protegerlos y, por increíble que parezca, a los periodistas nos bajaron a la cancha para reunirnos con ellos durante un par de horas. Afuera del estadio se desató una gresca formidable y hasta se escucharon algunos balazos. Fue una bronca monumental que duró largo rato. A un colega hondureño le quemaron su unidad móvil de radio, simplemente porque lo habían visto platicar con El Perro Bermúdez y conmigo.

Una vez que los agresores habían comenzado a dispersarse, los agentes de seguridad nos custodiaron hasta el hotel. Ahí había un despliegue policíaco resguardando las instalaciones para evitar que fuera a ocurrir un nuevo altercado. A pesar de las fuertes emociones que habíamos vivido, estábamos de buen humor y nos fuimos al casino a distraernos un rato. Al final fue un buen día porque México ganó el partido, nosotros salvamos el pellejo, y yo gané en el Black Jack. Sin embargo, debo reconocer que ese día lo vivimos bajo mucha tensión y, en un momento dado, sentí que aquel grave incidente podía haber terminado en una tragedia.

La guerra

No entiendo por qué las eliminatorias a veces se complican tanto para México. Nuestra Selección está obligada a clasificar, tanto por su jerarquía histórica, como por su importancia futbolística en la región. Eso aplica también para Costa Rica y Estados Unidos. Desde luego que, en ciertas ocasiones, tanto Honduras como El Salvador han reunido buenas selecciones, pero, generalmente, su nivel de juego no es tan competitivo. En la actualidad, el rival más fuerte para México suele ser Estados Unidos.

La gente quizá no tiene una verdadera conciencia de la dificultad que entraña para México jugar en Centroamérica, porque aquellos no son partidos de futbol… ¡Es la guerra! Ahí los equipos locales te cazan a patadas y te hacen la vida imposible. Es realmente complicado jugar allá. Sería más fácil ganarles jugando en países neutrales.

Hay equipos de varios países del mundo que cambian de grupo y terminan jugando en distintas confederaciones. En este sentido, creo que al futbol mexicano le haría muy bien jugar contra las selecciones de Brasil, Argentina y Uruguay, y así se podría medir, en términos reales, el nivel de la Selección Mexicana. Supongo que esta propuesta sería descabellada para la Federación Mexicana de Futbol, porque a quienes más interesa que México califique sin complicaciones es a los dueños de las televisoras.

La Federación nunca se arriesgaría a hacer nada que fuera en contra de los intereses de las televisoras. Pero creo que sería un reto interesante para nuestra Selección, tal y como en su día se tomó la decisión de jugar la Copa Libertadores, que se tradujo en una apuesta interesante. Si México se atreviera a enfrentar una eliminatoria contra equipos de Sudamérica, entonces se sabría con exactitud qué nivel de juego tiene nuestro equipo antes de un Mundial. Sin embargo, me parece que esto que propongo se quedará en el terreno de la utopía.

Economía es igual a crecimiento

Soy un convencido de que el futbol avanza de la mano de la economía de un país. Porque si observamos la calidad de juego de los países más importantes, hablando a nivel de clubes, ahí están los europeos. Y eso se debe a la sólida economía de dichos países, tales como Alemania, Inglaterra, España, Francia, Bélgica, Países Bajos…

Al observar a los equipos a los que México se enfrenta en eliminatorias, no tienen siquiera una capacidad económica equiparable a la nuestra. Por eso resulta difícil que puedan tener una buena liga y tampoco poseen una Selección competitiva. No es el caso, por supuesto, de Estados Unidos, que ha venido creciendo porque a su liga le han inyectado dinero y cada vez salen más futbolistas. Desde luego que todavía les falta centrarse en crear jugadores estadounidenses, pues gran parte de la materia prima es importada. Pero su mejoría se debe a la fortaleza de su economía y se han superado mucho gracias a la organización de su estructura. No sé si algún día nos van a vencer. Espero que el futbol de México también avance para que eso no ocurra.

La liga de Estados Unidos no me gusta por diversas razones. Una de ellas es que no contempla el descenso de los equipos a una división inferior. Al margen de esto, es una realidad que va camino de ser una liga que, conforme pase el tiempo, tendrá una mayor relevancia. Y eso quizá incida en el surgimiento de más jugadores estadounidenses, y seguramente varios terminarán por consolidarse en los clubes de Europa, lo que sin duda aportará más solidez a su Selección Nacional.

Antes veías jugar a Landon Donovan en Alemania y era el único que brillaba a nivel internacional, pero de unos años a la fecha varios jugadores estadounidenses han pertenecido a clubes de Europa, como es el caso de Andre Yedlin (Newcastle), Ethan Horvath (Club Brujas), John Anthony Brooks

(Wolsburgo), Fabian Johnson (Stoke City), Bobby Wood (Hamburger SV) o Christian Pulisic (Borussia Dortmund). Por otra parte, si aquí en México la Federación se empeña en seguir dando facilidades a los clubes para jugar con más extranjeros, llegará el día en que Estados Unidos terminé superando a México. Es lógico que eso suceda con el paso del tiempo: que se vayan cerrando los espacios para los jóvenes talentos mexicanos y que los equipos donde pretenden hacer carrera ya estén copados por jugadores extranjeros.

Voy a poner un ejemplo: a un portero mexicano se le presenta la posibilidad de debutar, pero si el equipo para el que juega tiene arqueros argentinos como Nahuel Guzmán o Agustín Marchesín, difícilmente lo van a dejar pasar. Esto impedirá que la directiva del club conozca sus alcances. Si hablamos de un delantero sucederá lo mismo. Así que esta tendencia de "extranjerización" del futbol mexicano, tarde o temprano nos va a afectar en las eliminatorias y es contraproducente, porque si a la Federación le interesa el Mundial, debería estar preocupada por establecer un planteamiento que favorezca el desarrollo de los nuevos talentos mexicanos. Mientras eso no suceda, nuestro nivel de juego se va a estancar.

Si quienes manejan el futbol en México se lo propusieran de verdad, como si fuera un compromiso moral, la calidad de nuestro futbol podría crecer. Pero no veo, sinceramente, que eso vaya a ocurrir, porque prefieren anteponer sus intereses económicos a los colectivos.

Cuando yo comencé mi carrera en el futbol, los Mundiales se disputaban entre 16 equipos, como el de Inglaterra de 1966, y eso se traducía en un gran espectáculo, pero no era negocio. El futbol es un deporte tan maravilloso, que sigue siendo un gran negocio para gente que no sabe nada de futbol. A ver si no acaban matando a la gallina de los huevos de oro, aunque eso difícilmente sucederá porque el futbol es un deporte muy noble, aunque no lo sean tanto quienes lo manejan.

Por otra parte, los futbolistas somos, en general, hombres con poca preparación, y hablo a nivel mundial. Debería haber gente con más preparación para que, una vez finalizada una carrera deportiva, puedan tener acceso a puestos directivos en clubes o federaciones, y estoy seguro que de esa manera el futbol estaría mejor manejado.

En otros países de la zona de CONCACAF (Confederación de Futbol de la Asociación del Norte, Centroamérica y El Caribe, por sus siglas) tampoco se ve que haya avances, con excepción de Costa Rica, que es un país exportador de futbolistas que hoy están haciendo un buen papel en Europa. Ahí las cosas se cuecen aparte, como se dice. Es un país estable donde existe una buena calidad de vida. Sus habitantes piensan y actúan de una manera diferente a otros países de la región. Su eslogan de "pura vida" refleja muy bien cómo son los costarricenses, y me queda claro que van a seguir produciendo jugadores y que serán competitivos a nivel de Selección Nacional porque hacen un buen trabajo.

"¡Estamos en el mundial!"

El día que calificó México a la Copa del Mundo de 1994 fuimos a transmitir un partido México-Canadá en un estadio pequeñito de Toronto, que estaba dentro de una universidad. Cuando cayó el segundo gol de nuestra Selección me desbordé ante el micrófono, y quizá esa haya sido una de mis narraciones que más impactaron al aficionado: "Llega Hugo, El Abuelo… ¡gooool! ¡goool! ¡El Abuelo!... ¡Estamos en el Mundial!" La narración de ese gol me marcó, y todavía mucha gente me sigue recordando aquel momento tan especial para la Selección de México, porque hacía tiempo que nuestra Selección no regresaba a un Mundial.

Al terminar el partido, salí del estadio y tomé un taxi para ir al hotel donde estaba hospedado. El chofer me preguntó de dónde era y a qué había ido a Canadá.

—Soy mexicano y vine al partido —dije, así nada más, sin mayores explicaciones. Me respondió, un tanto asombrado:

—Ah, yo no sabía que en México les gustara tanto el hockey sobre hielo.

¡Imagínense! Aquel despistado no sabía, como muchos canadienses, que México había jugado un partido de futbol de eliminatoria mundialista contra su país. Pero ahora es diferente y el futbol en Canadá se ha desarrollado de una forma impresionante.

A mí me gustó mucho el equipo que armó Miguel Mejía Barón precisamente para esta eliminatoria del Mundial de 1994. Todo el proceso de este equipo, que venía trabajando desde la Copa América, fue muy interesante. Aquel torneo lo perdimos contra Argentina solo por un descuido. El equipo merecía ganar porque jugaba muy bien. Mejía Barón hizo un excelente trabajo, que siguió dando frutos en la Copa Oro y también en la eliminatoria. Era un equipazo. Creo que en la Copa América de 1993 este equipo jugaba mejor que en el Mundial del 94. Y en ese año perdimos en los penales, aquellos famosos penales, en que se suscitó la fricción entre Mejía Barón y Hugo Sánchez.

De hecho, hay quien piensa que es más difícil jugar eliminatorias que el Mundial, y no importa que los rivales que enfrentas tengan menor jerarquía, sino que las circunstancias que rodean este tipo de partidos te lo hacen más difícil. En el Mundial es distinto, porque ahí se juega con otro tipo de presión al enfrentar a equipos grandes, en escenarios de mucha importancia. En la etapa en la que se encuentra el futbol mexicano, es más grave y doloroso perder la eliminatoria y dejar de ir a un Mundial, a que te eliminen en la primera fase de la Copa del Mundo.

La Selección de La Volpe

La Selección de Ricardo La Volpe pasó la eliminatoria jugando muy fácil y calificó caminando. La de Juan Carlos Osorio, ni se diga. Pero a mí me gustaba más cómo jugaba la de La Volpe un año antes del Mundial de Alemania, en la Copa Confederaciones de 2005. Ese equipo era una joya. Le ganamos a Brasil jugando de "tú a tú", y a Argentina no lo vencimos de milagro. Contra Alemania, México dio un partidazo. Esa Selección jugaba muy bien, pero a la Copa del Mundo ya no llegó con la misma fibra, el mismo impulso, y francamente desconozco el motivo.

La clave del éxito de la Selección de Ricardo La Volpe fue que comenzaron ganando con facilidad a Costa Rica como visitante, con goles de Jimmy Lozano, y el equipo creció. Ese equipo le tenía fe a La Volpe. Había jugadores que conocían de sobra el trabajo de Ricardo, y él también estaba compenetrado con varios de ellos, e hicieron bien las cosas.

La ausencia de Cuauhtémoc Blanco en el mundial suscitó una gran polémica y no acudió a la cita porque se había enemistado con La Volpe cuando éste había sido su entrenador en el América. Y estas diferencias terminaron de explotar en aquel partido jugando contra el Atlas, al que entonces entrenaba Ricardo.

Cuauhtémoc anotó un gol y fue a celebrarlo delante de la banca del rival. Se acostó en el césped con actitud displicente y se burló de La Volpe en su cara. Creo que Ricardo debió haber buscado resolver esos problemas antes, para no dejar fuera del Mundial a un jugador de la calidad de Cuauhtémoc, que además tenía madera de líder dentro de la Selección.

La presión fue un factor decisivo en contra desde antes de iniciar la Copa del Mundo. Porque en la Copa Confederaciones y las eliminatorias, el equipo de La Volpe andaba de maravilla, y su estado de ánimo también. Pero poco antes de iniciar el Mundial, sus declaraciones eran diferentes a las del principio. Ricardo comenzó a discutir con la prensa y ya no se sentía a gusto, y era un hombre distinto al que había sido al principio, y eso se reflejó en el equipo.

Ahora bien, en su defensa, habría que decir que, con todos los técnicos que han entrenado a la Selección Mexicana, hemos llegado al mismo lugar. Nos puede gustar más una Selección que otra, es verdad; pero, al final, si nos atenemos a los resultados obtenidos, no se puede establecer ninguna diferencia entre la Selección que armó determinado entrenador y la que formó otro, prácticamente desde hace 40 años. Y si siempre terminamos en el mismo lugar, parece que es el sitio que nos merecemos, por desgracia.

Si queremos superar los resultados obtenidos hasta ahora no necesitamos a un entrenador que sea mago; necesitamos producir jugadores jóvenes con mayor capacidad, para que en un futuro aporten esa calidad a la Selección. Y algo todavía más importante que eso: enseñarle al joven jugador mexicano a tener una mentalidad triunfadora.

El futbolista mexicano ha demostrado que en los partidos decisivos no sabe ganar. Ojo, hablo de todas las generaciones que hemos jugado al futbol. Me estoy refiriendo a todos los mundiales. Hablo de lo que yo he visto desde Chile 1962, que la Selección Mexicana tenía un equipazo… le ganamos a Checoslovaquia en ese Mundial cuando ya estábamos eliminados. Porque el día que teníamos que ganarle a España, nos venció en el último minuto. Así ha sucedido a lo largo de la historia: el partido más importante nunca lo ganamos. Y me duele reconocerlo, pero nos falta serenidad; nos falta madurez; nos falta personalidad; nos falta confianza en nosotros; nos falta ambición… Lamentablemente, no sabemos ganar el partido trascendente y se ha convertido en una situación un tanto desesperante.

Mentalidad ganadora

Considero que uno de los momentos estelares en la historia de la Selección Nacional fue cuando vino César Luis Menotti como director técnico. Menotti trazó un camino al que, posteriormente, Miguel Mejía Barón procuró dar continuidad. Miguel trabajó mucho en la psicología del jugador y eso fue importante. El trabajo de entonces debería de ser retomado, pero desde las bases, con la Selección Sub-17, que ha ganado dos mundiales, en 2005 y 2011, respectivamente; o la Sub-20, que ha realizado un gran papel y quedó en tercer lugar en la Copa Mundial disputada en Colombia 2011.

Con este tipo de jugadores jóvenes habría que seguir trabajando para que haya un total convencimiento de que sí son capaces de llegar a conquistar campeonatos. La intención sería buscar que la calidad del jugador vaya en aumento, y que no exista una gran diferencia entre unos y otros. Esa calidad individual va a contribuir a crear una calidad de conjunto. Es la mejor manera de fomentar un avance en nuestro futbol.

Hay futbolistas que les cuesta trabajo desenvolverse y cargan con ciertos complejos, y otros no, sobre todo aquellos que vienen de un origen humilde y a pesar de ello tienen arrestos y caminan con la frente en alto, como el caso del propio Cuauhtémoc.

Al respecto de Cuauhtémoc, recuerdo que cuando los nuestros fueron a jugar el partido de vuelta de la Copa Libertadores contra el América de Cali, él no podía salir del hotel. Estaba sometido a una presión grandísima, y cuando saltó a la cancha le dijeron de todo, lo insultaron, le arrojaron objetos, y él se concentró en ganar y marcó tres goles. Ése es el tipo de futbolista que necesita México. Hugo Sánchez era otro, desde luego, que siempre tuvo ese carácter de triunfador.

Cabe señalar que a Cuauhtémoc no le tocó vivir la etapa de la Sub-17 o la Sub-20, y con ese desarrollo quizá hubiera llegado todavía más lejos. Porque si al carácter y la personalidad natural de un futbolista lo mentalizas para ganar, eso se convierte en un hábito que genera buenos resultados. Y jugadores como esos son los que se convierten en líderes de los equipos, al margen de la motivación que pueda ejercer el técnico sobre el equipo.

Hemos tenido selecciones donde no ha habido líderes, y eso ha sido evidente en distintas etapas, como ocurrió recientemente en el partido entre México y Argentina que se disputó en San Antonio, cuando nos pasaron por encima 4-0. Sobre la cancha no había un líder; alguien que gritara, que tratara de hacerse del control de la pelota; que pusiera orden o que repartiera una patada. Si hubiera sido al revés, y México le estuviera ganando 3-0 a los argentinos, seguramente se hubieran visto una gran cantidad de patadas para tratar, por lo menos, de desagraviar el orgullo mancillado.

Caso diferente fue la Selección de Manuel Lapuente de 1998, que al llegar al Mundial de Francia se creció. A mí no se me olvida que, en Alemania, en un partido amistoso contra el Wolfsburg, la ciudad donde está la sede de Volkswagen, México perdió 4-1, días antes de que comenzara la Copa del Mundo.

Cuando veníamos de regreso, en el avión me encontré a Lapuente y le pregunté:

—¿Hola, Manolo ¿cómo estás? —a lo que me contestó:

—Estoy muy contento.

Su respuesta me dejó de una pieza luego de aquella derrota. Pero enseguida comprendí cuando me dijo:

—Es que ya encontré el equipo que estaba buscando para Alemania, y también a un futbolista que nos va a ayudar mucho: El Cabrito.

Ese día, Jesús "El Cabrito" Arellano había entrado al partido de relevo y, después de ese encuentro, el equipo se transformó. Porque Arellano se convirtió en un revulsivo de primer orden para sus compañeros, y a México le fue bien en aquel Mundial.

En las eliminatorias damos por hecho que el técnico contratado tiene la capacidad de armar una buena Selección, y que atesora los conocimientos suficientes para dar estructura a un equipo. Su obligación es transmitir a los jugadores una mentalidad positiva y de triunfo, que los motive a salir adelante. Lo más importante de esta relación es que el futbolista le crea al técnico, porque si el jugador no tiene confianza en su entrenador, lo más probable es que el trabajo no sirva de nada. El técnico tiene que meterse en la psicología del jugador; comprender en qué momento se encuentra cada uno y tratar de crear una empatía de grupo, algo que no es fácil de conseguir y que, cuando se logra, ayuda a que el rendimiento del equipo sea mejor.

En la eliminatoria para un Mundial tienes que jugar con los mejores. Por eso hay partidos previos donde el técnico puede hacer ciertos experimentos, pero en la Copa del Mundo ya no hay marcha atrás, como sí se puede hacer unos meses antes, una vez que ya tienes el pase asegurado al Mundial y juegas algunos partidos de preparación. Y es que a veces, de un año a otro, determinados jugadores bajan su rendimiento o sufren lesiones, y entonces se generan situaciones diferentes a las que se habían vivido a lo largo del proceso, que es largo hasta llegar al Mundial.

Por otra parte, la presión mediática ejerce una influencia especial para la Selección y el cuerpo técnico. El ejemplo más elocuente de esto lo padeció "El Chepo" de la Torre, que ganó ocho de los doce partidos que disputó antes de la eliminatoria del Mundial de Brasil 2014. Al llegar a la eliminatoria el equipo no funcionó; no jugaron como lo venían haciendo en la etapa anterior. Creo que hasta hoy nadie sabe qué paso, ni El Chepo ni los jugadores. La presión fue terrible y El Chepo acabó saliendo del equipo, dejando su lugar a Miguel Herrera, que llegó al rescate de la Selección.

Cabe mencionar que esa eliminatoria rumbo a Brasil fue muy mala para México, primero con El Chepo y después con Víctor Manuel Vucetich, al que sólo le dieron a dirigir un partido. Otros entrenadores también han padecido injusticias similares, como le ocurrió a Luis Fernando Tena, que ganó la medalla de oro en los Juegos Olímpicos de Londres 2012 y, al igual que Vucetich, nada más le dieron un partido, y en una circunstancia muy comprometida.

Aquella victoria en los Jugos Olímpicos está considerada como la mejor participación de la Selección Mexicana en un torneo internacional de esa relevancia. Aquel 11 de agosto en el Estadio de Wembley, ante más de 85 mil espectadores, México conquistó una valiosa victoria. Venció a Brasil dos goles a uno. Ambas anotaciones del equipo nacional corrieron por cuenta de Oribe Peralta y también merece la pena dar crédito a los jugadores que alinearon en aquel partido: Corona, Israel Jiménez (Vidrio, minuto 80), Mier, Reyes, Chávez; Herrera, Salcido, Enríquez, Aquino (Ponce, minuto 57), Fabián y Peralta (Raúl Jiménez, minuto 86), varios de los cuales jugaron años después en Europa e hicieron un excelente papel.

Procesos complicados

Ese proceso fue el más complicado. Y, desde luego, cuando no fuimos al Mundial de Alemania 74, tras haber disputado aquel premundial de Haití —la primera ocasión en que, por decisión de la CONCACAF, una eliminatoria se jugaba en una sola sede—, quedó claro que las condiciones no eran las ideales para una competencia de ese nivel. Dicho con todo respeto, Haití no reunía las condiciones para una eliminatoria mundialista, pero eso no le importó a la CONCACAF.

México había empatado a cero con Guatemala. Más tarde apaleó a Antillas Holandesas 8-0, y empató a un gol con Honduras. La debacle para el equipo nacional llegó con la derrota que nos clavó Trinidad y Tobago 4-0, mientras que en el último partido México le ganó a Haití 1-0. Ese partido estaba preparado para que Haití y México se jugaran el boleto de la clasificación, y a pesar de que Haití perdió, fue el equipo que tuvo el pase al Mundial porque había quedado a la cabeza del grupo.

El hecho de que esa eliminatoria se haya jugado en territorio haitiano, de ninguna manera justifica la derrota de México. Aquel fue un gran fracaso para nuestra Selección.

Las eliminatorias con dicho formato, me refiero al de jugarse en una sola sede, también se disputaron antes de los Mundiales de Argentina 78 y España 82, mismas que tuvieron lugar en un lapso de dos semanas.

La eliminatoria para Argentina 78 se realizó en México, como única sede, y ahí no hubo ningún contratiempo, aunque meses más tarde la Selección haya tenido su peor participación en un Mundial, y de eso ya contaré detalles más adelante. La última eliminatoria de este tipo se jugó en Honduras, como país sede. Era para definir quién iba a asistir al Mundial de España 82.

En esa eliminatoria México venció cuatro cero a Cuba. Más tarde, y gracias a un gol de Hugo Sánchez, marcado en el minuto 87, se consiguió un sufrido empate contra Haití. Pero la humillación mayor fue que no fuimos al Mundial porque sólo había dos boletos y los ganaron Honduras y El Salvador. Honduras hizo un papel digno en aquella participación mundialista, la primera de su historia. Empató con España y con Irlanda del Norte, y perdió con Yugoslavia. Pero lo de El Salvador fue aberrante, pues hizo un ridículo impresionante, sobre todo en aquel partido contra Hungría, que lo barrió ¡10-1!, en la goleada más abultada que se ha registrado hasta ahora en la historia de las Copas del Mundo.

La intención de CONCACAF era que otros equipos de la región tuvieran más posibilidades de acudir a una Copa del Mundo. Sin embargo, quedó comprobado que dicho formato no era viable, y a la FIFA tampoco le acabó gustando.

En 2014 Herrera armó un equipo al vapor para tratar de calificar al Mundial de Brasil, y trajo varios jugadores del América a los que les tenía confianza. Al final se consiguió el pase al Mundial al vencer a Nueva Zelanda, en una recalificación que, dicho con todo respeto, no hubiera sido rival siquiera para el Irapuato.

En esa época los auxiliares del técnico estaban de adorno. No había formalidad. Ahora hay una mayor seriedad y profesionalismo en todo el grupo porque está conformado por un preparador físico, un preparador de porteros, un auxiliar de cancha, y varios asistentes más, pero el responsable sigue siendo el director técnico y hay pocos entrenadores que hacen caso a sus ayudantes, sobre todo en el futbol mexicano.

A los entrenadores que están abiertos a escuchar sugerencias creo que les va mejor. Porque, en general, el técnico de una Selección es un individuo muy especial. Se suelen dividir en dos tipos, según mi criterio: cuando tienen trabajo y cuando están desempleados. Cuando tienen trabajo no hacen caso a nadie, siempre están ocupados y esgrimen diversas excusas para no atenderte. Y cuando están sin equipo, te buscan para ir a comer o que les hagas una entrevista. Entonces es cuando te dicen lo que falló; reconocen sus errores, visualizan aquello que hubiese sido mejor para el equipo, y otras cosas similares. Se trata de dos personas completamente diferentes, porque al estar frente a un equipo se cierran por completo al mundo exterior y no escuchan opiniones o sugerencias que pueden ser valiosas para mejorar su trabajo. A veces un comentario de alguien que inclusive no sabe tanto de futbol contiene una sugerencia que puede ser importante, pero no la escuchan.

Ha habido auxiliares que han aportado mucho a determinadas selecciones, como el caso de Javier "El Vasco" Aguirre, que era el brazo derecho de Mejía Barón. "El Vasco" es un hombre inteligente y tiene carácter, además es muy ocurrente. Recuerdo una anécdota que habla de su astucia: llegaron a jugar contra Honduras y la Selección ya tenía reservación en determinado hotel. Como en aquel entonces se organizaban serenatas en la madrugada para no dejar dormir a los jugadores mexicanos, Javier tuvo la idea de sacar a todo el equipo y trasladarlo a otro hotel sin que nadie se enterara de esta movida, y así fue como evitó dicha molestia. Lo hizo en una camioneta, de dos en dos, de tres en tres, hasta que se llevó a los jugadores de ahí.

Cuando llegó la bulla de los aficionados hondureños al hotel, de vez en cuando se asomaban Mejía Barón y algunos otros del cuerpo técnico para despistar, y los aficionados no sabían que los jugadores ya no estaban en sus habitaciones. Con esta curiosa argucia, México ya le había metido un gol a Honduras antes de comenzar el partido.

La nacionalidad del técnico

Si yo tuviera que elegir a un solo técnico de todos los que han estado al frente de la Selección Mexicana en los últimos 40 años, elegiría a Manolo Lapuente. Y tampoco descartaría a los dos Migueles: Mejía Barón y Herrera, aunque a éste le pondría un auxiliar que se encargara de controlar su explosivo carácter, porque a veces se pasa de la raya.

Tampoco hay que olvidar que Javier Aguirre consiguió ganar la clasificación más difícil de la historia, cuando teníamos un pie fuera de la Copa del Mundo Corea-Japón 2002, y jugó los partidos que quedaban de manera impecable para llevar a México a esa cita mundialista.

Independientemente de la capacidad de un técnico, un factor relevante es el liderazgo que pueda ejercer entre sus jugadores. Es fundamental tener una gran ascendencia sobre cada uno de ellos, de manera individual y también colectiva. Porque hay técnicos que se convierten en el segundo padre del futbolista y saben cómo inyectarle una mentalidad de superación.

Muchas veces es preferible tener liderazgo y que el futbolista te crea, a tener capacidad. Aunque lo ideal sería tener las dos cualidades en partes iguales. Porque si tú tienes capacidad, pero no sabes transmitir tus ideas, tus conceptos, de nada sirve. Me refiero a consolidar un liderazgo que se traduzca en credibilidad, para que el futbolista haga lo que el entrenador le pide y se vayan dando los resultados favorables que otorgan confianza al equipo.

Hay una cuestión de la que se habla poco, pero la mayoría de las selecciones que han ganado campeonatos del mundo, lo han hecho con técnicos originarios del mismo país. Si hacemos un recuento de todos los mundiales, encontramos los siguientes datos que son muy elocuentes:

El Mundial de Uruguay 1930 lo ganó Uruguay con un técnico uruguayo llamado Alberto Supicci. En Italia 1934 ganó Italia con un técnico italiano, que era Vittorio Pozzo. En Francia 1938, ganó nuevamente Italia con el mismo entrenador. En Brasil 1950 ganó Uruguay con un técnico uruguayo, Juan López Fontana.

En la siguiente mitad del siglo XX, el devenir de los vencedores fue el siguiente: en Suiza 1954 ganó Alemania con un técnico alemán, Sepp Herberger. En Suecia 1958 ganó Brasil con un técnico brasileño, Vicente Feola; y en Chile 1962, volvió a ganar Brasil con Aymoré Moreira, otro entrenador carioca.

Posteriormente, en Inglaterra 1966, la Selección de casa se coronó con un técnico inglés, Alf Rampsey. En México 1970 ganó Brasil con un técnico brasileño, Mario Zagallo. En Alemania 1974, el conjunto alemán venció con un técnico alemán, Helmut Schön. En Argentina 1978 ganó Argentina con un técnico argentino, César Luis Menotti. En España 1982 ganó Italia con un técnico italiano, Enzo Bearzot. En México 1986 ganó argentina con un técnico argentino, Carlos Salvador Bilardo. En Italia 1990 se coronó Alemania con un técnico alemán, Franz Beckenbauer. En Estados Unidos 1994 ganó Brasil con un técnico brasileño, Carlos Alberto Parreira. En Francia 1998 ganó Francia con un técnico francés, Aimé Jacquet. En Corea del Sur-Japón 2002, ganó Brasil con un técnico brasileño, Luis Felipe Scolari. En Alemania 2006 ganó Italia con un técnico italiano, Marcello Lippi. En Sudáfrica 2010 ganó España con un técnico español, Vicente del Bosque. En Brasil 2014 ganó Alemania con un técnico alemán, Joachim Löw. En Rusia 2018, la Selección de Francia ganó la Copa del Mundo con un técnico francés: Didier Deschamps, que igualó la marca de Zagallo y Beckenbauer, pues también fue campeón del mundo con su selección. Y en el Mundial de Catar 2022, la Selección de Argentina conquistó su tricampeonato al mando de Lionel Scaloni, nada más y nada menos que un técnico argentino.

Esta notable tendencia esclarece que no ha habido ningún técnico que haya ganado un Mundial con un equipo de un país distinto al de la nacionalidad de sus jugadores, y es un indicativo de que en México se debería de pensar siempre en contratar a un técnico mexicano para nuestra Selección.

Invertir en su formación

Tengo un amigo que afirma que, en este país, el hecho de ser extranjero se convierte en una profesión, y a reserva de la generosidad natural de los mexicanos, que es un rasgo distintivo de nuestra forma de ser, aquí le abrimos las puertas a cualquier extranjero como quizá casi nunca las abren a nosotros en cualquier lugar del mundo.

Pero en este caso nos afecta en el trabajo. Y otra cosa que falta aquí, no sólo es formar nuevos técnicos, también capacitarlos. Pero las oportunidades para los técnicos jóvenes escasean. En cuanto fracasan les cortan la cabeza, y luego resulta muy difícil que encuentren una nueva oportunidad. A los técnicos mexicanos jóvenes no les queda más remedio que capacitarse ellos, y varios se han pagado sus viajes a Europa para ver qué están haciendo equipos como el Barcelona o el Real Madrid.

La Federación Mexicana de Futbol debería de invertir en este rubro y conceder determinados apoyos a algunos técnicos para que fueran a estudiar la forma de trabajar de los mejores equipos del mundo. Eso ayudaría a que los entrenadores de aquí se formaran con un concepto más sólido de lo que es la dirección técnica de un equipo. Hoy en día no existe ningún programa de este tipo, y considero que sería bueno implementarlo.

El nombramiento de los técnicos se da en función de lo que decida el director de Selecciones Nacionales y los dueños de los equipos. Algunos sí repiten, pero otros tienen un techo y es difícil que crezcan más. Llegarán a las Sub-17 o a la Sub-20, porque si hacemos un análisis de los que han ganado los mundiales, no han trascendido como hubiéramos deseado.

Así que se tendría que hacer una valoración precisa para determinar quién puede llegar a ser un técnico de Selección Nacional y prepararlo durante unos ocho años, a fin de que su concepto de juego trascienda en el equipo al que dirige. Pero ni siquiera se piensa en un proyecto de esta naturaleza.

No hay ninguna planeación en este sentido, y difícilmente la habrá porque al presidente de la Federación Mexicana de Futbol es nombrado por Televisa cada período y éste se dedica a cuidar más los intereses de la empresa de televisión que pensar en desarrollar un proyecto futbolístico a mediano plazo que arroje resultados positivos Y de esto ya hablaré con más detenimiento.

Ahora bien, ya cuando un técnico, mexicano o extranjero, llega a la Selección es un logro importante, y también en el aspecto económico porque se les paga un dineral. Pero

1. Desde niño, mi vida ha sido el futbol.

2. Mis inicios en la portería.

3. Empezaba a llamar la atención de la prensa.

4. Defendiendo los colores del Atlético Español.

5. Aquella noche inolvidable Atlante vs. Santos (¡sí, el de Pelé!) en 1966.

6. Con dos grandes de la portería La Tota Carbajal y Nacho Calderón.

7. Con el América de la década de los sesenta.

8. Con aquel Zacatepec de 1969.

9. El Atlante, el equipo de mis amores.

10. Con la Selección Mexicana.

11. En busca de la consagración.

12. Toda una realidad como portero.

13. ¡El equipo del pueblo!

14. De la legión Atlantista.

15. El futuro parecía brillante.

16. Dentro y fuera de la cancha, siempre con mi Selección Mexicana.

Los "Potros" parecen haber entendido ya, las enseñanzas de muchos entrenadores y toca a Evaristo el honor de hacérselas entender.

¡INNEGABLE! EL "ATLANTE" ATRAVIESA POR GRAN MOMENTO

[illegible] ...señanzas de los diferentes entrenadores de toda una década que han puesto su grano de arena para que los "potros" aprendan a jugar al futbol.

Desde Marik, hasta Evaristo, pasando por Otto Vieyra, el ingeniero Báez, Ormeño y Octavio Vial, todos han contribuido para meterles en la cabeza a los jugadores, el futbol.

Ahora es tiempo de recordar ... y mencionar ... una cosa que oímos a los nuevos directivos del Atlante, cuando el general Núñez les cedió la alternativa. En aquel entonces dijeron esto: "con razón el Atlante pasa tantas penurias y lucha tantas veces por el descenso ... con equipo ... desecho de otros clubes, que José Luis Pérez Noriega se ha encargado de contratar ... no se va a ninguna parte".

Pues bien ... la nueva organización del Atlante, "con la misma chatarra" que consiguió Pérez Noriega —excepción de Orvañanos y Barbosa, que no estaban en aquel entonces— viene dando una bonita exhibición de futbol práctico.

Al menos le tenemos visto, tres buenos encuentros: contra Guadalajara, Santos y Toluca y por referencias, el de Irapuato. No estamos descubriendo "la mezcalilla que produce el buen tequila", pero sí nos da gusto que otros, que siempre han negado méritos al Atlante, estén convencidos de que hay algo nuevo en el "cuadro de la cuadra".

Hay dos personas que han acabado con el "mito del tortuguismo" que en el Atlante era muy pronunciado. Ormeño y Evaristo. El primero obligó a los "potros" al ritmo semilento, que llegaron a dominar perfectamente y merced a ello, ganaron el cuarto lugar la temporada pasada.

Evaristo ha logrado, el mérito de hacer que los "potros" rompan ese ritmo semilento, cuando verdaderamente es necesario. Y así ... hasta veloz se ve el equipo muchas veces.

No hay nada nuevo —fuera de eso— en el Atlante. Hay una cosa sí, que tendría que venir como agregado: que cuajarán los

ORVAÑANOS, el gran novato que anda "pegándole" a la consagración.

17. Consolidado con mi Atlante.

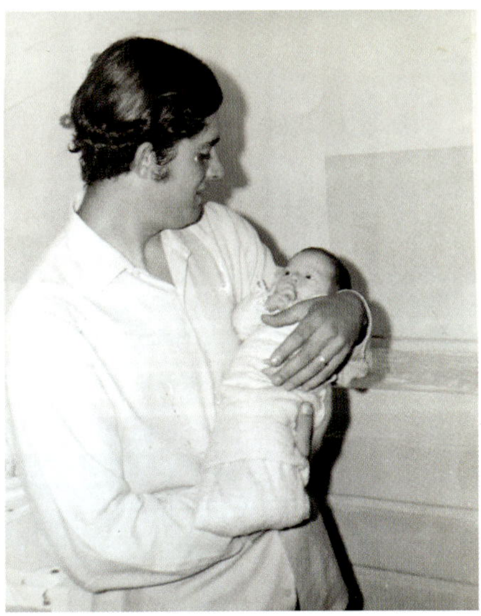

18. Un feliz papá.

19. Posando como galán de cine.

20. Comentaristas de *DeporTV*, entre ellos Miguel Marín y don Nacho Trelles.

21. Feliz en compañía del mejor jugador —para mí— en la historia del futbol mundial.

22. Con Genaro Tedesco, Pelé, Manuel Lapuente y Benito Pardo.

23. Con compañeros de aventuras televisivas, entre ellos Francisco Javier González Alberto Fabris del Toro, José Luis Lamadrid, José Ramón Fernández y Antonio Moreno.

24. En otra empresa, con otros compañeros y amigos, aquí con Hugo Sánchez, El Perro Bermúdez y Arturo Brizio.

25. Con el ¡siempre joven! Heriberto Murrieta.

26. En plena transmisión de futbol.

27. Un gusto siempre coincidir con El Rey Pelé.

28. Disfrutando una rica comida con Andrés Fassi y otros amigos.

29. Con Pujol y El Conejo Pérez, grandes estrellas.

30. Con grandes futbolistas y grandes comentaristas. El Sheriff Quirarte, Chaco Giménez y Beto García Aspe.

31. Con el gran técnico campeón, Manuel Lapuente.

32. Un incansable de las transmisiones de futbol.

33. Gran amigo y compañero de muchas batallas.

34. Con el portero, delantero y comentarista, el gran Jorge Campos.

35. Aquí con Luis Fernando Tena, el entrenador de la Selección Olímpica Mexicana que consiguió el oro contra Brasil en Londres 2012.

36. Muy feliz en una final de la Champions entre Real Madrid vs. Atlético de Madrid, en Portugal, 2014.

37. Con el delantero argentino Claudio Caniggia.

38. Trabajando feliz con Yayo de la Torre y Fabián Estay.

39. Trabajando desde Nueva Zelanda durante la eliminatoria para Brasil 2014, con Alex Blanco, Ruso Brailovsky y Chelís Sánchez.

40. En Brasil, durante el Mundial de aquel país, en 2014.

41. Con El Vasco Javier Aguirre, entrenador de largo camino.

42. Dando los últimos toques a mi libro.

la historia nos marca un hecho contundente: ¿hace cuánto tiempo no tenemos un técnico que dirija a la Selección en dos copas del mundo de manera consecutiva? Sólo don Nacho Trelles permaneció por dos períodos mundialistas, de 1962 a 1966 y párenle de contar. Por eso no hay una continuidad real en el trabajo que se hace con los técnicos, y eso es una realidad.

Catar, un mundial diferente

La celebración del Mundial de Catar, que se llevó a cabo en noviembre y diciembre de 2022, obligó a suspender torneos en distintos países, sobre todo en Europa, debido a las fechas en que se realizó y cuyo objetivo era que se jugara en una época del año en que ahí hacía menos calor. Esta decisión en nada afectó el desarrollo de la eliminatoria para ese primer mundial en territorio de Oriente Medio.

Esta fase me recordó que no tenemos demasiada memoria, porque si las comparamos con casi todas (salvo la de Osorio y la de La Volpe, cuyos equipos calificaron a sus respectivos mundiales "caminando", como se dice) la Selección Mexicana siempre ha enfrentado diversos problemas. Y para Catar los volvimos a tener con las derrotas que el equipo sufrió ante Canadá y Estados Unidos, que representaron un drama nacional. La prensa deportiva "mató" al técnico Gerardo Martino. Y nos ganaron porque, en ese momento, estaban jugando mejor que México.

De hecho, todo apunta a que ambos países estaban preparando una selección para el Mundial de 2026, y estos dos equipos que jugaron la eliminatoria de Catar, van a consolidarse y serán rivales más difíciles en el próximo Mundial al que seguramente llegarán con mucha experiencia y eso será algo positivo para ellos.

Esta forma de proceder no es la misma que existe en México, pues aquí la selección que va al mundial únicamente se prepara para esa Copa del Mundo sin miras de futuro. La selección tiene el estilo de juego de Martino, y anteriormente el de Osorio, de tal forma que no hay un estilo definido y tampoco una continuidad a largo plazo que permita definirlo prácticamente desde las selecciones menores. De esa manera sería más fácil para los jugadores adaptar su capacidad a un estilo; a un concepto; a una forma de juego bien definida, e ir perfeccionándola con el paso de los años.

Algo está fallando, pues muchas veces parece que el estilo se va definiendo en la Sub-17 y en la Sub-20, pero luego algo falla de ahí en adelante. En esa fase de formación de los futbolistas que en algunos años conformarán la Selección Mayor, digamos que hay una hegemonía que los ha llevado a alcanzar buenos resultados como fue la Medalla de Oro de las olimpiadas de Londres 2012, o la Medalla de Bronce de Tokio 2020.

Es un proceso diferente al que Canadá y Estados Unidos le están apostando desde este momento. Al cabo del tiempo, estoy convencido de que vamos a ser testigos de sus buenos resultados. Ojo, con esto no quiero afirmar que sea mejor el futbol de Canadá y Estados Unidos al de México, pero sus selecciones llegarán bien preparadas, formadas con un grupo de jugadores que les dieron buen rendimiento durante la eliminatoria. Y nuestra selección, a lo largo de la eliminatoria de Catar, inexplicablemente, tuvo una disminución muy notoria en su calidad de juego.

Según mi criterio, me parece que "El Tata" Martino exageró al "casarse" con los mismos futbolistas para todos los partidos de la eliminatoria, y creo que lo más sano hubiese sido prescindir de algunos de ellos cuando su nivel no era el óptimo y tener confianza en otros. Pero no fue así la forma en que se trabajó, sino más acartonada y sin opción de hacer esos ajustes que, muchas veces, son buenos para el desarrollo del grupo.

Y cada cuatro años da la impresión de que pasa lo mismo, tanto con la Selección Mexicana como con la prensa. Parece que nosotros estuviéramos deseando que le vaya mal para "vender" y crear una expectación morbosa antes del mundial. Pero no es así. Lo que todo México quiere es una Selección ganadora, que nos represente con orgullo y que cada vez haga un mejor papel; que deje una huella positiva en la gente.

Volviendo al asunto del estilo de juego, a mí la selección que más me ha gustado fue la que dirigió Ricardo La Volpe en la Copa Confederaciones de Alemania, que se celebró en el año 2005. Hablando en sentido figurado, si pudiéramos meter en una licuadora la selección que jugó en aquel proceso antes del Mundial de Alemania y la de Manuel Lapuente del Mundial de Francia 1998, creo que de esas dos formas de juego podría salir un estilo que fuera santo y seña del futbol mexicano. Pero esto es una utopía y hace falta mucho más que una licuadora.

El ejemplo de la Selección de España es maravilloso, pues fue en Sudáfrica 2010 cuando detonó aquel estilo de juego que se venía gestando desde años atrás. En ese equipo coincidieron varios jugadores de un magnífico nivel que así lo comprendieron y le sacaron un gran provecho cuando entendieron cómo debían jugar.

Recuerdo cuando se formó aquella Selección, que jugaba por nota a pesar de que varios de sus jugadores no tenían una estatura física tan relevante, pero sí que tenían una gran estatura en su calidad de juego, tanto en lo individual como de conjunto. Primero lo demostraron en la Eurocopa de 2008 y su consagración vino en la Copa del Mundo. A partir de ese mundial, España dio un gran salto cualitativo que México, por desgracia, todavía no ha conseguido dar; es decir, perfeccionar un estilo de juego que marque el rumbo a seguir de las generaciones futuras de futbolistas, formados con el mismo concepto desde las selecciones menores.

Además de este asunto, que para mí es fundamental, siempre he pensado que, si el futbol mexicano quisiera crecer con el objetivo de ser realmente competitivo a un nivel más alto, tendría que ser valiente y apostar por un cambio de confederación. Para México, pertenecer a CONCACAF es cómodo y su obligación es calificar a los mundiales, ya lo he dicho repetidamente. Pero si se tuviera la valentía de cambiar de confederación y jugáramos la eliminatoria en Sudamérica, en la Conmebol, eso le daría al futbol mexicano mucho mayor nivel y una clara realidad de dónde está parado. Pero entonces se acabaría el gran negocio de las copas del mundo para este país, siendo las televisoras que manejan el futbol las que más se benefician de ellos, y por eso me queda claro que eso nunca van a consentirlo.

7. Mis mundiales (1978-2022)

El primer mundial al que acudí como comentarista fue el de Argentina 1978. Se formó un excelente equipo de trabajo bajo la dirección de José Ramón Fernández, con la participación de Carlos Albert, Alberto Fabris, "Chucho" Domínguez —que era un buen narrador—, además de varios especialistas como Antonio "La Tota" Carbajal, Manolo Lapuente, Benito Pardo, Miguel Marín, Carlitos Peters, Nacho Trelles… personalidades, conocedores de futbol. Nuestra intención era competir contra aquel monstruo llamado Televisa. Y la verdad es que los resultados fueron muy favorables para Imevisión.

Para entonces había viajado a algunos países de Sudamérica siendo jugador, pero no conocía Argentina y ahora se me presentaba la oportunidad de narrar la Copa del

Mundo. Tuve la suerte de que mis compañeros fueran don Nacho Trelles y Carlitos Peters. La primera sede en la que transmitimos fue Mar del Plata, donde jugaban Brasil, Italia y Francia.

En esos días nació una gran amistad con Carlitos, y también se acrecentó el respeto que sentía por don Nacho, que a través de los años fue una persona muy amable conmigo, y aunque convivimos en otras Copas del Mundo, el hecho de poder asistir a su lado a un mundial como el de Argentina 78, para mí fue un privilegio.

De la Selección Argentina de esa época teníamos buenas referencias. Conocíamos de sobra a Omar Larrosa, que había jugado en Pachuca en la temporada 70-71. También sabíamos de la habilidad de Américo "El Tolo" Gallego, que fue un ídolo tanto en Newell's Old Boys como en River Plate. Y otros jugadores como Daniel Pasarella, Oswaldo Ardiles o Ubaldo Fillol, que era el portero de aquel equipo de magníficos jugadores, entre los que había sido convocado Diego Armando Maradona, que por entonces tenía 17 años, y al que César Luis Menotti nunca metió a jugar porque consideraba que no iba a aguantar la presión siendo tan joven.

A Maradona le he escuché decir que eso nunca se lo perdonó a Menotti. Sin embargo, cuando uno analiza al equipo que jugó ese mundial, siempre me he preguntado: ¿dónde hubiera tenido cabida Maradona? ¿Acaso iban a sacar a Kempes para meterlo en su lugar?

En esa época la televisión te daba un panorama general de los futbolistas internacionales, ya que sí se transmitían algunos partidos de sus selecciones. Por ello teníamos conocimiento del equipo había armado Argentina para el Mundial, así como el de Brasil, España, Alemania o Francia, que eran los más importantes. Además, contábamos con la información para hacer bien nuestro trabajo, que siempre nos obliga a estar enterados de los aspectos más relevantes acerca de cada uno de los jugadores y los técnicos.

En Argentina me impactó el ambiente que había en los estadios, sobre todo en los que jugó su Selección, con aquellos cánticos que te tocaban el alma, los papelitos que caían a la cancha, y esa atmósfera mágica, además de todo lo que sucedía afuera de los estadios. Aquello fue grandioso, y más para mí que me estrenaba en un Mundial como comentarista de televisión.

Y mientras la fiesta se vivía de esta manera en las canchas y las calles, los visitantes extranjeros estábamos muy lejos de conocer el trasfondo de inestabilidad social y política que venía arrastrando Argentina, que había entrado en una de las peores etapas de su historia con la dictadura militar de Jorge Rafael Videla, tras el golpe de estado de 1976.

En esos días en que se celebró el Mundial, el gobierno argentino tuvo mucho cuidado de que la prensa internacional no se percatara de lo que realmente estaba ocurriendo en el país, así como de las protestas de las familias de los miles de desaparecidos por una dictadura que empleaba toda la fuerza del estado para someter a los opositores del régimen. En ese momento, para mucha gente, el futbol y el triunfo de la Selección Argentina fue un gran distractor del conflicto que ya causaba estragos en distintos sectores de la sociedad.

Lo que más me impresionó fue el comportamiento del pueblo argentino durante ese mundial y, futbolísticamente, la Selección Argentina, dirigida por Menotti, que se coronó campeona del mundo. Me queda la duda si Argentina hubiera sido capaz de ganar ese Mundial fuera de su país.

De los juegos que disputó el conjunto albiceleste hubo un partido contra Perú del que todavía guardo ciertas dudas, cuando se dio una situación extraña por aquella goleada 6-0. Pero no creo que haya estado amañado, pues Argentina era superior, tenía un gran equipo liderado por el propio Mario Alberto Kempes, al que apodaban "El Matador".

Holanda llegó a esa final sin Johan Cruyff, que había tomado la decisión de quedarse en casa. Cuatro años antes, en el Mundial de Alemania 74, Cruyff también fue motivo de controversia porque había firmado un contrato de patrocinio con Puma y se negaba a jugar con la playera de la Selección, que había sido confeccionada por Adidas. El problema se solucionó quitándole una de las tres rayas características de Adidas a la playera de Cruyff. Recuerdo otra anécdota de aquel Mundial del 74: a los jugadores holandeses les permitieron, a los que así lo quisieran, acudir con sus esposas a la concentración del equipo. A la larga, por lo visto, esto no dio buenos resultados y no se volvió a hacer. Quién sabe qué habrá pasado.

Volviendo a la participación de Holanda en el Mundial de Argentina, en esa Selección había grandes jugadores como Johan Neeskens, que sobresalía muchísimo, o los hermanos Willy y René Van de Kerkhof, entre otros que dieron lustre a ese equipo.

Y en Argentina fue la primera vez que vi jugar a Michel Platini. Por entonces tendría unos 23 años. Aquella Selección de Francia ya apuntaba a lo que iba a ser años más tarde. Brasil jugó de una manera defensiva, sin el fuelle que había mostrado ocho años antes, en el Mundial de México 70, y quedó en tercer lugar, lejos de su nivel habitual. Pero lo que más me impactó, que para mí era totalmente desconocido, fue ver cómo se vivía —y se vive todavía— el futbol en Argentina. El amor que los argentinos sienten por este deporte es fantástico.

El aficionado argentino es mucho más pasional que nosotros. Es un aficionado leal que se entrega por completo a sus equipos, y cuando llegó el momento del Mundial, el entusiasmo se desbordó, pues nunca habían sido campeones y tenían esa espina clavada. Aquello fue muy especial porque el Mundial de 1978 era el mayor evento deportivo en la historia de Argentina, y el comportamiento del público fue ejemplar. Por entonces todavía no existían las famosas "barras" como las conocemos ahora, y si acaso estaban ya por ahí, lo cierto es que no las identificamos.

Cada vez que ganaba un partido la Selección Argentina, salir a la calle en Buenos Aires era prácticamente imposible porque la gente estaba festejando de manera frenética y no se podía circular. Buenos Aires estaba colapsado y todo mundo se había contagiado de una inmensa alegría. Los festejos no sólo eran en el Obelisco, en la Plaza de la República, que es el símil de nuestra glorieta del Ángel de la Independencia de la avenida Reforma, sino en todos los rincones del país, y se prolongaban hasta altas horas de la madrugada.

Era otra época la que se vivía entonces, porque no había la violencia que hoy se sufre en algunos estadios, en determinados partidos, y la euforia colectiva de los argentinos era sumamente contagiosa. Quizá lo único triste, al cabo del paso del tiempo, es que esa tremenda alegría fuera el paliativo a un problema político de grandes proporciones con la dictadura que aquejaba a Argentina.

Rememorando estos hechos, caigo en la cuenta de que, a lo largo de mi carrera como narrador, sólo me ha tocado transmitir en dos mundiales que han sido ganados por el país organizador; es decir, Argentina y Francia, respectivamente. La felicidad que provoca en la gente que la Selección de su país gane la Copa del Mundo es indescriptible. En todos los países hay un porcentaje de personas a las que no les gusta el futbol, eso me queda claro, pero cuando llega un Mundial a casa, provoca que la atención se centre en ello porque se trata, en sí mismo, de un acontecimiento que pone los ojos del mundo encima de ellos, y eso se vive con idéntico entusiasmo en cualquier parte del planeta.

Y desde luego que me encantaría volver a narrar un Mundial en Argentina, pero, ciertamente, en este momento, y más como los quiere hacer la FIFA, de 40 equipos, ningún país de Latinoamérica está capacitado para organizar un Mundial. Hay que ser realistas.

Los países europeos no tendrían ningún problema en ofrecer un segundo mundial en lugares como Italia, Francia o España y, por supuesto, en Inglaterra, porque tienen economías sólidas, infraestructura, y una amplia capacidad de organización. Y tarde o temprano, la organización de los mundiales va a terminar siendo cosa de las potencias mundiales que tienen la capacidad de convertir un Mundial en un negocio, y no en un grave problema de deuda pública, como sucedió en Brasil con la Copa del Mundo de 2014.

El único aspecto negativo para mí de Argentina 78 fue la pésima actuación de la Selección Mexicana. Ha sido el peor Mundial que hemos jugado. Al principio había grandes aspiraciones y creo que Televisa influyó en hacer creer a la gente que México podía hacer un gran papel. Se infló mediáticamente a la Selección. Se decía que el primer partido contra Túnez lo íbamos a ganar; el segundo, contra Alemania, lo perderíamos; y, el tercero, contra Polonia, se podía empatar o, con un poco de suerte, podíamos ganarlo.

La decepción fue mayúscula porque perdimos los tres partidos: Túnez nos metió 3-1 y así ganó su primer partido en un Mundial; Alemania fue una aplanadora que nos pasó por encima y nos humilló 6-0, y Polonia se entretuvo clavándonos tres goles más, por uno que anotó México. Así que la Selección recibió un total de 12 goles, ni más ni menos. O sea, un promedio de cuatro tantos por partido. Fue vergonzoso, por donde se mire.

La afición mexicana se sintió sumamente decepcionada por las expectativas que se habían creado en torno al equipo que dirigía José Antonio Roca, y al que le llovieron una nutrida cantidad de críticas. De ese grupo destacaría algunos buenos elementos, como el caso de Hugo Sánchez, quien aún no era la figura futbolística del Real Madrid de años posteriores.

Al cabo de los años me enteré, por boca de algunos de los jugadores que asistieron a ese Mundial, que llevaban dos preparadores físicos: Rubén Maturano y Pedro Nájera; un día trabajaba uno y al siguiente día los entrenaba el otro, y comentaron que al final llegaron fundidos a los partidos. No puedes tener dos preparadores físicos, pues es una incongruencia. Es como entrenar un equipo con dos técnicos. Tiene que haber un jefe con un trabajo bien diseñado, que vaya en consonancia con los objetivos del equipo.

Por otra parte, la forma en que jugó México no fue la adecuada. Buscaron hacer un futbol de marca personal, y cuando se pretende hacer algo así es imprescindible contar con jugadores muy bien preparados físicamente. En el partido contra los alemanes, con esa táctica de juego, los nuestros hicieron el ridículo.

En descargo de aquella Selección habría que decir que entonces no había la estructura deportiva que existe en la actualidad. Estamos hablando de hace 48 años, pero tampoco había autocrítica en aquel equipo, y mucho menos en Televisa en esos años.

Al terminar el Mundial de Argentina 78 estaba lejos de saber que para mí era el inicio de una larga lista de 11 mundiales, que son los que he tenido oportunidad de cubrir, hasta el más reciente, en Catar 2022.

Durante mi transitar por el mundo del futbol y de los medios de comunicación, he conocido a varios futbolistas argentinos que se han dedicado al negocio de la comida. Con el que tuve una gran relación fue con Juan Carlos Malazzo, que fue jugador de River. Fundó "El Rincón Argentino" de Polanco, al que me gustaba acudir dos o tres veces a la semana. Ahí trabajaba Mario Favaretto, otra excelente persona, también argentino, que jugó en Rosario Central y más tarde llegó a México para el América, a comienzos de los ochenta. Los argentinos que han venido a México suelen ser emprendedores; saben trabajar y se entregan a sus negocios en cuerpo y alma. Por eso tienen éxito. Con varios de ellos trabé amistades duraderas.

España 1982: un partido histórico

El Mundial de España 82 fue extraordinario. Lo disfruté mucho, aunque quizá sin la intensidad del de Argentina. También porque México no calificó y ya no teníamos la presión que siempre supone cubrir un Mundial donde participa nuestra Selección.

La eliminatoria se jugó en Honduras, en un hexagonal, y no se pudo ganar, ni siquiera porque en ese equipo había buenos futbolistas como Hugo Sánchez, Fernando Quirarte, Tomas Boy, "El Wendy" Mendizábal o Manuel Manzo, entre otros, bajo la dirección técnica de Raúl Cárdenas.

Como ya lo comenté, jugar en una sola sede, y en esas circunstancias, no era fácil. En esos lugares de Centro América y El Caribe donde nos ha tocado jugar, lo que a ellos más les importa es que México no gane, porque siempre ha sido el principal rival a vencer. Ahí se juega en un territorio hostil, donde nuestros futbolistas tienen que sortear muchas patadas y el público presiona con determinación, tanto dentro como fuera de la cancha. Sin embargo, creo que México debió haber calificado por su jerarquía futbolística. Aquel fracaso fue muy sonado y nos dejó mal parados en el plano internacional.

Asimismo, y como ya lo adelanté, experimenté algo un poco extraño al llegar a España: al no estar nuestra Selección en el Mundial, todo fluyó de otra manera. Viví los acontecimientos más relajado. En ese momento te das cuenta de que ya no te preocupa el resultado, pues cuando va tu país a una Copa del Mundo quieres que gane sus partidos, que pase a la siguiente ronda, y hasta te ilusionas con el hecho, siempre posible, de que siga adelante y obtenga el mejor resultado de su historia. Así que, en el caso del Mundial de España, me dediqué sólo a hacer bien mi trabajo, disfrutar las transmisiones, viajar de una sede a otra... y a comer como Dios manda. Y eso fue maravilloso, porque lo sentí como unas vacaciones pagadas de un mes, incluido el derecho de acudir al futbol a presenciar partidos con un gran nivel de juego.

Desafortunadamente, España quedó eliminada muy pronto y eso redujo el nivel de emoción. Y también creo que la FIFA cometió un error: aventurarse a modificar las eliminatorias. Cuando un equipo calificaba a Cuartos de Final, tenía que jugar una especie de triangular y el primer lugar del grupo era el equipo que avanzaba. Todo esto restó emoción al torneo. Al final, Italia ganó, pero tenía que haber sido Francia, que tenía un auténtico trabuco que jugaba al futbol de manera sensacional. En aquel equipo estaban Platini, Tigana, Tresor, Amorós… y digo que debió haber ganado si en aquel partidazo disputado en Sevilla, en el estadio Sanchez-Pizjuán, el árbitro holandés Carles Corver hubiera tenido los pantalones para expulsar al arquero de Alemania, "Toni" Schumacher, que dejó a Patrick Battiston tendido en el césped viendo estrellitas, con una conmoción cerebral, una vértebra fracturada y tres dientes rotos. ¡Y el árbitro ni siquiera marcó falta!

A esas alturas del partido el marcador estaba 1-1 y la expulsión del arquero hubiera abierto la posibilidad para que Francia hubiera ganado ese encuentro por la vía de los penaltis, de los que Schumacher detuvo dos y acabó siendo el héroe del partido para los alemanes. Así fue como pasaron a la siguiente ronda y llegaron a la final contra Italia. El futbol, muchas veces, también es ingrato y tiene estas cosas.

Aquel es uno de los partidos disputados en un Mundial del que tengo más recuerdos. Alemania repitió su consabida filosofía de que, si no los liquidas cuando los tienes contra las cuerdas, ellos te liquidan a ti a la menor oportunidad.

En esos años todavía no se hacían programas especiales, así que íbamos en un plan de trabajo mucho más relajado. Viajé de Vigo a La Coruña; después fuimos a Valencia, a

Barcelona y a Madrid. Al principio mi sede fue Galicia y más tarde aterricé en la capital. Y ahí tuve la fortuna de narrar una final compartiendo micrófono con Fernando Marcos y Ángel Fernández, lo cual es otra de mis grandes satisfacciones, porque eran dos narradores excepcionales, como ya dejé apuntado en un capítulo anterior. Los dos tenían un sentido del humor especial, pero muy distinto.

Cierta vez, en una entrevista con El Chato Ortiz, que fue un gran futbolista, que no jugaba nada con la pierna derecha, pero sí le pegaba muy bien al balón con la zurda, don Fernando le preguntó:

—Oye, Chato, por qué no le pegas al balón con las dos piernas —a lo que El Chato, muy serio, y con un agudo sentido de la ocurrencia, le contestó:

—Ay, don Fer, pues porque me caigo.

Con nosotros iba como comentarista invitado Antonio "La Tota" Carbajal, que tenía sobre sus espaldas el mérito de haber jugado cinco Copas del Mundo, desde Brasil 1950 a Inglaterra 1966, y también había colaborado con Imevisión en Argentina 78. Un día, viajando con La Tota en un taxi, le pregunté al chofer:

—¿Sabes quién es este señor que viene conmigo? —y cuando me contestó que no tenía ni idea, añadí con cierto misterio:

—¡El Cinco Copas! —entonces, el taxista, muy sorprendido, le preguntó:

—¿En verdad es usted Antonio Carbajal?

Toño, que había estado muy calladito, contestó con emoción, arrastrando un poco la voz, como si estuviera borracho:

—¡Sí, *cinnnco copassss*… y un *chiiingo de cheeelas*!

Ese Mundial de España también me permitió compenetrarme más con su cultura al haber tenido la oportunidad de viajar por varias de sus regiones, que son muy diferentes entre sí, tanto por sus paisajes como por los diversos acentos de la gente al hablar; su pensamiento político, su gastronomía y su cultura. Los españoles son unos magos para comer y soy un fanático de su gastronomía. Como ciudad, me fascina Madrid, aunque también me gustan mucho Barcelona y San Sebastián. Pero si tuviera que elegir un lugar de España para vivir, indiscutiblemente sería Madrid.

México 1986: la mano de Dios

El técnico de la Selección Mexicana para el Mundial de México era Bora Milutinovic. Cuando se definieron los grupos y se estableció cómo quedarían las "llaves" para la segunda fase, Bora comentó entre los directivos mexicanos que nuestra Selección iba a quedar en segundo lugar, y que así nos convenía porque jugaríamos la siguiente ronda en el Estadio Azteca. ¡Craso error! Aquella fue una suposición cuyo planteamiento dejaba entrever una mentalidad perdedora por parte del técnico; de antemano no tenía confianza en el equipo. Y resulta que México pasó a la siguiente fase como primer lugar de su grupo, luego de haber enfrentado a Bélgica (1-2), Paraguay (1-1) e Irak (0-1), y le tocó jugar en Monterrey en vez de haberlo hecho en el Estadio Azteca, lo que sin duda hubiera favorecido más al equipo.

Desconozco cómo es que la Federación no se adelantó a los hechos para haber arreglado que México jugara todos los partidos en el Azteca, tal y como lo hizo Inglaterra en

1966, cuando su Selección nunca salió de Wembley y ahí disputó los seis partidos hasta vencer a Alemania en la Final. Me refiero a esa misma —y temible— Selección que a nosotros nos echó fuera en Monterrey en la tanda de penales, dejándonos la sensación de que México pudo haber llegado un poco más lejos en el Mundial del 86.

Quizá una de las cuestiones laborales que más recuerdo de ese Mundial fue el nacimiento de los programas nocturnos, que se prepararon de manera especial para tener un margen más amplio de contenidos, y también de espacios de comercialización para los patrocinadores. En Imevisión hicimos un programa llamado *Los Protagonistas del Mundial*, producido por Armando Sáenz, quien ha sido uno de los productores de televisión más talentosos y creativos con los que he tenido oportunidad de trabajar.

De hecho, años antes Sáenz fue el inventor de *Los protagonistas* de Canal 13; vamos, el creador de lo que hoy día es muy común ver; es decir, este tipo de programas con un formato que más tarde adoptó Televisa, y es de justicia mencionar este hecho y darle el crédito que merece. Y lo más valioso es que inventó un formato muy interesante porque se trataba de una "revista deportiva" ligera y agradable, tanto para el conocedor como para el espectador, y ese formato de programa hizo escuela, porque además aportaba conocimientos al televidente. En cambio, ahora se está cayendo más en el "show" que en el análisis de los hechos.

El programa lo conducía José Ramón Fernández con un excelente equipo de colaboradores. El programa de Televisa lo hacían Heriberto Murrieta y Enrique Borja, a los que por esos días nos referíamos como "Beto y Enrique", como llamaban a los famosos personajes de Plaza Sésamo.

Óscar Cadena se incorporó al programa de Imevisión con una sección titulada "El ciudadano *in fraganti*", y este contenido dio un sesgo distinto a este tipo de programas, que no sólo buscaban informar sobre los resultados de los partidos, sino también entretener a la gente con notas de color y otras más de humor, que después se manifestaron de una manera más rotunda con la llegada a Canal 13 de Andrés Bustamante, "El Güiri-Güiri", en el Mundial de 1990. Pero en México 86 comenzó a cambiar el concepto de estos programas, y eso es algo que me trae muy buenos recuerdos porque nos dejó grandes enseñanzas.

En esos años la rivalidad que teníamos con Televisa era enorme. Cierto día, después de una victoria de la Selección Mexicana en el Azteca, Juan Dosal se puso una camiseta de México y cuando coincidió con José Ramón Fernández, éste le lanzó algún comentario hiriente, y más tarde una crítica en la televisión. Al cabo de unas semanas se toparon en el restaurante de un hotel de Monterrey y Dosal fue a reclamarle a José Ramón y lo encaró, al parecer con la intención de golpearlo, pero aquello no pasó a mayores. Nunca entendí que nosotros, como comentaristas, tuviéramos diferencias personales con otros colegas de distintos medios. Hoy día todo esto es muy distinto, por fortuna. La relación entre profesionales de la comunicación es bastante saludable. Obviamente, hay algunos compañeros que no se quieren o no se llevan bien, pero no se tiran palos al aire, lo cual a mí siempre me ha parecido algo inconcebible que sólo los deja mal parados a quienes lo hacen frente al micrófono.

Me gustó más el Mundial de 1970 que el de 86, no sé si porque todavía era futbolista en activo o porque soy un nostálgico, y quizá también porque la calidad de los partidos fue alta desde un principio. Hay que considerar que entonces sólo jugaban 16 equipos, y en el 86 ya eran 24. Y si comparamos con los 32 que jugaron en Catar 2022, entonces se comprenderá mejor lo que estoy argumentando. El ambiente de esa época era extraordinario. México era un país diferente. Casi no había violencia en la calle y podías salir a pasear a cualquier hora sin sentirte inseguro. La gente festejaba a lo grande y los turistas que nos visitaban de otros países se la pasaban bomba.

Del Mundial de 86 destacaría la presencia de figurones del futbol como Platini, Zico, Maradona… y eso siempre será algo que el aficionado recordará toda su vida. Ver jugar en directo a estos jugadorazos tenía un significado mayor porque todavía no existían las posibilidades mediáticas de la actualidad, que te acercan mucho a sus carreras, así como a lo que hacen dentro y fuera de la cancha.

En este mundial transmití un partido de Brasil contra Francia en el Estadio Jalisco que terminó con penales. Hacía un calor terrible porque se jugaban a las doce del mediodía, y todavía no comprendo por qué se programó a esa hora. Me tocó narrar una situación increíble: Platini falló un penal… ¡y Zico también!

La gran figura de aquel Mundial fue Diego Armando Maradona. Haber tenido la dicha de ver el gol de Maradona a los ingleses, es algo que quedará para siempre en mi memoria, y supongo que también para los miles de aficionados que ese día estaban en el Estadio Azteca. En aquella inmensa jugada sólo le faltó gambetear a los fotógrafos. Vaya gol. Fue inolvidable. Y desde luego, la famosa "mano de Dios", que también marcó aquel Mundial. Aquella fue una jugada tramposa y debió sancionarse, pero en ese momento fue tal la sorpresa que causó, que muy pocos cuestionaron la actitud de Maradona.

Con el paso de los años, mucha gente ya no mira igual esta jugada. Imagino que hasta en Argentina, la revisión desapasionada de ese gol causaría controversia, y estoy seguro de que los más jóvenes no lo verían con tanto agrado como se vivió en aquella época. Ahora bien, no por ello dejará de ser una de las jugadas más famosas de la historia, tanto o más que la de aquel gol de Diego Armando en el mismo encuentro. Esta victoria de Argentina vino a resarcir el orgullo nacional tras el encono político que existía desde mucho tiempo atrás entre Argentina e Inglaterra, y que cuatro años antes de México 86 se había agravado con la guerra de Las Malvinas, que estalló en 1982.

En el Mundial de México 86 varios futbolistas de nuestra Selección brillaron con luz propia, como el arquero Pablo Larios, que tenía carisma y daba espectáculo, además de que poseía una gran elasticidad y unos fantásticos reflejos. Pablo era uno de los pocos porteros mexicanos que atesoraba la capacidad de salir tan lejos de su meta, aunque a veces nos ponía a sufrir mucho porque arriesgaba el balón en exceso.

Bora armó un equipo muy bien balanceado de acuerdo con el concepto de juego que él tenía. Estaban Fernando Quirarte, Manolo Negrete, Hugo Sánchez, Tomás Boy, Luis Flores, que atravesaba por un gran momento, y Javier Aguirre, por citar a los más representativos. Sigo pensando que aquel era un buen equipo, y que dos veces hemos tenido oportunidad de ganarle a Alemania, tanto en el 86 como en el 98, y en las dos los hemos dejado salirse con la suya.

En la primera, por la poca ambición que demostró Bora que salió a defenderse, y la segunda, en Francia, cometimos una falla defensiva y nos ganaron, además de que Luis Hernández los perdonó cuando tuvo la clara oportunidad de marcar el segundo gol de ese partido. Eso nos hubiera dado la posibilidad de haber presionado a Alemania teniéndolo 2-0.

Otro de los recuerdos de aquel mundial de México fue el abucheo al presidente Miguel de la Madrid en el partido inaugural celebrado en el Estadio Azteca. Aquello fue terrible. Y no sé si ese rechazo fue más severo que el que el público le dio al presidente Gustavo Díaz Ordaz en la inauguración del estadio, veinte años antes. En los dos casos, era un reflejo del descontento social y la desaprobación generalizada que el pueblo de México suele sentir por sus gobernantes. También hay que considerar que entonces no existía la misma libertad de opinión, y tampoco las redes sociales, donde hoy es muy sencillo manifestar una inconformidad contra cualquier político o personaje de la vida pública, así que la gente no desaprovechaba este tipo de escaparates para mostrar su repudio.

Cabe decir que ni en Imevisión ni en Televisa se mencionó una palabra de aquella silbatina a Miguel de la Madrid, y fue notorio que en la transmisión de ese partido le bajaron al audio ambiente para tratar de minimizar los chiflidos de la gente cuando el presidente apareció en su palco. En esos años existía un temor a cualquier reacción que pudiera haber por parte del gobierno, sobre todo a través de la dirección de Radio y Televisión y Cinematografía (RTC, por sus siglas), que tenía la facultad de ejercer control o amenazas en contra de las televisoras y las estaciones de radio, al tratarse de concesiones gubernamentales. Ahora es muy distinto y hay una gran apertura, producto de la democracia que ha ido avanzando a lo largo de los años, y esperemos que esta situación siga así.

El ambiente que se vivió en el Mundial del 86 fue sensacional. El público, salvo ese detalle de la inauguración, se portó de maravilla y se mostró entusiasta y hospitalario con los turistas; apoyó a la Selección Mexicana y disfrutó a rabiar de la Copa del Mundo como lo que es: una auténtica fiesta.

Uno de los pocos detalles negativos fue que en este Mundial aparecieron los *hooligans*, y al respecto hay una anécdota poco conocida durante un partido que Inglaterra jugó en Monterrey. Cuando los *hooligans* quisieron hacer sus consabidos desmanes, un grupo de jóvenes mexicanos los enfrentaron y los pusieron quietos.

En el partido de la final también hubo un enfrentamiento entre unos *hooligans* y unas "barras" de Argentina que no se difundió en los medios. En este Mundial ya existían esas "barras" que ocho años antes aún no se habían consolidado con el esquema que más tarde sería la norma.

Italia 90: los famosos cachirules

Previo al Mundial de 1990, en abril de 1988, aparecieron los famosos "cachirules". Lo único que nos faltaba: una trampa. Y la trampa estaba anunciada. Los que descubrieron e hicieron pública aquella anomalía fueron los reporteros de Imevisión, Antonio Moreno y Alfredo Ruiz. Lo más curioso de todo esto es que la trampa estaba documentada en el anuario que publicaba… ¡la Federación Mexicana de Futbol! Ahí venían las edades reales de los cuatro futbolistas que habían jugado un torneo de selecciones menores rebasando la edad reglamentaria. Se trataba de José de la Fuente, Gerardo Jiménez, José Luis Mata y Aurelio Rivera.

Así fue como nos cayó aquel inesperado castigo de dos años impuesto por la FIFA, que nos dejó fuera de la Copa del Mundo de Italia 1990. Todavía hubo una remota posibilidad de corregir aquel desastre. Los federativos, encabezados por Rafael del Castillo, sabían perfectamente que habían cometido una falta. Sin embargo, con la arrogancia y prepotencia habitual de la Femexfut, no hicieron caso de lo que la FIFA les estaba reclamando, y acudieron a una reunión a Suiza con João Havelange, que era el presidente de este organismo en ese momento, pero el problema no se pudo solucionar. Nos echaron del mundial vergonzosamente. Y eso se debió a una vulgar triquiñuela que quedaba al descubierto, paradójicamente, en un anuario oficial. Este es un claro ejemplo de cómo se maneja el futbol en México.

La noticia fue impactante. No quiero ni imaginar lo que hubiera sido ahora con la difusión de las redes sociales. La reacción de la gente, del aficionado, del ciudadano de a pie, fue en contra de Canal 13. La pregunta que nos hacían era la misma: ¿cómo era posible que hubiéramos dado a conocer esa noticia si con ella se iba a afectar al futbol mexicano? Pero aquello era una cuestión de ética profesional. Se trataba de un trabajo periodístico documentado por Ruiz y Moreno, y respaldado por José Ramón Fernández, que era nuestro jefe. Todo el equipo de trabajo los apoyamos porque nuestros compañeros se habían conducido con ética.

En ese instante quizá no imaginamos la repercusión mediática que iba a tener este asunto, y muchos pensábamos que tal vez podría arreglarse. Sinceramente, creíamos que la importancia de México en los mundiales, y su trascendencia con la televisión o la asistencia de aficionados que se desplazan a presenciar los partidos de un mundial, iba a ser tomado en cuenta por la FIFA o que solamente se impondría una multa económica. Pero al final esto no sucedió. Nos aplicaron una sanción ejemplar; un castigo que llevaba una dedicatoria especial para Rafael del Castillo, por no haberse disciplinado ante la FIFA. Con el paso del tiempo, la gente se fue dando cuenta de la magnitud del error y de la soberbia del presidente de la Femexfut. Así que, por una trampa de esta naturaleza, nos quedamos fuera de la Copa del Mundo y eso parecía increíble.

Por otra parte, en poco tiempo Imevisión se convertiría en TV Azteca, y se había quedado sin los derechos para transmitir aquel mundial, porque pertenecían a Televisa. Ante esta situación, el entonces presidente de la CONADE, Raúl González, el gran marchista, consiguió una cita con Raúl Salinas de Gortari, hermano de Carlos, el presidente de México. Nos reunimos con él varios periodistas entre los que estábamos José Ramón Fernández y yo; le explicamos los detalles de la problemática y le solicitamos que intercediera ante Televisa para que nos cediera los derechos de la Copa del Mundo. Al final se llegó a un acuerdo consistente en que Televisa conservaría la exclusividad de la comercialización de dichos derechos, pero sí le permitiría a Imevisión transmitir los partidos del mundial por tratarse de un asunto de interés nacional.

Como México no acudió a esta cita mundialista debido a los "cachirules", el Mundial lo vivimos de una manera diferente. La FIFA no le dio acreditación a Carlos Albert por las columnas tan ofensivas que había escrito en contra de la gente de la FIFA. De hecho, también pensábamos que

José Ramón no iba a ser acreditado, y él tomó la decisión de no acudir a Italia. Pero estando allá nos enteramos de que sí habían emitido su acreditación, pues uno de nuestros reporteros, el inquieto Ignacio Suárez "El Fantasma", la vio cuando fue a recoger las demás acreditaciones de nuestro equipo de trabajo.

A esa Copa del Mundo acudimos un grupo muy reducido, encabezado por Jessie Espinosa. Se conformaba por "Toño" Moreno, Emilio Fernando Alonso, Francisco Javier González, el editor Edmundo Chávez "El Papas" y Andrés Bustamante. Hicimos un trabajo demandante, muy pesado. Nadie se rajó y creo que eso influyó muchísimo para obtener tan buenos resultados. No me quedo corto al decir que hicimos un excelente papel.

De esos días en Italia, recuerdo una anécdota con Heriberto Murrieta, al que me topé cerca del estudio donde trabajábamos, que era muy pequeñito en comparación con el de Televisa. Cuando lo saludé, me dijo: "Vengo a ver cómo hacen magia aquí". Aquella frase fue muy elocuente porque reflejaba muy bien lo que ahí estábamos haciendo, ya que, con pocos recursos técnicos y humanos, conseguimos arrebatarle el *rating* a Televisa, y eso nos dejó una gran satisfacción a todos.

Volviendo la vista atrás, considero que el despegue de Canal 13 en los mundiales fue en México 86, y el afianzamiento llegó en Italia 90. Ahí se terminó de consolidar una forma distinta de hacer televisión que cautivó al público mexicano. Más adelante se siguieron acumulando éxitos en varios mundiales posteriores. Debo decir que la cobertura de los últimos no me ha gustado tanto, pero en esa época sorprendimos gracias a que se hizo un magnífico trabajo.

Con Andrés Bustamante tenía mucha química. Presentábamos una sección desde Italia para *Los Protagonistas*, mientras aquí en México trabajaban José Ramón Fernández y Carlos Albert, y el programa del Mundial resultó ser un éxito rotundo. Creo que Andrés fue una pieza clave para que se consiguiera el nivel de audiencia que tuvimos. Y, por cierto, esa fue mi última Copa del Mundo con Imevisión.

Ahora que estoy recordando este hecho, hubo otra irregularidad que podría calificar como histórica e increíble, relacionada con la Femexfut. Había que jugar una eliminatoria de Juegos Olímpicos de Rusia 1980, y todo mundo sabía que en esos partidos solían jugar algunos "leones rasurados", como se les llamaba coloquialmente a los jugadores profesionales. Y se les hizo fácil alinear a varios futbolistas de la Unión de Curtidores, que en ese momento andaba muy bien.

En aquel torneo clasificatorio, uno de los rivales de México fue Estados Unidos. México los venció 4-0 en la ciudad de León, y también en el partido de vuelta, que terminó dos a cero. Pero se enteraron de que el equipo olímpico estaba integrado por algunos profesionales, por la sencilla razón de que en sus pasaportes decía: "Profesión: jugador de futbol".

El equipo de Estados Unidos interpuso una queja ante la FIFA, que revisó la documentación, corroboró la trampa y sancionó a la Selección Mexicana, que no pudo acudir a la cita olímpica. Así se manejaba la Femexfut, con este tipo de argucias y ventajas. Desde entonces no podemos presumir que tenemos una Federación honorable. Aunque al paso de los años ha habido una ligera mejoría, todavía no tenemos una institución que se preocupe al cien por ciento del bienestar del futbol mexicano. Esto es una realidad innegable.

Volviendo al Mundial de Italia 90, a mí no me dejó mucha huella en lo que fue el desempeño de las distintas selecciones, pero sí, en cambio, el recuerdo imborrable de haber hecho un trabajo impecable y el haber convivido con compañeros que me aportaron una experiencia inolvidable.

En la noche salíamos todos de trabajar como a las cuatro de la mañana y nos íbamos a cenar paninis a las afueras del Estadio Roma. Nos gustaba echar una "cascarita" en la calle antes de montarnos a una camioneta donde seguíamos comentando las incidencias del día. Estábamos de buen humor y nos gastábamos bromas en medio de un ambiente cargado de fraternidad y camaradería que nos unió mucho como grupo. El trabajo que hicimos en Italia nos granjeo muchas satisfacciones por el impacto que causó en el público, cosa de la que nos dimos cuenta cuando regresamos a México.

Todavía no lo sabía, pero aquella iba a ser mi última Copa del Mundo con Canal 13, pues poco tiempo después estaría trabajando para Televisa. Muchas veces la vida te presenta determinadas circunstancias y estás obligado a tomar decisiones que te cambian el panorama en cuestión de semanas o meses.

Por cierto, en este Mundial tuve la oportunidad de conocer al escritor Juan Villoro, que años más tarde publicaría tres magníficos libros sobre futbol, como son *Dios es redondo* (2006), *Balón dividido* (2014) y *No fue Penal* (2023), donde demuestra su gran conocimiento sobre los resortes que mueven un deporte que también le apasiona.

Estados Unidos 94: sólo la final

Las eliminatorias de este Mundial las viví intensamente, porque ya estaba trabajando para Televisa y hay que recordar que en Imevisión no teníamos los derechos de esos partidos y no los transmitíamos. Viajamos a El Salvador, Honduras, Estados Unidos y Canadá, donde culminó esta etapa previa al Mundial.

Después de haber realizado todo este trabajo, pensé que Televisa me iba a enviar a narrar los partidos de la Copa del Mundo. Sin embargo, la decisión de Emilio Azcárraga Milmo fue que me quedara en México para hacerme cargo del programa que en esta ocasión se iba a transmitir desde los estudios de Televisa. El argumento de esta decisión fue que aquí se contaba con todos los elementos técnicos para producirlo con mayor facilidad.

Este programa lo iba a conducir con la colaboración de Eduardo Trelles, e íbamos a tener como invitado especial a Manolo Lapuente. También participarían otros comentaristas para reforzar el equipo de trabajo. Tuve que apechugar con aquella decisión, y perderme la ocasión de ver en directo ese Mundial, pero el programa salió muy bien y fue un éxito porque la empresa invirtió en algunas innovaciones tecnológicas que sorprendieron y ayudaron al público a comprender mejor las explicaciones de Manolo, así como los sistemas de juego de los equipos y el desarrollo de las jugadas.

Unos cuantos días antes de terminar la Copa del Mundo tuvimos otra reunión para hacer un balance del trabajo realizado y los ejecutivos de Televisa nos externaron su agradecimiento. Estaban muy satisfechos con el programa y el éxito que había tenido su comercialización, así que nos pidieron a Eduardo y a mí que fuéramos a Estados Unidos a transmitir el partido de la final, que se iba a disputar en el Rose Bowl de Los Ángeles. Por cierto, aquella final entre Brasil e Italia fue uno de los partidos más aburridos que he transmitido en mi vida. El encuentro terminó 0-0 y se fueron a penaltis. Brasil ganó por marcador de 3-2, y éste ha sido el único caso en que el vencedor de la Copa del Mundo no anotó ningún gol en el tiempo regular de juego.

El desempeño de la Selección Mexicana fue aceptable, aunque al final el resultado no correspondió a la oportunidad que tuvo de trascender. En el partido de octavos de final fue eliminada por Bulgaria en los penales. Nada nuevo. El mejor momento de este equipo ya había pasado, que fue cuando jugó la Copa América celebrada un año antes en Ecuador.

De mi experiencia personal en este Mundial hay poco qué contar, ya que todo el trabajo lo hice en México, salvo aquella última parte. Recuerdo que el día que llegué a Los Ángeles hubo un concierto de "Los Tres Tenores", conformado por aquel elenco de magníficos cantantes: Lucciano Pavarotti, José Carreras y Plácido Domingo.

El día del partido hacía mucho calor. El Rose Bowl es un estadio abierto y el sol pegaba con fuerza. Por la noche hubo una cena de despedida. Para mí duró tres días y aunque haya sido así, conservo mi acreditación de dicha Copa del Mundo donde tuve la oportunidad de narrar otra final, y así no interrumpí mi participación en los mundiales. Asimismo, considero que mi efímero trabajo como narrador en este Mundial, se compensó con mi presencia en todos los partidos de la Selección Mexicana en la etapa de clasificación.

Cierta vez, un amigo me preguntó cuántos partidos había narrado de la Selección, y la verdad es que no lo sé.

Nunca he tenido la diligencia de anotar esas cosas. Pero narré muchos, la mayoría en compañía de Enrique "El Perro" Bermúdez y algunos muy especiales, como aquel contra Italia que se disputó en Florencia previo a Estados Unidos 94. Fueron muchos partidos de clasificación, durante toda mi estancia en Televisa, en los que hice pareja con El Perro, y contábamos con el apoyo de comentaristas como Eduardo Trelles, Hugo Sánchez, Ricardo Peláez, Alberto García Aspe… pero, básicamente, la pareja titular de narradores la conformábamos nosotros.

Enrique es un tipazo, lo quiero mucho. Es un hombre todo corazón y tiene un gran sentido del humor. Nos divertíamos a lo grande en los viajes, independientemente del trabajo, e hicimos una excelente relación. Al terminar de hacer nuestro trabajo siempre estábamos buscando donde ir a cenar o en qué sitio tomarnos un buen vino.

Enrique ha sido, al lado de Ángel Fernández, uno de los cronistas más populares que ha tenido la televisión mexicana, tanto por su personalidad como por su forma de ser, y un estilo inconfundible que era muy fácil de identificar, que le llegaba muchísimo a la gente. No me atrevería a afirmar que son los mejores, porque eso es una cuestión de gustos, y en México ha habido muy buenos narradores de futbol, tanto en épocas pasadas como en la actualidad, pero es irrefutable que Enrique ha dejado huella en la afición.

Con El Perro me sucedieron muchas cosas. Las más chistosas ocurrieron en países donde ninguno de los dos hablábamos el idioma. En una ocasión que estábamos en un *pub* de Newcastle, pegado a Escocia, El Perro, para explicarle a un señor a lo que nos dedicábamos, se puso a simular que narraba un partido de futbol para que entendiera qué hacíamos ahí. Cuando terminó con aquella brillante y simpatiquísima intervención, de la que seguramente no entendieron ni jota, se quedaron muy complacidos y nos invitaron las copas.

En otra ocasión en que íbamos en un tren de Londres, no sabíamos dónde bajarnos, y llegamos hasta el final de la estación donde paraba el tren y tuvimos que esperar a que saliera en dirección contraria. De estas anécdotas tuvimos varias en las que también se incluían las gastronómicas. Siempre me ha gustado probar la comida del lugar donde voy, lo mismo en un restaurante famoso que en una fondita… unas gorditas de tuétano con escamoles, por ejemplo, o lo que sea, pero lo que se dice "comer bien". Algunos de mis compañeros se quejaban de que cuando viajaban conmigo no alcanzaban los viáticos porque nos gastábamos todo en comida.

En su trato con el público, Enrique es muy agradable. Siempre está dispuesto a firmar un autógrafo o a tomarse una foto, y eso forma parte de su forma de ser, alegre y campechana. Nunca entendí por qué Televisa lo mantuvo relegado durante cierto tiempo. Esa situación lo orilló a marcharse a Estados Unidos. Después regresó y demostró que su forma de narrar los partidos seguía gustando. Sus personales gritos de "¡Tirititiiito!" o ¡Zambombaaazo!" se convirtieron en un clásico del habla popular, y en una época todos los niños los repetían. Este tipo de detalles son los que lo han marcado. A mí, por ejemplo, me ha costado más trabajo entrar en el ánimo de la gente y he tenido que ir puliendo mi estilo porque soy otro tipo de narrador.

Creo que formamos una pareja de trabajo que tenía estilos diametralmente opuestos, y por eso era atractiva para el espectador de televisión. Tuvimos la fortuna de gustarle al público. Y los *ratings* que, absurdamente, para algunas empresas, son demasiado importantes, nos favorecían. Las ventas eran buenas, así que en Televisa se vivían momentos de felicidad.

Hablando de los *ratings*, debo decir que las empresas televisoras se deberían de enfocar en producir contenidos de calidad, y no sólo pensar en los niveles de audiencia. Me refiero a programas relacionados con el futbol o los deportes. Una discusión encendida entre dos comentaristas te puede aumentar el *rating*, pero considero que esa forma de hacer televisión es mediocre y conformista.

Los programas de análisis deben de hacerse con profundidad, para que realmente la gente comprenda los detalles finos del futbol, y que se entere de lo que está pasando. Y creo que, desafortunadamente, ese tipo de peleas en las mesas de debate es una tendencia mundial, y resulta notorio como diversos comentaristas hacen un periodismo amarillista, y en ello fundamentan su éxito.

Acción, de Televisa, que tiene 47 años al aire, y lleva más de 2 mil 200 emisiones, es un excelente programa noticioso que nunca se ha apartado de su esencia. Toño de Valdés ha sido uno de sus pilares, y me parece que es el único comentarista de los fundadores de un programa que comenzó en 1979.

Después de estar 20 años en FOX Sports México, tomé la decisión de dejar de colaborar en dicha empresa porque ya casi no tenía trabajo; es decir, ya no había transmisiones de futbol, ya que los equipos poco a poco se fueron retirando por diferentes motivos, y esta situación me dio la pauta para salir en un momento en que la empresa ya estaba teniendo muchas dificultades.

Por otra parte, en ese momento recibí una oferta de FOX Estados Unidos, y es así como regresé al primer canal de televisión donde trabajé después de haber salido de Televisa, y para esto fue muy importante el hecho de volver a trabajar con Carlos Martínez, un brillante ejecutivo del mundo de la televisión. Esta empresa depende de FOX Corporation, que pertenece a la familia Murdoch. Asimismo, recientemente adquirió la plataforma de Caliente TV, que cuenta con distintos productos televisivos en los que estoy involucrado, y aquí me dio mucho gusto reencontrarme con compañeros como "Rafa" Puente o Alberto García Aspe, que también forman parte de este proyecto, además de gente nueva como los futbolistas retirados Yosgart Gutiérrez o Jair Pereira, entre otros comentaristas destacados.

Francia 98: Primer Mundo

Voy a afirmar una cosa que quizá le caiga mal a mucha gente, pero considero que los mundiales se deberían de celebrar en Europa, y en países como Alemania, Francia, España Inglaterra. Lo afirmo y repito porque el Mundial de Francia 98 fue para mí el mejor, en cuanto a organización, que había vivido hasta ese momento. Las comunicaciones, los hoteles, los estadios, en suma, toda la infraestructura, le aportaron una gran categoría.

En esos países de Europa los desplazamientos se facilitan mucho para los aficionados, porque se pueden hospedar en distintas ciudades cercanas y llegar con facilidad a las sedes donde se disputan los partidos. Algunos de los aficionados que viven en países vecinos, en algunos casos, dependiendo de las distancias, pueden entrar y salir en el mismo día. Eso le da mucho sabor y una gran vida a las ciudades donde se juega.

Estados Unidos es el único país de América que cuenta con la infraestructura necesaria para hacer un Mundial. Lo malo acá es que las distancias te matan. Sólo de pensar que un vuelo entre Los Ángeles y Nueva York tiene una duración de cinco horas y media, te impide aprovechar el tiempo de una manera más provechosa. Y lo digo con todo respeto, pero hoy día, ni México, Argentina o Brasil, están preparados para organizar un mundial con las necesidades que exige el aficionado promedio. Nuestras situaciones geográficas, políticas y económicas, nos impiden hacer un buen Mundial.

En el Mundial de Francia sí transmití todos los partidos de la Selección Mexicana y también la final entre Francia y Brasil, el día en que nadie supo qué pasaba con Ronaldo. El día de la final nos despertamos con la noticia de que estaba internado en un hospital, y horas más tarde sí alcanzó a jugar el partido que fue un fiasco para Brasil porque perdieron 3-0.

En Francia hicimos un programa diario. A las pocas emisiones, los directivos de Televisa tomaron la decisión de cambiar de productor ya que las cosas no estaban resultando como se esperaba. De pronto llegó Federico Wilkins, que sin saber nada de futbol levantó el *rating*. A mí no me gustó ese programa porque se hacía mucho *show* y escaso análisis. Me queda claro que en la televisión no se puede inventar el hilo negro. Sin embargo, en las transmisiones nos fue muy bien. En ese Mundial yo estaba viviendo en París, así que eso fue fantástico. Y es una de las maravillas de este trabajo. Los días de descanso me iba a distintos restaurantes, y alguna vez hasta me fui en tren a Bélgica a un restaurante donde preparaban los mejores mejillones de la región.

Después de haber tenido una preparación con muchos problemas, la Selección Mexicana empezó a caminar muy bien. Había una situación un tanto extraña, que los primeros tiempos de sus partidos no eran tan buenos, y en los segundos tiempos el equipo se venía arriba y se superaba. Contra Bélgica, por ejemplo, perdía 2-0 y se había quedado con diez hombres por la expulsión de Pavel Pardo. Y en el segundo tiempo salieron a entregarse y el partido acabó empatado a dos goles, con aquel tanto que marcó Cuauhtémoc Blanco cuando se lanzó a rematar con la pierna izquierda, en una posición incómoda. Aquella fue una gran demostración de raza del equipo, que luego aguantó casi media hora hasta el final del partido sin que Bélgica pudiera remontar el empate.

Un día le pregunté al técnico, que entonces era Manolo Lapuente, el motivo de esa apreciación, y me comentó que él confiaba plenamente en sus futbolistas y lo único que hacía, además de darles las indicaciones técnicas necesarias, era motivarlos durante el descanso. Manuel ha sido uno de los buenos técnicos que ha tenido nuestra Selección.

Para México fue una buena Copa del Mundo a secas. Empatamos contra Holanda y le ganamos a Corea con cierta facilidad. Luego llegó el partido decisivo y, como siempre, algo pasó. Cuando tuvimos la posibilidad de ganarle a Alemania, no lo conseguimos. Por ahí en una jugada se suscitó una confusión entre Raúl Rodrigo Lara y Claudio Suárez, y el caso es que nos clavaron un gol. Luis Hernández tuvo oportunidad de meterle el segundo a Alemania, tal y como lo comenté, pero no pudo concretarlo. Fue una más de esas situaciones que, después de tantos años, no alcanzo a comprender y me sigo preguntando por qué la Selección Mexicana no es capaz de ganar los partidos clave.

Corea y Japón 2002: dolorosa derrota

En este Mundial yo tenía mi residencia en Corea y quedé gratamente sorprendido con la ciudad de Seúl, donde había estado en los Juegos Olímpicos de 1988, 24 años antes. Después de este tiempo, la ciudad se había transformado de una manera increíble y nos presentaba una ciudad con otra cara. Los automóviles, los hoteles, las avenidas… todo era impresionante, la verdad. Sin embargo, el hecho de tener dos países sede restó fuerza al Mundial en la cuestión de identidad. Eso fue un grave error de la FIFA. Con esto te das cuenta de que a la FIFA le interesa más el dinero que el futbol.

En Japón ahora hay una magnífica afición; tienen una liga competitiva, exportan algunos futbolistas a Europa y su Selección trabaja muy bien. Ha crecido muchísimo el futbol en este país. Corea se ha quedado un poco rezagada, aunque también exportan jugadores y tienen una liga más que aceptable. En Japón lo más popular es el béisbol, y también las luchas de sumo, que se transmiten por televisión.

Ahí hacíamos un programa diario. Ya estaba Javier Alarcón como jefe de Televisa Deportes. A mí me encomendaron seguir a la Selección Mexicana, así que de Corea me movía a Japón, y para mí fue una experiencia reveladora conocer ese país, que me encantó. Tuve la fortuna de cruzar casi todo el territorio de Japón a lo ancho, y me pareció impresionante la forma en que están aprovechados los terrenos del campo para cultivos.

Ahí me ocurrió una anécdota curiosa: como andábamos muy atareados, de arriba para abajo, un día que calzaba unos mocasines se me olvidó ponerme calcetines. Entonces, entramos a un restaurante a comer y me obligaron a dejar mis zapatos en la entrada, tal y como se acostumbra, y no tuve más remedio que obedecer. Cuando iba caminando entre las mesas, la gente se me quedaba mirando con extrañeza y un gesto de desagrado. Iba con Manolo Lapuente y El Perro Bermúdez, que se reían de mí. Y aquello era más notorio aún porque las mesas estaban situadas a un nivel inferior al piso por donde íbamos pasando, mientras caminaba cerca de los platillos de los comensales. Estaba sumamente avergonzado porque percibí que a los japoneses les pareció una falta de educación, en un país donde el respeto al prójimo es sumamente valorado.

La comida japonesa es una de mis favoritas. Me llamó mucho la atención que en otro restaurante tenían una pecera y sacaban los camarones vivos, les cortaban la cabeza y la cola para hacer un rollo, y así se lo comían. El que servía vio que lo estaba observando y con señas me preguntó si quería probarlo y le dije que sí, y me gustó. En ese lugar había un cliente dormido en una mesa, y cuando pregunté a qué se debía, me hicieron saber que había bebido mucho, y que preferían que durmiera un rato ahí hasta que se recuperara un poco para pedir un taxi que lo llevara a su casa.

En una de las sedes donde jugó México en Japón, nos hospedaron en un hotel donde, además de la cama, había un tatami para que eligieras si dormías en la cama o en el piso.

Un día bajamos a la recepción porque queríamos ver un partido del Mundial que se estaba disputando en ese momento, pero en el bar del *lobby* estaban pasando un partido de béisbol de los Tigres de Yokohama. Nos dijeron que ese partido que queríamos ver lo estaban pasando en un restaurantito que estaba cerca del hotel, donde se transmitían todos los partidos. Nos fuimos para allá y al llegar vimos que estaba cerrado. Cuando nos acercamos para tocar la puerta estaba entreabierta, así que nos metimos, prendimos la televisión y vimos el partido. Durante todo el tiempo que estuvimos ahí, no llegó nadie.

Cuando se empezó a jugar la calificación nos tuvimos que regresar a Corea para estar presentes en el partido de México contra Estados Unidos, que nos eliminó al ganarnos 2-0. Como narrador, este encuentro ha sido una de las derrotas que más me han dolido a lo largo de mi carrera en los medios. En este Mundial, tal y como pasó en México 86, la Selección perdió, otra vez, la oportunidad dorada de seguir avanzando. Había hecho un par de grandes partidos, tanto contra Italia como contra Croacia. Le había ganado a Ecuador, pero luego vino la derrota contra Estados Unidos en una de esas noches desafortunadas y tristes.

Al final del partido todo mundo estábamos con la moral por los suelos, desde Javier Aguirre, que era el técnico, hasta el último de los aficionados. Es cierto que hubo un penal que no nos marcaron a favor, pero la actitud del equipo mexicano, ese día en concreto, dejó mucho que desear. En el momento decisivo, después de buenas actuaciones, contra un rival que en teoría no era mejor que nosotros, no supimos ganar. Aquella Selección de Estados Unidos era buena, pero no era mejor que la de México, sinceramente.

De ahí me incorporé de nuevo al programa y días después regresé a Japón para transmitir la final que ganó Brasil 2-0 a Alemania, tras dar una gran exhibición de futbol.

Al paso de los años comencé a preguntar qué había pasado con esos estadios maravillosos que se construyeron para que se jugara la Copa del Mundo, y me enteré que algunos habían sido demolidos para construir condominios. Por lo visto, no era viable tener "elefantes blancos" que no se iban a volver a utilizar. Pero Japón tiene una economía tan boyante que, una vez amortizadas estas obras, se podían dar el lujo de derribarlas y construir otro tipo de edificios que también iban a ser rentables. No cabe duda de que Japón es un gran país. A mí me encantó y me gustaría regresar sin trabajo de por medio, para conocer mucho mejor su cultura y sus tradiciones.

Alemania 2006: perder con dignidad

El de Alemania 2006 ha sido el mejor Mundial de futbol al que he asistido, y superó mis expectativas después de Francia 98. Me enviaron a la sede de Berlín, que es una ciudad hermosa. Estaba hospedado en la zona de lo que fue Berlín oriental, cerca de la Puerta de Brandemburgo, donde estuve un mes. Desde ahí me desplazaba a diferentes lugares para encontrarme con otros compañeros. Mi aliado de batalla fue Luis Alberto Martínez, "El Furby", que estuvo conmigo todo el tiempo. Luis es un magnífico comentarista, excelente persona y buen amigo.

A este Mundial llegué molesto porque ya me había dicho Ricardo Pérez Teuffer, que era nuestro jefe en Televisa, que el programa especial lo iba a hacer Javier Alarcón. Esa decisión me incomodó mucho, pues me parecía injusta. Le dije que no iba a aceptarla y que, de ser así, me marcharía de la empresa. Cuando llegué a Alemania me puse a pensar que no tenía caso preocuparme de algo que no podía resolver estando allá, así que decidí gozar el Mundial y disfrutar Alemania, que es una joya.

Y como siempre que acudo a cubrir una Copa del Mundo, así como a cualquier otro viaje importante, mi esposa, Olga Pescador, me alcanza al terminar el trabajo y luego nos vamos a pasear, así que aquella afrenta me la acepté con una filosofía positiva.

La Selección de Ricardo La Volpe había hecho una gran Copa Confederaciones un año antes, en 2005. Aquel equipo jugó muy bien e hizo un magnífico papel, al grado de que sorprendió a muchísimos aficionados de otros países. Pero al año siguiente su nivel había bajado. Creo que, a partir de este mundial, La Volpe cambió mucho su actitud y se volvió una persona muy hosca. No sé si la presión le afectó tanto que lo acabó consumiendo. Peleaba mucho con la prensa. Era la época en que comenzó a utilizar esas corbatas de dragones y se metió mucho en ese rollo del Feng Shui, un credo de origen chino relacionado con la armonía del espacio y la energía, pero no tenía tranquilidad y el equipo no jugaba bien. De cualquier manera, México calificó al Mundial.

Y llegó un partido contra Argentina, paradójicamente el país natal de Ricardo, y la Selección jugó muy bien. La Volpe hizo cambios inesperados: puso a jugar a Andrés Guardado, algo que nadie esperaba, y México fue mejor que Argentina. El momento crucial del partido fue el golazo que marcó "Maxi" Rodríguez, de esos que se meten una vez en la vida, y lo malo fue que lo consiguió jugando contra México. Le enviaron un pase lago a la esquina del área grande, la bajó con el pecho y conectó de pierna izquierda, de bolea, para enviar un bombazo que batió a Oswaldo Sánchez. Un gol así es imposible de atajar, y aquella genialidad de "Maxi" nos dejó fuera de esa Copa del Mundo.

A pesar de que Argentina nos ganó 2-1, me agradó la forma en que México concluyó su participación en este Mundial, y creo que la imagen que dejó en ese último partido fue extraordinaria, a pesar de la derrota. En el futbol se puede ganar y perder, pero sí tiene importancia la forma en que suceden las cosas. Antes de ese gol de "Maxi", el resultado del partido pudo haberse inclinado a favor de cualquiera de los dos equipos.

Terminando el Mundial me fui a conocer Dortmund, Múnich y Hamburgo, que es precioso, y probé algunos de sus platillos más típicos, siendo mi favorito el chamorro. Y de bebida, la cerveza. Los alemanes la toman como agua. El pueblo alemán ha pasado situaciones muy difíciles y la gente es muy disciplinada, respetuosa y amable. Las vialidades son de primera, y todo lo relativo a la movilidad. Las carreteras y los trenes son un lujo, y no se diga sus paisajes.

Sudáfrica 2010: Iniesta, el amo

Este fue el primer Mundial que transmití para FOX Sports y lo disfruté mucho porque las circunstancias de trabajo fueron muy diferentes a lo que había vivido hasta entonces. Primero, fue una larga, muy larga travesía, porque viajé a Madrid a narrar la final de la Champions, aquel encuentro entre el Bayern y el Inter de Milán. Fue el último partido de José Mourinho, quien, al terminar el encuentro, renunció al Inter porque ya había fichado por el Real Madrid.

De ahí viajé a Londres a narrar un partido amistoso entre México e Inglaterra, que sólo se transmitió para Estados Unidos porque en México no teníamos los derechos. Y de ahí me fui a París por decisión de los directivos de FOX, pues todavía faltaban más de dos semanas para que comenzara el Mundial de Sudáfrica. Ahí estuve una semana de vacaciones antes de volar a Johannesburgo, donde nos hospedaron en una zona residencial muy bonita. Teníamos alberca, aunque no la usamos porque hacía mucho frío, así que nada más la disfrutamos con la vista. Nuestro vecino era Alberto Lati, que trabajaba para Televisa. Teníamos acreditaciones que nos permitían entrar al IBC (International Broadcaster Center, por sus siglas en inglés), que es el centro de producción de prensa.

La oficina de FOX era muy modesta y no teníamos derechos de transmisión. Ahí me encontré algunos ex compañeros de Televisa, y ocurrió algo absurdo: Televisa presentó una protesta ante la gerencia del IBC, argumentando que no teníamos derecho de entrar, ya que sólo le correspondía hacerlo a la gente de FOX Sports Argentina. Se trataba de una grilla ridícula a la que los responsables del IBC no hicieron ningún caso.

Era curiosa la forma de trabajar porque iba un equipo reducido y como no teníamos derechos para transmitir, sólo podíamos hacer los programas de análisis. FOX contrató una unidad móvil pequeña y con ella nos trasladábamos para colocarla afuera del estadio donde jugaba México. Ahí hacíamos el programa previo y el posterior. Conducía dichos programas para México y toda América, con la colaboración de Fernando Niembro. Nos íbamos moviendo por distintas locaciones y colocábamos nuestro escritorio en algún lugar de interés, o hasta en el departamento donde vivíamos. Esta fue una forma diferente de trabajar a la que no estaba acostumbrado, y me pareció más complicada porque no teníamos derechos a proyectar imágenes. Eso nos obligaba a ser creativos para tratar de mantener el interés del público. Recuerdo que en las noches hacía mucho frío. Un día trabajamos a la intemperie, a una temperatura de seis grados bajo cero. Tenía la nariz como Rodolfo el reno, pero fue una gran experiencia.

Un día me invitaron a ir a un safari fotográfico y cuando me dijeron que había que salir a las cinco de la mañana, la verdad es que les comenté que, si los animales no iban a venir a verme, yo tampoco tenía intención de ir a saludarlos. En otra ocasión se organizó una excursión a una reserva que no estaba tan lejos del hotel y fue una grata sensación ver a los animales salvajes en su hábitat.

Sudáfrica es un país distinto y también un tanto difícil. Nos sugirieron que no saliéramos de determinados barrios porque podía ser peligroso. De hecho, unos compañeros de Univisión y otros de Televisa fueron asaltados, y a la gente de ESPN le vaciaron un estudio de la noche a la mañana, así que seguimos aquella recomendación al pie de la letra y sólo salíamos a hacer nuestro trabajo a los estadios, nos movíamos en las zonas seguras, y luego regresábamos adonde estábamos hospedados.

Durante nuestra estancia en Johannesburgo nos hicimos socios de un club deportivo en un hotel muy elegante donde estaba la gente de la FIFA. El asunto de la comida también fue interesante porque probamos platillos exóticos, aunque preferíamos ir a una plaza donde había varios restaurantes de comida internacional. Al final, considero que la

FIFA cometió un error al haberle concedido a Sudáfrica la organización de esa Copa del Mundo, pues ciertamente no estaba preparada para ello.

A los sudafricanos no les pasó como a los japoneses, pues ahí se quedaron varios estadios abandonados. Allá el deporte que tiene mayor afición es el Rugby, por la influencia británica.

Recuerdo que el día de la final, cuando aterrizó el helicóptero de Nelson Mandela, un personaje inolvidable, de los grandes líderes políticos de la historia, levantó una enorme cantidad de tierra en el estacionamiento del estadio, y toda la gente que estaba cerca salió empanizada. Quiere decir que, inclusive en la última etapa del Mundial, la obra del estacionamiento todavía no había sido terminada. El Mundial de Sudáfrica fue el peor al que he asistido y, de no haber otro, posiblemente no regresaría a visitar ese país.

En el plano futbolístico, México repitió el mismo guion de otros mundiales. El técnico era Javier Aguirre. Nos eliminó Argentina. El arbitraje de ese partido nos perjudicó mucho, pero tampoco habría que echarle la culpa a ese factor. Javier hizo cambios de jugadores que nadie esperaba y no dieron resultado y volvió a ser lo mismo de siempre: llegamos al lugar que, finalmente, nos corresponde.

Lo que realmente fue muy agradable fue ver el desempeño de la Selección Española, a la que le había costado mucho trabajo brillar en los mundiales, pues la eliminaban con relativa facilidad.... hasta que llegaron a Sudáfrica 2010.

España venía jugando muy bien en las Copas de Europa y había adquirido una madurez muy importante. Su futbol había crecido a través de la realización de un trabajo ordenado y de varios años de esfuerzo. Finalmente, todo este trabajo que empezó Luis Aragonés culminó con éxito en el Mundial, a la que el técnico Vicente del Bosque llegó con un equipazo. España acabó pulverizando aquella vieja teoría de que el futbol europeo estaba hecho para los jugadores altos y fuertes. Acá alinearon jugadores bajitos, varios de mucha calidad, como era el caso de Xavi Hernández, Andrés Iniesta, además de Carles Puyol, Gerard Piqué, Sergio Ramos o el portero Iker Casillas.

En ese año de 2010 fue una injusticia que la FIFA le entregara el "Balón de Oro" como mejor jugador del año a Lionel Messi. El premio debió ser para Iniesta, que entonces atravesaba por el mejor momento de su carrera deportiva.

Hablando sobre el estilo de juego de aquella Selección de España, ésta jugaba más parecido al Barcelona que al Real Madrid, con el añadido de la visión y el toque de Aragonés, a cuya forma de trabajar dio continuidad Del Bosque, que hizo ciertos ajustes que atendían a su concepto de juego. Lo más importante de España en el Mundial de Sudáfrica fue que consiguieron la victoria jugando de maravilla. Su estilo de juego cautivó al mundo.

En el partido de la final, Holanda salió a repartir patadas. A Xavi Alonso le hicieron una entrada muy violenta. Aquella patada en el pecho que le dio De Jong era de tarjeta roja, pero el árbitro no se atrevió a sacarla y sólo lo amonestó.

El salto que dio España en este Mundial fue fantástico; ¡ése es el salto que le ha faltado dar a México! Romper la barrera del sonido, conseguir algo importante y no quedarse en la medianía de unos resultados simplemente aceptables.

España se coronó con un gran juego de conjunto, pero con dos o tres individualidades que ahí quedan como ejemplo de máxima categoría, como era el caso del propio Iniesta, que sin tener los reflectores de Messi y de Cristiano, que son dos fuera de serie, en este Mundial demostró su enorme calidad como jugador. Pero, además, el juego de conjunto es lo que hizo brillar a España con luz propia. Por otra parte, y salvando las distancias, quizá este equipo de España se podría equiparar, por la belleza y eficacia de su juego, a algunas de las selecciones brasileñas del pasado.

Brasil 2014: una decepción

El Mundial de Brasil me hacía mucha ilusión en todos los sentidos. Hay que considerar que no se jugaba una Copa del Mundo en territorio americano desde que Estados Unidos había organizado el Mundial del 94. Y además por todo lo que Brasil representa para el futbol. Sin embargo, aquello fue una tremenda decepción.

Lo que más sufrimos fue los traslados. Desplazarse desde Río de Janeiro a Sao Paulo no era complicado. Pero para viajar de Río a Bahía, había que hacer una escala en Brasilia porque no había vuelo directo. Y a otras sedes también era complicado llegar, pues se perdía mucho tiempo en los traslados, con la incomodidad que ello implica. En este aspecto, ese Mundial fue un desastre. Parece mentira que en un país que genera una cantidad de dinero tan importante como producto de la industria turística, no haya una infraestructura moderna y bien acondicionada, acorde al empuje de una nación como es la brasileña en el contexto de América Latina.

El trabajo que hizo la Selección Mexicana me gustó, con todo y lo que sufrió para llegar a la cita mundialista de la mano de "El Chepo" de la Torre, que en los meses previos a la cita fue relevado de su cargo por Miguel Herrera. "El Piojo" se encargó de armar una Selección con elementos del América que luego reforzó con jugadores de otros equipos y conformó un conjunto muy competitivo.

La actuación de Guillermo Ochoa en el partido contra Brasil fue memorable. Ganarle a Croacia tuvo mérito porque, en ese momento, ya era un rival de mayor jerarquía. El equipo mexicano se veía seguro de sí mismo, mostraba determinación y jugaba bien. Contra Holanda pasó aquello del polémico penal que nunca debió haber sido marcado. Rafa Márquez no llegó a la jugada con la intención de golpear a Arjen Robben, que, al sentir el mínimo contacto en su botín derecho, se tiró un clavado espectacular que el árbitro se tragó. Si el VAR hubiese existido entonces, seguramente México hubiera avanzado a la siguiente ronda. Al margen de esta consideración, siempre nos vuelve a suceder algo en la misma instancia, cuando estamos a punto de avanzar a los Cuartos de Final. También hay que decir que México no tuvo la capacidad de ir a buscar el partido antes de esa jugada, y esto influyó en el desenlace del encuentro. En este Mundial tuvieron actuaciones destacadas Giovani dos Santos, Oribe Peralta, Carlos Salcido o Andrés Guardado, entre otros.

Lo más grave de esta Copa del Mundo es que en las calles de Brasil había descontento social, contrariamente a lo que cualquiera podría pensar, siendo Brasil un país con una enorme tradición futbolera. La gente estaba inconforme porque había obras sin terminar. Más que eso, el pueblo brasileño sabía que, en la remodelación de algunos estadios y la construcción de varias obras, los políticos se habían robado cantidades inmensas de dinero. Además, Brasil se había endeudado para organizar esta Copa del Mundo, y en ese momento no era una prioridad, sobre todo si se considera que había otros asuntos mucho más relevantes y urgentes que atender que organizar un Mundial de futbol. Con el paso del tiempo se supo que alrededor de este Mundial se solaparon muchos actos de corrupción, y esto es una pena porque parece que los países latinoamericanos estamos destinados a ser gobernados por políticos ventajistas y deshonestos.

A Brasil acudimos otra vez sin gozar de los derechos de televisión. Hicimos dos programas: uno que me encomendaron a mí, y otro, *La última palabra*, que conducía André Marín, y tuvimos muchas dificultades para trabajar en condiciones óptimas. Terminamos encerrados en un estudio de FOX Sports Brasil, y a mí me pesó mucho esto, porque si algo tiene Brasil son bellezas naturales. Creo que este fue un grave error de la gente que estaba al frente de la producción.

En lo personal, disfruté el programa que hacía, que se llamaba *Café da Mañana*, en el que colaboraba Tania Rincón, Marion Reimers y André, que se transmitía en Lagoa, un lago precioso que está enclavado a la mitad de Río de Janeiro. Era una emisión ligera, de noticias, con información variada y accesible. Y el trabajo de la noche, en el programa de *Central FOX*, no me gustó nada, y considero que fue irrelevante.

La gente local nos sugería que no saliéramos porque la zona donde estábamos hospedados no era segura. Así que también, en dicho aspecto, no me dejó un buen sabor de boca este Mundial, que terminó siendo decepcionante para mí por varias circunstancias.

Si a todo ello añadimos que el espectáculo que ofreció Brasil fue pésimo en aquella Copa del Mundo, el entusiasmó terminó por desinflarse.

La goleada de 7-1 que les metió la Selección de Alemania fue una derrota difícil de olvidar, sobre todo porque la gente había depositado una gran confianza en el equipo y pensaba que tenía muchas posibilidades de ganar el Mundial. El frentazo fue terrible, aunque quizá menos impactante que la derrota de 1950 ante Uruguay, quizá porque en ese caso se trataba de una Final.

La frustración que dejó la eliminación de Brasil fue enorme, con el hecho añadido de dejar escapar la oportunidad de ganar un Mundial en casa. Esa espina quedará clavada en el corazón de la afición carioca hasta que vuelva a celebrarse una Copa del Mundo en Brasil, algo que se antoja casi imposible.

Por si fuera poco, en este Mundial acudió una gran cantidad de aficionados argentinos provenientes del orgulloso país vecino, que no dejaron de cantar aquella cancioncita que tanto molestaba a los brasileños:

Brasil, decime qué se siente
tener en casa a tu papá...
Te juro que, aunque pasen los años
nunca nos vamos a olvidar...
Que el Diego te gambeteó
que Cani te vacunó
que estás llorando desde Italia hasta hoy.
A Messi lo vas a ver
la Copa nos va a traer
Maradona es más grande que Pelé...

Argentina tenía un equipo muy competitivo y el hecho de tener a Messi les hizo creer que podían ser campeones... pero no les alcanzó para tal hazaña. El gol que dejó escapar Higuaín contra Alemania fue una oportunidad de oro que tal vez pudo haber cambiado la historia de la Final.

Alemania no tenía ninguna figura sobresaliente, salvo el caso del portero Manuel Neuer, que hizo lo más destacado, pero volvió a demostrar su capacidad de concentración y acabó batiendo a Argentina, con el golazo que marcó Mario Götze en el segundo tiempo extra, para convertirse en tetracampeón del mundo.

Rusia 2018: sin lectura de partido

Nunca había viajado a Rusia y cuando llegué a Moscú quedé impresionado, salvo por el hecho de que al aficionado ruso le gusta más el hockey sobre hielo —y el vodka, desde luego—, que el futbol. La Plaza Roja y sus alrededores están cargados de historia. El precio de las cosas era accesible, y la comida más que cumplidora. Las estaciones del metro son una maravilla, y las mujeres, una belleza. La verdad es que no podía imaginar siquiera que ese país hubiera transitado, hacía no muchos años, por la aridez del comunismo.

De nuevo no teníamos los derechos para transmitir, y eso siempre será una limitante para desempeñar un trabajo más relevante. Cuando eso sucede tienes que ser consciente de que estás obligado a hacer buenos programas para mantener una presencia en el Mundial, y procurar conservar el nivel. Se trata de defender la imagen de la televisora con los recursos que se tienen a mano, y el trabajo que hicimos ahí fue muy aceptable.

En Rusia, el técnico de la Selección Mexicana era el colombiano Juan Carlos Osorio. Tuve la oportunidad de asistir a varios partidos, como fue el de México contra Alemania, en el Estadio Olímpico de Luzhnikí, donde la Selección ganó 1-0 luego de una demostración de ímpetu y reciedumbre como pocas veces había visto. Ese día México jugó un primer tiempo inolvidable. Estoy convencido de que esa mitad de partido es lo mejor que ha hecho en la historia de su paso por los mundiales.

Y luego, en el partido contra Suecia, la estrategia de Osorio fue totalmente errónea. Lanzó al equipo mexicano al ataque, cuando lo que el partido requería era que los suecos fueran al frente. Ellos eran los que tenían la necesidad de atacar y México tenía que haberlos esperado atrás. Francamente, nunca entendí la estrategia implementada por el técnico y México acabó pagando caro esta equivocación con un fatídico 3-0 que dejó al equipo abatido, y así fue como más tarde se enfrentó a Brasil, que le clavó 2-0 para enviarlo de regreso a casa.

Conversando con los jugadores de esa Selección, varios estaban convencidos de que Osorio era un técnico extraordinario, pero según mi criterio carecía de la lectura correcta de los partidos. Los movimientos que hacía no eran adecuados. Saber leer bien un partido es una virtud que está al alcance de muy pocos técnicos. Esa interpretación permite adaptarse sobre la marcha a lo que está ocurriendo. Hacer los cambios adecuados es una cuestión compleja que requiere de un talento especial. Así que el sistema de rotación que implementó Osorio no dio resultados.

Considero que el técnico está obligado a tener un cuadro base y, a partir de ahí, comenzar a hacer las modificaciones necesarias dependiendo de lo que está sucediendo en la cancha. Ahora bien, con todo y esa falta de consistencia en la estrategia, México volvió a quedarse en el mismo lugar que en mundiales anteriores. La sensación que experimenté en Rusia fue muy agradable. Disfruté mucho la compañía de Rafa Márquez, Marion Reimers y Alberto Lati, con los que comí mucho caviar y probamos distintos platillos de la gastronomía en el Café Pushkin, que es toda una tradición de Moscú, donde acudíamos a cenar después de terminar de trabajar.

Quizá este Mundial no haya estado al nivel de Francia 1998 o Alemania 2006, pero también lo pondría en un sitio privilegiado, y no descartaría que en un futuro no muy lejano se animen a organizar otra edición porque demostraron una excelente capacidad organizativa.

Catar 2022: y por fin... ganó Messi

El Mundial de Catar no debió haber existido. La FIFA volvió a demostrar que antepone el dinero y los intereses políticos al futbol, pues resultó evidente que hubo sobornos para realizar esta Copa del Mundo. Si a ello sumamos las condiciones de vida en ese país, donde el trato a las mujeres, los homosexuales o los obreros, deja mucho que desear, era una razón suficiente para no haber autorizado la celebración de este Mundial. Y por eso a mí me parece absurdo que la FIFA castigue a México por el grito de "¡puto!", cuando ellos mismos aceptan realizar una Copa del Mundo en Catar. Esto sólo viene a reflejar el cinismo que predomina en el seno de la FIFA.

En el aspecto futbolístico, habría que apuntar que esta Copa del Mundo resultó atractiva porque hubo muy buenos partidos. Además, cada vez se juega un futbol más competitivo y, aunque sigue habiendo selecciones que son superiores, ya no se ven goleadas salvo en ciertas ocasiones, como le ocurrió a Costa Rica, que perdió 0-7 con España.

Equipos como Alemania, Brasil, Argentina, Francia, y ahora también España o Inglaterra, que mantienen un nivel superior, demostraron su capacidad. Y creo que lo de Argentina fue el premio a un trabajo de un futbolista fuera de serie, como es Messi. Es curioso comentar esto, pero la gente, al final, quería que Messi ganara el Mundial, y no estoy hablando de los aficionados argentinos, sino del aficionado al Mundial. El hecho de que Messi nunca hubiera ganado un Mundial, favoreció que se generara esta situación y me alegro de que así haya sido.

Parece mentira, pero el partido más complicado de Argentina fue el que disputó contra México, y de ahí creció hasta ganar el título con grandes merecimientos, no obstante que ocurrieron algunas situaciones ridículas y de poca educación por parte del portero Diego Martínez, que mostró una conducta inadmisible cuando recibió el Guante de Oro y lo levanto desde los genitales, argumentando, más tarde, que los hinchas franceses lo habían estado abucheando. En el futbol no sólo hay que saber perder sino saber ganar y ser profesional en todo momento.

Ver ganar a Argentina me remitió a aquel Mundial de 1978 en que tuve la oportunidad de ser testigo de ese primer logro en casa. Andando los años, en el Mundial de México 1986, la Selección Argentina dependía por completo de un hombre: Diego Armando Maradona, que estaba viviendo el momento estelar de su carrera. Ese equipo era competitivo, pero creo que sin Maradona no se hubiera coronado campeón del mundo. Jugó muy bien, soportó la presión y todas las patadas que le dieron; individualmente hizo goles inolvidables y, colectivamente, realizó jugadas brillantes para facilitar el triunfo de Argentina.

En Catar, la Selección Argentina volvió a tener otra figura central que era Messi. Sin embargo, sigo pensando que en México 86, Maradona fue fundamental para conquistar la victoria, y en el caso de Catar, Messi no fue un factor tan determinante, sin dejar de reconocer su importancia. Lo más significativo de su victoria mundialista, fue que, en Argentina, finalmente lo hayan reconocido como la gran figura en la que se convirtió.

Martino perdió el rumbo

Hablando sobre México en este Mundial, la participación de nuestra selección fue un fracaso. Porque si vemos los puntos que se consiguieron, solamente fueron cuatro. Se ganó un partido contra Arabia Saudita; se empató otro con Polonia y se perdió el de Argentina. ¿Por qué no fue capaz la Selección Mexicana de conseguir más?

Creo que el gran error que cometimos, y aquí hablo más como aficionado que como analista, fue dejar que Martino siguiera al frente de la Selección, pues el equipo ya se le había salido de las manos desde un año antes y no lo había recuperado. Cometió errores increíbles como llevar a Raúl Jiménez, un futbolista que merece todo mi respeto, pero en ese instante no estaba para jugar el Mundial. Debió haberse recuperado poco a poco para ir acumulando minutos y confianza, así que en Catar no pudo hacer nada.

Por otra parte, Martino terminó borrando a Funes Mori después de haberlo llevado, y no convocó a Santiago Giménez. Este tipo de detalles corroboraron que Martino había perdido a la Selección. Y hay quien, inclusive asegura, que en el partido contra Argentina, Martino les estaba ofreciendo la victoria a los argentinos, sus paisanos, pero yo estoy convencido de que no fue así. Sin embargo, también estoy seguro de que las reacciones que tuvo, y la forma en que hizo jugar a la Selección Mexicana, no era lo que venía haciendo desde hace mucho tiempo. Esto nos habla, precisamente, de los cambios de timón tan bruscos de Martino y de que había perdido la brújula, y cuando eso le sucede a un técnico, es muy difícil reencontrarla.

A la Federación Mexicana de Futbol faltó la autoridad, la inteligencia y capacidad de apartarlo del equipo antes del Mundial, y hay quien afirmaba que a esas alturas del año no se podía hacer nada faltando tan poco tiempo para la cita mundialista. Pero ahí está el ejemplo del técnico de Marruecos, Walid Regragui, que llegó dos meses antes de comenzar la Copa del Mundo e hizo un gran trabajo.

Luego se supo que Martino había presentado su renuncia cuando Gerardo Torrado había sido destituido, y esa debió haber sido la coyuntura para que el técnico argentino dejara de dirigir a la Selección, pero no sucedió porque Yon de Luisa y los demás directivos opinaron otra cosa.

Martino se llevó más de nueve millones de euros y, seguramente, hoy día sigue disfrutando de sabrosos asados con sus amigos, y no creo que le importe mucho el futuro del futbol mexicano. Entonces, esto nos debe de enseñar que debemos de pensar no solamente en el momento, sino en algo que sirva para hacer proyectos que realmente valgan la pena a mediano y largo plazo.

Y reitero que el fracaso de México se debe a la forma como se trabajó, y se viene trabajando… de que no tengamos liga de ascenso y descenso; de que haya tantos extranjeros en el futbol mexicano; de que no existan buenos formadores en las fuerzas básicas, entrenadores que ganen sueldos atractivos por preparar a los jóvenes; que nuestros futbolistas debutan de 22 o 23 años, cuando a esa edad ya deberían estar jugando como profesionales desde hace varios años… Si juntamos todos estos elementos, dan como resultado el fracaso que México vivió en Catar.

El futbol que merece México no es lo que se vio en Catar. Y acabando el Mundial se habló de una supuesta reestructuración integral de nuestro futbol, pero mucho me temo que seguiremos igual mientras las cabezas no cambien la forma de dirigirlo, y las televisoras tengan tanta influencia en su gestión.

De los jugadores mexicanos que fueron al Mundial de Catar, podría afirmar que todos estuvieron en su nivel, siendo Memo Ochoa uno de los más destacados, aunque quizá en el gol que le anotó Messi hubiera podido hacer algo más para evitarlo. Pero eso no resta ningún mérito a su labor a través de la que confirmó que es un gran arquero de selección y cumple sobradamente con su cometido.

Y así podría hablar de ellos, uno por uno, pero el hecho es que hubo jugadores que no tendrían que haber estado en el equipo titular porque era evidente que el problema de la Selección era el dinamismo. Repetir a jugadores como Héctor Herrera, que es un excelente futbolista, pero no tiene la capacidad de Luis Chávez, fue otro de los errores de Martino, así como no alinear a futbolistas que estaban en muy buen momento, como era el caso de Orbelín Pineda.

En resumen, el problema de Martino fue no haber tenido el *feeling* suficiente para jugar con los indicados en el instante preciso en que deben ser utilizados, así que este fracaso era su responsabilidad y también de Yon de Luisa, el presidente de la Federación Mexicana de Futbol, que también debió haber renunciado.

El futuro del futbol mexicano

El futbol mexicano no tendría que estar pensando solamente en el Mundial del 2026, sino más allá… y para eso se tendría que hacer un proyecto sólido de mucho tiempo, porque si no ocurre así, cada cuatro años va a ser lo mismo. Ya fue Martino, ya fue Osorio, ya fue Herrera, ya fue Aguirre, ya fue La Volpe, etcétera, ya fue… cada uno con una mentalidad, con un estilo, y cada cuatro años vamos tapando un hoyo y abriendo otro, y lo volvemos a tapar; así sucesivamente, pero esa no es la solución.

Porque ya vimos que Diego Cocca, el técnico argentino que suplió a Martino tras el Mundial de Catar, no duró ni cinco meses en el cargo, y lo echaron luego de perder un partido contra Estados Unidos.

Después llegó Jimmy Lozano como técnico de la Selección. Hay que recordar que él ganó una medalla de bronce en los Juegos Olímpicos de 2021 en Japón y contaba con una buena experiencia como jugador. Sin embargo, no dio los resultados esperados y fue destituido tras perder, de manera temprana, en la Copa América de 2024, luego de haber dirigido 21 partidos en los que obtuvo 10 victorias, siete derrotas y cuatro empates.

Seguiré insistiendo en que se tiene una deuda muy grande con Luis Fernando Tena, que consiguió ganar la medalla de oro en los Juegos Olímpicos de Londres con la Sub-23, eso sería suficiente para que, en su día, le hubieran entregado la dirección de la Selección Mexicana. Eso tenía más lógica que contratar técnicos extranjeros. Y si vas a traer un técnico extranjero, sería importante que ponga a un joven mexicano a su lado, para que más adelante sea su sucesor.

Si revisamos los proyectos anteriores, se llame como se llame el presidente de la Federación Mexicana de Futbol en turno, todos han nacido viciados; ninguno ha tenido una lógica ni, mucho menos, un desarrollo adecuado. Por eso, en los mundiales, casi siempre ocupamos los mismos lugares en la tabla general. Y sigue siendo absurdo pensar que el dichoso "quinto partido" sea el objetivo para alcanzar, cuando la Selección debería de pensar en grande y no fomentar una mentalidad mediocre y hasta conformista, con tal de que el estado de las cosas permanezca igual y no se trastoquen los intereses económicos de los que mandan en el futbol mexicano.

Insisto, si nuestro deporte no tiene unos cimientos sólidos, seguirá tambaleándose eternamente, no obstante que es un futbol competitivo y atractivo, sobre todo el que se juega en su liga, pero con bases muy endebles en asuntos relacionados con Selecciones Nacionales que en años recientes se han visto favorecidas por el trabajo realizado por técnicos como Alfredo Tena, Andrés Lillini y Ricardo Cadena. Ojalá que este trabajo tuviera un seguimiento y continuidad.

Cabe recordar que, con la llegada de Juan Carlos Rodríguez en mayo de 2023 como Alto Comisionado de la Femexfut, se habló de un proyecto de reestructura del futbol del que yo esperaba mucho, pero nunca llegó lo que tanto se había cacareado y su gestión no aportó casi nada al futbol mexicano.

De hecho, el nombramiento de Rodríguez se dio en una situación muy favorable para él, porque era el alto comisionado que más apoyo había tenido al llegar a este cargo de cuantos lo precedieron en los últimos 40 años. Y lo más interesante es que al comenzar su gestión, el mayor reto que tenía era procurar desprenderse de la influencia de los dueños de los equipos y de las televisoras, pero eso no sucedió.

Porque en la agenda de la Femexfut debería estar el hecho de revisar cada uno de los problemas existentes en el futbol y abordarlos de lleno para planear, seriamente, asuntos como el ascenso y el descenso de los equipos; la eliminación real del repechaje; la participación de extranjeros en la Liga... vamos, todo lo que ya sabemos. Urge modificar lo que está mal y trabajar por el bien del futbol que, siendo un negocio debe ser tratado de dicha manera, pero anteponiendo el aspecto deportivo y buscando un interés colectivo que contribuya al crecimiento de nuestro futbol de una manera integral.

Marruecos dio la sorpresa

Retomando lo sucedido en Catar, el ejemplo de Marruecos, con su disciplina táctica, fue ejemplar, lo mismo que la velocidad de su futbol. Francamente, no esperaba un desempeño así de este equipo y cuando una Selección juega de esa forma y nos ponemos a averiguar qué hay atrás, nos damos cuenta de que se ha hecho un trabajo de mucho tiempo con una estructura adecuada.

Para este mundial, la directiva de Marruecos hizo una búsqueda de futbolistas marroquíes que estaban diseminados por distintos países, con la finalidad de reunir a los mejores jugadores y así fue como conformaron una Selección competitiva y eso les funcionó muy bien. Este trabajo se sumó al que ya venían haciendo en la clínica de jóvenes talentos, en la que el monarca Mohamed VI invirtió 13 millones de euros a partir del año 2009 y comenzó una tarea que en Catar 2023, 14 años después, rindió buenos frutos y se vislumbra que seguirá adelante. ¿Tan complicado sería imitar el ejemplo de Marruecos?

La reivindicación de Pelé

En esos días en que se desarrollaba el Mundial de Catar vivimos sobrecogidos por la larga agonía de Pelé, para mí, lo reitero, el futbolista más grande que he visto en mi vida. Difícilmente vamos a encontrar de nuevo a un jugador como Pelé. Hay muchos "príncipes", pero no hay un rey como Pelé. Y este Mundial, en gran medida le rindió un homenaje antes de su muerte.

Quizá lo más importante fue que en esos días comenzamos a ver una recopilación de videos de Pelé y eso sirvió para reivindicar su figura. Observar esas jugadas nos refrescó la memoria a quienes lo vimos, y ayudó a que las nuevas generaciones se percataran de su grandeza como futbolista y también como persona.

Al final, la sempiterna discusión de quién es mejor, si Pelé, Maradona o Messi, se terminó en Catar cuando el mundo se percató de la magnitud del deportista que fue Pelé, porque con su muerte nació la leyenda y el mundo entero se le entregó sin reserva.

Por su parte, cuando Maradona falleció, la reacción no fue similar, tal vez porque su trayectoria fuera de las canchas empañó su imagen. Sin embargo, yo lo colocaría detrás de Pelé como jugador, y un paso atrás estaría Messi. Aunque al final, cada uno tiene una opinión y un gusto personal por estos impresionantes jugadores de épocas tan distintas, pero los tres con un talento excepcional.

¿Por qué no fui a Catar?

A muchas personas se les hizo extraña mi ausencia en el Mundial, pues desde 1978 no había dejado de acudir a ninguna Copa del Mundo, pero así se presentaron las circunstancias y no me pesó quedarme en México a trabajar en los estudios de FOX Sports.

Han sido muchos Mundiales a los que he asistido, los cuales he disfrutado enormemente. Porque no sólo es el hecho de narrar los partidos y conducir los programas de televisión, también está el conocer otras culturas, otra gastronomía, así como una forma distinta de pensar. En suma, todos los beneficios que me han aportado este tipo de viajes.

Pero no me pesó quedarme en México, porque estuve trabajando con dedicación y de manera agradable. Hicimos un programa de análisis que me gustó mucho, en un momento en que parece que el análisis está dejando de existir para dar paso al sensacionalismo.

También trabajé mucho en Grupo Fórmula, tanto con Joaquín López-Dóriga, como con Leonardo Curzio, en sus respectivos programas de noticias, en los que mi participación iba dirigida a un público que no era precisamente aficionado al futbol.

Contrario a lo que pensaba, me resultó mucho más pesado no ir a Catar y trabajar aquí, porque mi actividad diaria era muy intensa y lo más atractivo es que se diversificó un poco más de lo habitual. Estuve muy entretenido al realizar entre cinco y seis actividades diarias en programas diferentes y el hecho de tener que trasladarme en la Ciudad de México de un punto a otro para hacer todo esto, fue muy complicado y hasta desgastante. En cambio, en los viajes que había hecho para cubrir las Copas del Mundo, el trabajo era más relajado y divertido. De cualquier manera, fue una magnífica experiencia haberme quedado aquí y no lo lamento porque esto me permitió conocer otro tipo de cobertura de un Mundial que nunca había realizado estando aquí, en México, y en la vida todo es un aprendizaje constante del que hay que sacar provecho.

Expectativas para el Mundial de 2026

Será una Copa del Mundo con muchos equipos, tantos como 48, y el hecho de disputarse en tres países: México, Estados Unidos y Canadá, le dará un cariz especial. Sin embargo, creo que se va a suscitar una gran rentabilidad económica, que siempre es uno de los objetivos de la FIFA.

En total se jugarán 104 partidos, 40 más que en la última edición del torneo de FIFA, este nuevo esquema establece que los finalistas habrán jugado ocho partidos. Seguramente, el nivel de juego va a verse reducido, sobre todo en la primera fase, y luego se va a componer conforme los equipos avancen en las rondas clasificatorias y vayan quedando los mejores. Pero a la gente no le va a importar mucho que no haya una gran calidad en los partidos, pues lo que quiere es el *show* que se va a montar alrededor del futbol.

Con una gran cantidad de equipos inscritos se desvirtúa la esencia del Mundial, que en nada se parecerá, por ejemplo, a aquellos Mundiales de 16 equipos en que el nivel de juego era espectacular desde el primer momento. Entre estos equipos que van a jugar habrá Selecciones muy flojas cuya presencia no aportará nada. Así que, si lo analizamos desde el aspecto futbolístico, será un paso atrás, aunque visto desde el interés económico de la FIFA, será un paso adelante.

Me da la impresión de que Gianni Infantino es más cínico que Joseph Blatter y de ese mundial hará un magnífico negocio. Lo ideal sería encontrar un punto de equilibrio donde la ética se impusiera. Pero nunca será así, me queda claro.

España será un gran candidato para ganar este Mundial, pero también hay que apostar por Brasil, Argentina o Alemania como favoritos. Será interesante observar el nivel de Estados Unidos, Canadá y México, que hoy día están muy igualados en cuanto a su capacidad en la cancha y tienen la oportunidad de hacer un buen papel. Al final, ya veremos cuál de los tres países queda mejor posicionado en la tabla general. Quizá México pueda tener una ligera ventaja porque los partidos que disputará nuestra Selección Nacional en Estados Unidos van a contar con el apoyo de los miles de paisanos que viven allá, y eso no ocurrirá con Canadá y Estados Unidos, sobre todo cuando jueguen en México.

El liderazgo de Javier Aguirre será otro factor para tomar en cuenta, pues me parece un técnico con una mentalidad interesante. En algunas ocasiones no comulgo con su forma de juego, pero lo respeto mucho porque es un entrenador que ha triunfado en distintos equipos. Lo que le vi con el Mallorca fue extraordinario y si logra infundirle ese espíritu a la Selección de México, será algo muy positivo. Creo que Javier es consciente de que tiene pocos partidos de preparación, y va a tener que trabajar mucho previo al Mundial, pero sí creo que los jugadores saldrán a morirse los 90 minutos en la cancha y en cada partido porque Javier es un hombre de carácter y eso les va a transmitir al equipo: entrega y determinación. Porque no sólo hay que salir a la cancha a tratar de ganar, sino pensar en cómo conseguirlo y buscar, a toda costa, superar esa barrera que tanto nos ha costado; por ello es muy importante aprender a ganar los partidos decisivos.

La nueva camada de futbolistas jóvenes mexicanos está más cerca de conseguirlo. Es una cuestión de mentalidad. Y de los jugadores arriba, no hay que perder de vista a Raúl Jiménez y Santi Giménez, pues van a llegar en un buen momento derivado de la madurez con la que cuenta cada uno de ellos. Ojalá que jueguen juntos, tal y como los ha probado el técnico Javier Aguirre, para que aporten goles, que es lo que se necesita: concretar.

El trabajo para los periodistas no será fácil porque tendremos que estar viajando de un lugar a otro, y no son distancias cortas, tal y como ocurrió en el Mundial de Japón-Corea que a mí se me hizo incómodo por los desplazamientos para ir a narrar de una sede a otra, en ambos países.

Por otra parte, considero que este mundial va a tener una significación especial para la familia Azcárraga, pues será el Estadio Azteca el escenario donde se disputará una tercera copa del mundo en sus 60 años de historia. Quizá para mí también la tenga, ya que tuve la oportunidad de ser uno de los primeros futbolistas que pisó su césped.

Aquello ocurrió días antes de su inauguración, cuando jugaba en las reservas del América. Cierto día, a un grupo de jugadores nos dijeron que fuéramos a probar como estaba el pasto de la cancha, y desde que entré al estadio quedé impresionado. Ahí estuvimos Pepín González, Martín Ibarreche, Pepe Álvarez Crespo y el brasileño Arlindo dos Santos, que apenas había llegado a jugar a México y era el futbolista del momento. De aquella soleada mañana a la de mi debut en El Azteca pasó más de un año, pero ya jugando con el Atlante. Fue un partido contra las Chivas, y guardo un buen recuerdo porque paré un penalti y ganamos 4-3.

TIEMPO EXTRA

8. Pasado y presente del futbolista mexicano

El futbol mexicano es muy peculiar. Ha exportado pocos futbolistas a Europa. Últimamente se van al extranjero más jugadores que antaño. Sin embargo, recuerdo que, desde antes de que yo comenzara a jugar, hubo un intento de contratación para "El Güero" Jasso en el futbol de Italia. El caso es que Jasso era un futbolista muy técnico, uno de los jugadores mexicanos que yo he visto con más cualidades en dicho aspecto. Quizá no con el dinamismo que se requiere para llegar a ser una figura, y tal vez por eso muchos no lo recuerden como a otros, entre los que destacan los nombres de Horacio Casarín, Enrique Borja, Hugo Sánchez o Rafa Márquez, pero "El Güero" era un futbolista de excepción. Antes era más complicado para un jugador mexicano salir al extranjero, aunque había varios con la calidad suficiente para hacerlo. Entonces México estaba mucho más aislado futbolísticamente de Europa, y nuestro país no se caracterizaba por exportar jugadores.

Dos titanes: Hugo Sánchez y Rafa Márquez

Los equipos europeos volteaban a ver con mucha frecuencia hacia Argentina, Brasil o Uruguay, que eran los países exportadores por tradición. Y tuvieron que pasar muchos años hasta que apareció Hugo Sánchez en el futbol de España y provocó un enorme revuelo cuando comenzó a jugar con el Atlético de Madrid. Estamos hablando de 1981, hace 45 años.

A Hugo le costó mucho trabajo abrirse camino. Primero lo ubicaron en la cancha como extremo izquierdo, y eso se debía a que, en cierta época con Pumas, jugó en esa posición. La razón era simple: Evanivaldo Castro "Cabinho" era el centro delantero del equipo. Pero enseguida se dieron cuenta de que Hugo era un centrodelantero nato y fue entonces cuando comenzaron a darle continuidad, lo que le permitió demostrar un inmenso talento y un gran olfato de gol.

Al principio lo trataron muy mal en muchos estadios. Le gritaban "¡Indio, indio!" y él se tragaba todos esos insultos. Demostró tener una gran capacidad de sufrimiento, como se dice en el tenis, porque aguantaba vara, seguía jugando, haciendo goles… y cada temporada que pasaba se le percibía más maduro y con mayor confianza como futbolista y como persona.

En esas cuatro temporadas con el Atlético de Madrid, Hugo demostró su proyección, y luego, con el Real Madrid, se convirtió en un auténtico ídolo de los hinchas merengues en ese lapso de siete temporadas en las que jugó 207 partidos vestido de blanco.

Uno de los momentos estelares de su carrera fue cuando marcó el llamado "Señor Gol" que le clavó de chilena al Logroñés ("señorgol", leído al revés), el 10 de abril de 1988. El público se puso de pie, sacó los pañuelos, como hacen en los toros para pedir las orejas, y le gritó a coro el grito consagratorio de "¡torero, torero!" durante varios minutos. Hugo ha confesado que ese ha sido el instante más emocionante de su vida como futbolista.

Independientemente de su destreza con el balón, cuyos números y logros saltan a la vista, a Hugo hay que reconocerle el temperamento que mostraba en la cancha. Si México tuviera más futbolistas con ese carácter, entonces sí estaríamos en condiciones de aspirar a obtener mejores resultados en las Copas del Mundo. Como centro delantero, como jugador de área, como rematador, como goleador, Hugo fue un auténtico fuera de serie.

Si Hugo jugara hoy en el Real Madrid, con toda la influencia mediática existente, su fama trascendería hacia el futuro de una manera mucho más amplia. Si los historiadores del Real Madrid tuvieran que elegir a los tres mejores delanteros del club merengue, Hugo Sánchez entraría en esa selecta lista al lado de Alfredo Di Stéfano y Cristiano Ronaldo. Por otra parte, no tendría ningún reparo en ponerlo dentro del *top ten* mundial, y eso es sumamente complicado de conquistar para cualquier jugador. Así de claro.

La convivencia que he mantenido a lo largo de los años con Hugo Sánchez ha sido muy agradable. Recuerdo la vez que, en la Eurocopa del 2000, organizada por Bélgica y Países Bajos, lo tenía como comentarista en los partidos que entonces narraba para Televisa. Para ese torneo la empresa también había contratado a Leo Benhaker, que estaba peleado a muerte con Hugo desde que éste propició la salida del jugador mexicano del Real Madrid. De hecho, se odiaban y no se dirigían la palabra, así que tomé la decisión de utilizar a Benhaker para ser el comentarista del primer tiempo de cada partido, y luego dar paso a Hugo para que él interviniera en el segundo tiempo. Una vez que Hugo llegó a ocupar la silla que había dejado vacía hacía unos minutos Benhaker, no se aguantó las ganas y, haciéndose el intrigado, me preguntó:

—Caray, Raúl, ¿quién estaba sentado aquí?

—Pues Benhaker —le dije sin comprender a qué se refería. Acto seguido me comentó:

—Es que huele muy feo.

Cabe mencionar que, al lado de Hugo, el otro futbolista mexicano que sobresalió por encima de los demás fue Rafa Márquez, al que contrataron para jugar en Europa de una manera curiosa. En la Copa América disputada en Paraguay en 1999, visores del Mónaco fueron a observar a un defensa central chileno y, en el proceso, se toparon con "Rafa"; así fue como llegó al futbol de Europa. Salió campeón con Mónaco, y después con Barcelona, equipo con el que jugó 163 partidos.

Su mérito fue sostenerse y perdurar, porque a veces los comentaristas creíamos que lo iban a quitar cada año que comenzaba una nueva temporada cuando llegaban jugadores nuevos que amenazaban con arrebatarle la titularidad. Pero ningún defensa tenía la calidad de Rafa. Posiblemente, otros eran más rápidos o marcaban mejor, pero la inteligencia y el talento de Rafa para jugar, siempre quedó fuera de duda.

Eran famosos sus servicios de más de 60 metros, que parecía que los ponía con la mano, haciendo gala de precisión. Nadie lo hacía en ese equipo. Se distinguía por marcar goles de cabeza y ejecutaba tiros libres en algunas ocasiones. Así fue como se consolidó hasta ser campeón de liga. También ganó la Champions y fue parte importante de la Selección Mexicana durante más de dos décadas, con 50 partidos sobre sus espaldas en los que hizo gala de su depurada técnica.

La personalidad de Hugo fue distinta. Quizá Rafa no necesitó mostrar tanto su carácter, ya que con un balón en los pies enseñaba su valía y eso estaba por encima de cualquier consideración. Sus personalidades eran opuestas, pero los dos, con diferencia, han sido los futbolistas mexicanos más destacados que han jugado en el extranjero. Tal vez también hubo otros jugadores con muchas condiciones, pero no pudieron trascender y llegar a los niveles que alcanzaron Hugo y Rafa, que fueron dos titanes del deporte.

Una de las diferencias entre ambos es que Hugo metió una importante cantidad de goles por la naturaleza de su posición en la cancha, y en este mundo del futbol los niños quieren ser el que mete el gol, porque es el hombre que sale en las portadas, goza de mayor reconocimiento y acaba cobrando más que cualquiera. Sin embargo, desde su posición de defensa, Rafa fue enorme y así merece ser reconocido.

Ahondando un poco más acerca de los mejores futbolistas mexicanos, o por lo menos los que yo considero que están entre los más destacados, al lado de Hugo, Rafa y Cuauhtémoc Blanco, debo mencionar a Antonio "La Tota" Carbajal y a Claudio Suárez.

Carbajal no sólo tuvo el difícil logro de jugar cinco Copas del Mundo porque, con todo respeto, Memo Ochoa también lleva igual número de mundiales en su haber, pero no jugó los dos primeros (Alemania 2006 y Sudáfrica 2010), y Carbajal sí jugó en todos lo que fue convocado.

Carbajal fue un adelantado a su tiempo; un arquero extraordinario. Ha sido el mejor portero que yo he visto en el futbol mexicano, y el qué tenía más destreza para manejar a su cuadro sobre la cancha, porque tenía una gran lectura de la posición en que debían colocarse sus compañeros. Los dirigía con mucha visión de campo y de lo que estaba ocurriendo en cada momento y por eso jugó tantos partidos, ya que todos los técnicos que pasaban por la Selección confiaban ciegamente en esa capacidad que, años más tarde, lo llevó a convertirse en director técnico.

Toño no sólo fue un magnífico futbolista, también era un gran ser humano, y esto se hizo más visible cuando murió, el 9 de mayo de 2023. "La Tota" ayudó, de forma desinteresada, a muchos niños y jóvenes que tenían problemas de adicción. Los encauzaba en el deporte para buscar su superación. Tuve oportunidad de convivir con él en innumerables ocasiones, y una de las más recientes fue en su vidriería, que estaba en el Jardín de San Juan de Dios de la ciudad de León, donde atendía a la gente con amabilidad. Escucharlo conversar era una delicia, pues sabía mucho de futbol y de la vida, y era grato escucharlo contar las anécdotas que tenía con su entrañable amigo, el genial José Alfredo Jiménez. Toño marcó toda una época del futbol mexicano.

Por su parte, Claudio Suárez fue un futbolista versátil que comenzó a jugar como delantero y luego como lateral, hasta desempeñarse, finalmente, como defensa central. Estoy convencido de que en esta época estaría jugando en Europa y gozaría del reconocimiento de la gente. Fue un jugador técnico, inteligente, que jugaba bien por arriba… de los mejores que he visto. Siempre mantuvo un perfil discreto, pero eso no le impidió brillar con luz propia en Pumas, en Chivas y en el futbol de Estados Unidos. Creo que la historia no le ha hecho justicia, por eso no quería dejar de mencionarlo y ponderar sus enormes cualidades como jugador.

Mexicanos en España

Volviendo al tema de Hugo Sánchez y Rafa Márquez, vale la pena comentar que otro de los beneficios que la carrera de ambos trajo al futbol mexicano fue que llamaron la atención de distintos clubes europeos, que comenzaron a interesarse por determinados futbolistas mexicanos. Y así fue como en la década de los ochenta empezaron a ir a Europa "El Wendy" Mendizábal (Rayo Vallecano, 1985), Luis Flores (Real Sporting de Gijón, 1986) o "El Chepo" de la Torre (Real Oviedo, 1988). De pronto, el mercado mexicano se volvió atractivo, y aunque ninguno de los jugadores mencionados tuvo la oportunidad de jugar con algún equipo grande, aterrizaron en conjuntos de mucha tradición, pero que se encontraban peleando en la media tabla. De cualquier manera, se empezó a abrir el mercado y poco a poco fueron saliendo más futbolistas nacionales a jugar al extranjero.

Desde luego que los tiempos modernos, con la llegada de internet, han permitido hacer más visible el trabajo de los futbolistas, y ahora resulta muy fácil hacer un seguimiento detallado de su evolución a través de la globalización de los medios de comunicación. Aunque considero que el futbolista mexicano todavía no va a Europa en la cantidad que debería, y quizá también influye que en México gana muy buenos sueldos y prefiere estar en su zona de *confort*.

Cuando Hugo Sánchez llegó a España, todos estábamos pendientes de su carrera, él llegó al Atlético de Madrid y al principio la gente lo presionó mucho con sus gritos de "indio, indio", Hugo superó la hostilidad y respondió con goles y Pichichis; poco después su contratación con el Real Madrid se convirtió en un acontecimiento, sobre todo cuando comenzó a meter cada vez más goles, porque aquello era algo excepcional que se comentaba en la calle. Esos fueron los grandes años de Televisa transmitiendo deportes. Hay que recordar que también se transmitían los partidos de Los Dodgers de Los Ángeles, equipo en el que jugaba Fernando Valenzuela. Y, por si fuera poco, también se pasaban por televisión las peleas de Julio César Chávez. Creo que estas figuras deportivas, de tres disciplinas diferentes, aportaron un auge muy significativo a aquellos eventos televisivos. Hay que considerar que aún no existían las distintas plataformas de la actualidad, y esa fue una época muy importante para Televisa, sin lugar a dudas.

Otros futbolistas también intentaron brillar en Europa, como Luis García, que en 1992 hizo una temporada destacada en el Atlético de Madrid, el año de su debut en el futbol de España. Después fue a jugar a la Real Sociedad de San Sebastián y ahí sólo consiguió anotar dos goles. Luis era un futbolista con magníficas cualidades; jugaba con velocidad y sabía definir. Si acaso, para jugar en Europa con más desenvoltura, necesitaba tener más corpulencia. Pero fue uno de los futbolistas mexicanos a los que les fue bien allá, aunque creo que pudo tener más logros. A veces, uno no llega a conocer esos detalles que impiden que un futbolista triunfe. Son cosas que sólo ellos conocen y no suele ser agradable hablar de ellas.

Ahora vemos a más jugadores que se han abierto camino en Europa, como es el caso de Javier “El Chicharito” Hernández, Héctor Herrera o “Chucky” Lozano. La contratación del Chicharito por el Manchester United fue una gran sorpresa para todos. Aquel acuerdo se llevó a cabo en un período muy corto, y ocurrió gracias a que ya lo venían observando. Sin embargo, una recomendación de Marco Garcés —director deportivo del equipo Pachuca—, que tenía nexos con personajes influyentes del Manchester, fue determinante para que Javier arribara a la Liga Premier.

El caso de Lozano fue distinto. El técnico Carlo Ancelotti se había fijado en él cuando trabajaba como comentarista para una cadena de televisión. Pero, ciertamente, “El Chucky” estaba en la mira de varios equipos europeos desde que tenía unos 15 años. Lo mismo sucedió con Diego Lainez, que jugó para el Betis de Sevilla, equipo que en la temporada 2022-2023 lo cedió al Sporting de Braga y de ahí regresó a Tigres.

Hoy en día resulta más fácil detectar al futbolista joven con talento, pues los visores de los equipos hacen un seguimiento puntual de los pasos que da; se analiza la forma de juego que va desarrollando, así como la evolución de su físico, para, llegado el momento, tomar la decisión de contratarlo o no. Y así van a ir saliendo otros jugadores, porque es una realidad que México tiene relevancia en la esfera internacional, en la que los Mundiales se han convertido en un magnífico escaparate para nuestros futbolistas.

Conforme pase el tiempo y nuestro futbol siga mejorando, nuestros futbolistas tendrán más oportunidades de salir a jugar a Europa. Por otra parte, se está abriendo otro mercado muy interesante para nuestros jugadores, y me refiero al mercado de Estados Unidos, un país donde no requiere que vayas a jugar contra rivales tan capacitados, o con equipos tan bien formados como son los de México. Jugar allá, sin menospreciar su liga, es un poco más fácil, y el tiempo de descanso que te dan en Estados Unidos es mayor. Además, un complemento que te brinda Estados Unidos como jugador, y hablando más en el plano personal, es su reconocida calidad de vida. Los mexicanos que han jugado allá, como Jonathan dos Santos o Carlos Vela, han vivido como reyes y, seguramente, en los próximos años otros jugadores mexicanos van a seguir su ejemplo.

Una profesión de 24 horas

Siempre han existido futbolistas mexicanos de gran calidad, pero ahora les resulta más complicado colocarse en un equipo y rendir buenos resultados. El futbol se volvió un trabajo de tiempo completo que implica muchos aspectos a considerar, como la alimentación, la preparación física y la táctica; los entrenamientos, los viajes y, por supuesto, los partidos.

Por eso los sueldos que ganan los futbolistas son muchísimo más elevados que años atrás, y si consiguen firmar un buen contrato y conservan su nivel de juego, con eso ya tienen asegurado su futuro. Y si te llevan a jugar a Europa, aseguran el futuro hasta de sus nietos. Esto es como en cualquier otro trabajo: las figuras cobran mucho dinero, y los que comienzan a veces ni cobran, pero se mantienen con el anhelo de llegar a lo más alto.

Un tema muy importante es el sueño de llegar a ser futbolista. La vocación es lo único que te obliga a ser perseverante. Cuando tú quieres ser futbolista, ni piensas en el dinero, eso es algo que no te interesa. En la actualidad, si tienes cualidades, lo que quieres es jugar y jamás piensas cuánto vas a ganar. Sabes que puedes tener un crecimiento y si llegas a jugar mejor, ganarás más dinero. Detrás de esa idea, en una gran cantidad de casos, está la familia al acecho. Y a veces los padres creen que su hijo es un diamante en bruto al que le puede sacar mucho dinero. El futbolista, como el boxeador y el torero suelen ser personas de escasos recursos y la familia los ve como una salvación. Los padres quieren ser sus representantes, los manejan mal, y acaban con sus carreras.

He tenido ocasión de comentar estos aspectos con futbolistas de varias épocas, y la mayoría coinciden en que, cuando salen a la cancha a jugar un partido, sólo piensan en la victoria. Lo que quieren es jugar bien y ganar; es decir, primero se anhela el éxito, y luego el dinero.

Los jóvenes que quieren ser futbolistas deben tener una preparación integral en la que es importante que esté involucrado el aspecto académico. Eso ayuda a resistir todo lo que viene después, por si no consigue triunfar en las canchas. En algunas ocasiones, hasta la familia se beneficia de tener un futbolista en casa. Grupo Pachuca, por ejemplo, les conseguía trabajo a los padres de ciertos futbolistas con la finalidad de ayudarlos y que puedan seguir de cerca el proceso de maduración de sus hijos, y no sólo en el aspecto futbolístico, también en el plano personal.

Lo malo es que, a veces, a algunos jóvenes los adulan demasiado, se sienten que son Maradona y fracasan al poco tiempo. O quizá ganaron un Mundial Sub-17 y luego se quedan estancados. Es entonces cuando se pierden carreras que, en su momento, pintaban para ser importantes. Y esta es la diferencia de lo que sucede en otros países.

Conozco bien el caso de lo que pasa con el futbolista argentino que, independientemente de su calidad, en la cabeza sólo tiene una idea fija: salir a luchar, a dejarse la piel en la cancha y tratar de ganar el partido. En México, es una pena que varios jóvenes que pudieron llegar a ser excelentes jugadores terminaron perdiéndose en el camino por su falta de entrega y ambición.

De los jugadores mexicanos con grandes cualidades que debieron llegar más lejos, están casos como el del centrocampista Benjamín Galindo, que atesoraba una técnica magnífica y fue figura en México, pero que, en mi opinión, debió haber jugado en Europa. Lo mismo ocurrió con Tomás Boy, otro excelente futbolista al que le faltó redondear su carrera en el futbol europeo, porque calidad le sobraba.

La Liga MX avanza

En la actualidad, la Liga MX goza de prestigio en Sudamérica, y quizá todavía no tanto en Europa, donde el futbol mexicano es poco conocido. Hay países como Argentina y Brasil donde el aficionado aún no sigue con detalle lo que ocurre en la Liga MX, pero en otros como Colombia, Ecuador, Perú o Paraguay, sus aficionados sí están al tanto del desarrollo y nivel de nuestro campeonato. Y el deseo de muchos jugadores de esos países es venir a jugar a la Liga MX, porque jugar aquí es un paso que los acerca al sueño de jugar en Europa. También a los brasileños y argentinos les gusta venir a jugar a México, porque representa lo mismo que para los demás.

Para mí, nuestra liga es la segunda más importante de América después del Brasileirão, que es el campeonato nacional de Brasil. En tercer lugar, pondría a la Superliga Argentina que, ciertamente, bajó su categoría desde que aumentó la participación de muchos equipos, y esto fomentó una existencia de distintos niveles de juego. Nuestra liga ha crecido mucho y tiene una gran proyección de cara al futuro.

Recuerdo la llegada a México del ecuatoriano Alex Aguinaga, que se convirtió en un ídolo para la afición de Necaxa. Ahí tuvo un fabuloso desempeño. Aguinaga es uno de los jugadores que hubiera destacado en Europa; es decir, haber dado el salto al futbol europeo desde México, que de pronto es la esperanza que tienen algunos futbolistas sudamericanos cuando vienen aquí. O Chucho Benítez, que también llegó de Ecuador para triunfar con Santos y América, y que por desgracia, falleció en Catar a los 27 años en unas circunstancias un tanto extrañas.

Otro jugador que llegó a México y triunfó a lo grande fue Carlos Reinoso, que bien pudo jugar en Europa. El futbol chileno ha aportado muy buenos jugadores al futbol mexicano. Además de Reinoso, están los ejemplos de Alberto Quintano, Fabián Estay y Oswaldo Castro, mejor conocido como "Pata Bendita". Todos ellos se adaptaron muy bien al futbol de este país. En la actualidad esta es una circunstancia que se está renovando.

La Liga MX dio un paso muy significativo en 1998, cuando comenzó a jugar en la Copa Libertadores. En esa edición jugaron América y Chivas. Ahí se dio cuenta la afición sudamericana que los equipos mexicanos podían competir con cualquiera. Más adelante, Cruz Azul, Chivas o Tigres llegaron a la final, pero desafortunadamente ninguno consiguió ganar este torneo por diversas circunstancias. Tigres no supo ganarle a River en 2015 y, con el equipo que tenía, debió haberlo vencido, sobre todo en el partido de ida, en casa; el de vuelta, disputado en Argentina, era mucho más complicado. A Cruz Azul hay que reconocerle que hizo un estupendo papel contra Boca, que tenía un equipazo, y perdió en penales. Y Chivas se metió hasta la Final contra Porto Alegre. La participación de los equipos mexicanos en la Copa Libertadores fue fundamental para revaluar a la Liga MX, y que en Sudamérica fuera observada con atención y se le respetara. Aquél fue el punto de partida.

El trabajo de la Liga MX ha mejorado con el paso del tiempo, prácticamente desde que se hizo el cambio de formato de nuestro torneo, por allá de 1996, cuando se comenzaron a jugar dos torneos por año, los que actualmente conocemos como torneos de Apertura y Clausura, que vinieron a sustituir al torneo anual que comenzaba en septiembre y terminaba en junio.

El cambio de formato vino a favorecer al futbol mexicano, porque en la mayoría de los torneos largos, faltando cuatro fechas, generalmente, ya se tenía definido al campeón; y cuando eso ocurría, los últimos partidos de la temporada carecían de interés. La diferencia con lo que acontece en Europa, es que, a pesar de tener definido al campeón de la liga, muchas veces, en esos partidos de la recta final de la temporada, se define quién jugará la Champions o la Europa League, que son torneos con mucha tradición.

Aquí no se juega nada que sea de relevancia después de terminar el torneo de Clausura. Sólo se disputa la Copa de Campeones que inventó la CONCACAF, pero que no representa ningún atractivo especial, ya que el nivel de juego no es lo que esperaría el aficionado para engancharse y seguirlo con avidez. Habría que apuntar que su organización es más eficiente que la de la Copa Libertadores, pero, futbolísticamente, está lejos de ésta, pues solamente Costa Rica y Estados Unidos le dan pelea a México, que siempre está obligado a ganar.

Estoy convencido de que los torneos cortos, de Apertura y Clausura, han sido beneficiosos para el futbol mexicano, ya que despiertan un mayor interés entre el público porque el nivel de competencia es más equilibrado y faltando dos o tres jornadas, existe la posibilidad de que otros cinco equipos puedan calificar a la liguilla, lo que sin duda renueva la emoción del aficionado.

El único "pero" que le pongo a los torneos cortos es que quizá algunos equipos, o determinados futbolistas, se vuelven un tanto conformistas, pues saben que, inclusive con resultados regulares, pueden calificar a la liguilla y hasta llegar a ser campeones. Además, para el negocio de la televisión y los patrocinadores, tener dos liguillas favorece a la industria del futbol.

Antes solamente calificaban los dos primeros equipos de cada grupo, y eso era injusto. Luego entraban cuatro de cada grupo, y esos tenían que pelear por el campeonato. En la actualidad, hasta el octavo lugar tiene la oportunidad de ganar el torneo, y eso aporta interés y emoción a los partidos.

En el torneo de Clausura 2019, Tigres le arrebató el campeonato al León, que había hecho un torneo impecable. Y así como éste hay varios ejemplos similares con finales increíbles. Por ello, tener estos dos torneos a lo largo del año me parece una buena iniciativa, y creo que este formato llegó para quedarse, y cabe mencionar que el mejor nivel en la historia del futbol mexicano es el que se juega en la liga de nuestros días.

¿Y la Selección Mexicana?

Si hacemos un poco de memoria de los mundiales, en el de Chile 1962 teníamos una extraordinaria Selección, conformada por grandes futbolistas como “Chava” Reyes, Héctor Hernández, Alfredo del Águila, Antonio Carbajal, “El Tigre” Sepúlveda, José Villegas, Jesús del Muro… y fue la primera vez que estuvimos cerca de lograr una calificación, porque estábamos empatando con España, que en esa época tenía estupendos jugadores.

En aquel grupo México estaba con Brasil, Checoslovaquia y España, que nos ganó en el último minuto, con un gol de Joaquín Peiró. En ese Mundial vencimos a Checoslovaquia 3-1; con Brasil perdimos el primer partido 2-0. Ojo, pero estamos hablando del Brasil de Pelé, Garrincha, Didí, Vavá, Amarildo… y México era capaz de competir a un buen nivel, sin complejos. Y aunque ese equipo mexicano no consiguió avanzar, creo que debería de gozar de un mayor reconocimiento.

La década de los sesenta fue muy buena para la Selección Mexicana. Al mundial de 1966 llegamos con Nacho Trelles y perdimos 2-0 contra Inglaterra, que en esa Copa del Mundo se coronó. Con Uruguay empatamos a cero, y le ganamos a Francia 1-0. México hacía puntos y no calificaba por diferencia de goles, o por alguna otra circunstancia, pero ya comenzaban a verse cosas muy similares a las de la actualidad. Nada más que aquí en México no tenemos memoria, ni para el futbol ni para la política.

Aquella selección de 1966 también era muy competitiva; ya aparecía Borja, Ernesto Cisneros, Aarón Padilla, Nacho Calderón, Chava Reyes… jugadores de primera, todos ellos compañeros míos en algunas concentraciones de la selección cuando tuve la oportunidad de ser convocado. Pero volvemos a lo mismo: hasta ahí nos quedamos. Sigo pensando que las selecciones de 1962 y 1966 fueron mejores que la de 1970, aunque todavía teníamos un equipo capaz de jugar a buen nivel.

En ese mundial logramos calificar porque nos la pusieron de pechito. México pasó a la siguiente ronda con la Unión Soviética que era un rival complicado. De hecho, los rusos habían quedado en primer lugar del grupo porque en la fase inicial habían hecho un gol más que México, y eso nos obligó a jugar los Cuartos de Final en Toluca. A Bélgica, que no era ni remotamente lo que es hoy día, la vencimos 1-0, y también a El Salvador, con una goleada de 4-0. Pero luego, cuando vino lo de a deveras, en los Cuartos de Final contra Italia, llegó el derrumbe con aquella derrota 4-1 en la cancha de Toluca. Nunca he comprendido por qué no arreglaron las cosas para que la Selección Mexicana no saliera del Estadio Azteca, como lo hizo Inglaterra cuatro años antes, ya lo dije, en que todos sus partidos los jugó en el Estadio de Wembley.

Y así podría seguir hablando de la participación de México en los mundiales: en Alemania 74 no calificamos y en Argentina 78 nos fue pésimo. En esos años vivimos la peor época de la Selección Mexicana. Si se pudiera, habría que borrar esa etapa de la historia. La inercia negativa se prolongó hasta 1982, pues no calificamos al Mundial de España. En 1986 organizamos el mundial aquí en casa, y el papel que hizo la Selección queda un tanto en entredicho, pues, aunque mucha gente piensa que la participación de México fue buena porque llegamos al dichoso "quinto partido", lo cierto es que ese Mundial se jugó con menos equipos, y además estábamos alentados por la afición local, que siempre representa un valor añadido para el equipo que goza de la incomparable oportunidad de jugar en casa.

¿Renacimiento o espejismo?

Retomando el tema de las Selecciones, el futbol de nuestro país renació en la década de los años noventa, cuando llegó César Luis Menotti y más tarde tomó el control del equipo Miguel Mejía Barón. El futbol mexicano no sólo comenzó a tener mejores resultados, sino a llamar la atención en otros países, tanto por la manera de jugar como por los futbolistas que surgieron.

Competir en la Copa América, por ejemplo, fue un gran acierto. Es el torneo de selecciones nacionales más antiguo del mundo, fundado en 1916. México tuvo una gran actuación en su primera participación, en 1993, disputada en Ecuador, donde perdió la final contra Argentina con aquel segundo gol que nos anotó el espigado Batistuta, en el partido jugado en Guayaquil.

En esa época el futbol mexicano experimentó una especie de "renacimiento", aunque al final, parece que siempre acaba siendo un espejismo… con Miguel Mejía Barón en 1994; Manuel Lapuente en 1998; Javier Aguirre en 2002; Ricardo La Volpe en 2006; otra vez con "El Vasco" Aguirre en 2010; Miguel Herrera en 2014, con "el señor rotaciones", el técnico colombiano Juan Carlos Osorio, en

2018, y con Martino en 2022; es decir, los resultados no han sido superados.

A la luz de estos acontecimientos, la conclusión es irrefutable: si siempre quedamos en el mismo lugar, quiere decir que ése es nuestro nivel de juego. ¿Habría que aceptarlo y resignarse? Y todavía por ahí alguien muy "sabio" dijo: "Nuestro objetivo es el quinto partido". Esta declaración a mí me remite a una forma mediocre de pensar, porque si la meta es únicamente llegar al quinto partido, a los futbolistas les están transmitiendo que no pasa nada si son conformistas. Me resisto a creer que esa es la mentalidad del jugador mexicano.

Existe una ambiciosa declaración de Ricardo Peláez que se contrapone a ello. La pronunció cuando la Selección Mexicana llegó a Francia al Mundial de 1998. "¿A qué viene México a esta Copa del Mundo?", le preguntaron. Ricardo respondió con una frase que refleja una mentalidad diferente a la citada, pues dijo: "Venimos a ganar el Mundial". Aquella respuesta fue sorpresiva y quizá a muchos les sonó un tanto pretenciosa o hasta arrogante, pero creo que la apreciación de Ricardo era correcta, porque antes de rematar la entrevista, apuntilló con astucia: "No sé si ganemos el Mundial… pero a eso venimos".

El futbol femenil

Otro aspecto que veo ahora es que se incrementó la audiencia en televisión de la liga femenil, que creció de manera exponencial. La labor entonces es conservarla y, por qué no, procurar aumentarla. Afortunadamente, la Liga MX también ha venido mejorando conforme han transcurrido los años desde aquel marzo de 2020, cuando el Covid-19 paralizó al mundo.

El hecho de que en los últimos años el futbol profesional haya dejado de ser un deporte practicado históricamente por hombres, me parece un paso adelante muy importante hacia el futuro. Antes no era frecuente ver a las mujeres jugar futbol. De chamacos a veces jugaban con nosotros alguna "cascarita" en la calle, pero no era tan bien visto por un sector de la sociedad, que opinaba que este juego no había sido hecho para ellas.

Recuerdo con agrado aquel Mundial Femenil que tuvo lugar aquí en México en 1971, que fue promovido por Jaime de Haro, en aquel entonces el hombre fuerte del Estadio Azteca. Este Mundial fue el segundo que se disputó en la historia, luego del que se había jugado en Italia el año anterior, pero, en ambos casos, sin el aval de la FIFA. El de México se disputó en el Estadio Azteca y el Estadio Jalisco, y participaron seis equipos: Italia, Francia, Inglaterra, Dinamarca, Argentina y México.

En el equipo nacional estaban Alicia "La Pelé" Vargas, "La Peque" Rubio, Yolanda Ramírez —que era portera—, Lupita Tovar —la capitana del equipo—, Bertha Orduña... Llenaron los dos estadios e hicieron un gran esfuerzo en aquel torneo cuya victoria se les escapó ante Dinamarca. Si uno revisa los videos de esos partidos y los compara con los de la actualidad, la diferencia en la forma y calidad de juego es abismal. El futbol femenino ha crecido una enormidad. Y considero que la llegada en forma del futbol femenil a México se dio de manera tardía. Me niego a creer que hubo directivos que se oponían a que existiera. Desconozco los motivos; quizá fue machismo, o que no querían invertir dinero en ello, pero me da mucho gusto que, al final, esta iniciativa haya prosperado y que en el México de estos días exista la Liga Femenil MX.

Seguramente, en pocos años este torneo va a ser un buen negocio para el futbol de nuestro país, debido a las marcas de productos femeninos que van a entrar como patrocinadores. Hoy en día el nivel de juego de las chicas es sensacional y los partidos de liguilla nos dejan entrever cómo han mejorado. Sin embargo, en el Mundial Femenil que se jugó el año pasado en Francia, fue evidente que la capacidad de equipos como Brasil o Estados Unidos aún está lejos del de otras selecciones. Eso se debe a que son países que comenzaron a jugar en ligas antes que otros.

En Estados Unidos el futbol femenil se practica muchísimo en los colegios. Las niñas, desde pequeñas, están familiarizadas con este deporte, de ahí que su Selección Nacional sea un ejemplo.

El futbol femenil seguirá creciendo, no me cabe duda. Los partidos de liguilla ya son un éxito; acude mucho público y genera interés. El hecho de que se televisen también ha influido en su desarrollo, además de que las transmisiones de estos partidos tienen muy buenas audiencias, y algunas jugadoras comienzan a ser conocidas por los aficionados. Y cuando México tenga una Selección más competitiva, seguramente va a dispararse el interés por lo que hagan estas chicas. Entonces llegará el momento en que darán un paso muy grande.

Hay instituciones como Tigres, Monterrey, América o Pachuca, que han impulsado el futbol femenil en México con una gran seriedad, y las instalaciones donde ellas entrenan están hechas exclusivamente para su trabajo. Detalles como este contribuyen a su buena formación y que tengan un desarrollo adecuado.

Por otra parte, sus sueldos irán mejorando en función del dinero que llegue al futbol femenil, pues tengo entendido que ahora mismo todavía están cobrando salarios bajos, y quizá, por los resultados que se han visto, vale la pena que a las jugadoras les den un aumento de sueldo. De momento no podrían ganar lo mismo que lo que se paga en el futbol masculino, porque los ingresos que arroja el negocio no son elevados, ni mucho menos. Dos aspectos que ayudarían sería el aumento del pago de los derechos de la televisión y que la asistencia a los estadios sea más nutrida. Al cabo del tiempo ganarán mejores salarios que les permitirán vivir holgadamente de jugar al futbol.

Cada día me sorprende más la capacidad de las chicas para jugar este deporte. El avance, por ejemplo, de las porteras, es toda una realidad. Sus actuaciones son muy buenas, y sólo ves su condición de futbolistas, sin importar el género, eso es algo relevante que las coloca en un plano de igualdad.

En algunas porteras he visto una magnífica elasticidad y buena técnica, además de excelentes reflejos, y eso es natural cuando se entrena y se tiene una buena dirección que les permite ir descubriendo estas fortalezas como deportistas. Y es indudable que actualmente hay jugadoras de mucha calidad, tan es así que son varias las que han sido contratadas para jugar en el extranjero, como Maribel Domínguez o Charlyn Correa, y ese debe de ser su objetivo porque esto va a influir para que se conviertan en estrellas del futbol con un mayor reconocimiento público.

La labor que realizó Leonardo Cuéllar ha sido fundamental para el futbol femenil de México. Hay que considerar que durante muchos años desempeñó una tarea sumamente difícil, que era encontrar jugadoras donde no las había. ¿Cómo vas a armar una selección si no hay jugadoras? De entrada, tuvo que recurrir a naturalizar algunas chicas nacidas en Estados Unidos, y más tarde comenzó a buscar jugadoras que han legitimado su trabajo, que ha sido ejemplar.

Por otra parte, debe tener su ciencia lidiar con un grupo de jugadoras, por la sencilla razón de que, como personas, ellas tienen una mentalidad distinta a la de los hombres. En ambos casos, el técnico que entrena hombres o mujeres está obligado a ser una persona muy equilibrada, inteligente, con buen trato… y mucho más si está trabajando con un grupo de chicas, con las que, por razones obvias, hay que tener más cuidado y ser aún más respetuoso.

Me agrada ver a una mujer entrenando a un grupo de chicas, como fue el caso de Eva Espejo, primero en Pachuca y después en el Monterrey, donde hizo un buen papel. Pero también es verdad que resulta más complicado encontrar entrenadoras de futbol femenil que mujeres futbolistas. Estoy seguro de que varias futbolistas que están en activo ahora, con la experiencia que van a adquirir a lo largo de su carrera deportiva, más tarde se van a interesar por convertirse en entrenadoras y eso será algo muy positivo.

Y lo que parecía muy complicado que sucediera ya ocurrió: Grupo Pachuca se dio a la tarea de organizar un evento histórico denominado "The Match", donde jugaron hombres y mujeres del equipo Pachuca contra el León, en un partido por la inclusión esta gran idea de integrar un equipo mixto tuvo una excelente aceptación en una sociedad que debe preocuparse cada día más por la equidad de género.

Y, por si algo le faltaba todavía a Grupo Pachuca en su palmarés deportivo, era obtener otro ascenso a Primera División, en este caso en el futbol español, ya que el año pasado el Real Oviedo volvió al circuito mayor de una de las mejores ligas del mundo. Y lo hizo después de haber permanecido 24 años en Segunda División. Este triunfo fue la locura allá en Asturias; por ello hay que destacar el trabajo que han realizado con este equipo, que es uno de los equipos tradicionales. Aunque los equipos de Grupo Pachuca están hechos para competir a un gran nivel, como ha ocurrido en México, estoy seguro que el Real Oviedo hará un buen papel en la liga española y seguramente entre sus aspiraciones está entrar a los torneos europeos de relevancia, como son la Champions League, la Europa League o la Conference League.

Este hecho tan significativo me hace recordar que cuando Jesús Martínez adquirió al Pachuca en 1995, el equipo estaba en Segunda División —cuando ésta todavía existía en nuestro futbol—, y tres años más tarde consiguió su ascenso. Posteriormente, en 2011 adquirió al León y también logró su ascenso en un plazo de un año. Lo mismo ocurrió con el Everton de Chile.

El Mundial de Clubes

El Mundial de Clubes que se jugó en 2025 fue un excelente experimento y, a mi parecer, llegó para quedarse. Sin embargo, tiene muchos detractores, sobre todo entre los técnicos de futbol, que consideran injusto que algunos equipos europeos, recién terminada su liga, tuvieran que disputar el torneo sin dar vacaciones ni descanso a sus jugadores. Esta situación puede provocar una sobrecarga muscular para el futuro y es un tema que les preocupa a los entrenadores. Así que va a ser uno de los principales problemas a resolver para dar continuidad al torneo, y no será fácil por las fechas en las que se tiene previsto jugar.

Otro de los puntos interesantes a valorar al respecto del Mundial de Clubes es la necesidad de que lo jueguen los mejores equipos. Por ejemplo, el campeón de la liga española, que era el Barcelona, no acudió; el campeón de la liga de Inglaterra, que era el Liverpool, tampoco lo jugó, ni el Napoli, que era el campeón de la liga italiana. No lo hicieron porque los equipos se califican con cuatro años de anticipación, y no es fácil saber en qué nivel estarán cuatro años más tarde. Por eso creo que incluso podría modificarse algo en sus bases, pero, en general, el Mundial de Clubes dejó un gratísimo sabor de boca entre los aficionados que tuvieron oportunidad de ver la confrontación de equipos de todo el mundo y las diferencias que existen en el futbol. También, se confirmó lo que ya sabíamos: los grandes equipos de Europa son los que mandan.

México gana la Copa Oro 2025

La Selección de México jugó a mediados de 2025 su último torneo oficial antes de la Copa del Mundo, y lo ganó. Sin embargo, los rivales que enfrentó, y lo digo con todo respeto, eran de poca monta, incluyendo al equipo estadounidense que no jugó con su cuadro titular. A pesar de esta situación, el equipo de Javier Aguirre ganó y eso lo convierte en un hecho sobresaliente.

En este torneo la Selección mostró una interesante mejoría en el último partido contra Estados Unidos, pero a estas alturas del año todavía dejó entrever que estaba lejos del nivel que debe mostrar en el Mundial.

9. Una profesión de tiempo completo

La disciplina es un aspecto muy importante en el futbol. Hay jugadores que no conocen el significado de esta palabra, ni dentro ni fuera de la cancha; y lo mismo algunos técnicos. Incluso existen aficionados indisciplinados y violentos. Porque la violencia se suscita en la cancha y, muchas veces, también se manifiesta en la tribuna. Eso es una realidad.

Antes los castigos eran mucho más severos. Si había una agresión al árbitro por parte de algún aficionado de determinado equipo, la sanción era vetar el estadio. Se sancionaba sin ningún miramiento. En cambio, en los años más recientes, los directivos se inventaron un modelo denominado "primer aviso de veto". Por si esto no fuera suficiente, también crearon la figura del "segundo aviso de veto", para tratar de evitar, en la medida de sus intereses, la llegada de una sanción de dicha naturaleza.

Esto sucede porque los dueños de los equipos, en su afán de tener un negocio sin contratiempos, recurren a estas farsas reglamentarias que no me parecen las más adecuadas para erradicar el problema. Esta forma de proceder va de la mano de la Liga MX y de la Federación Mexicana de Futbol, que acaba perjudicando al deporte y al espectáculo. Un ejemplo sencillo es que hay algunos estadios a los que al aficionado le da miedo asistir con su familia porque en las tribunas encuentran personas violentas que nunca son sancionadas.

Cuando alguien arma un escándalo o una pelea en la cancha o en la tribuna, o secuestra un camión saliendo del estadio, lo detienen y lo remiten ante la autoridad correspondiente, donde paga una multa administrativa irrisoria y se va a su casa. Lo peor es que quienes tienen conductas de este tipo suelen ser reincidentes, pues al final ya saben que no pasa nada.

El único equipo que ha puesto una muestra ejemplar fue la directiva del equipo Monterrey en 2019. Después de una riña en la calle entre seguidores de su equipo y los de Tigres, la policía arrestó a varios de los rijosos. A dos les fincaron responsabilidad penal y fueron condenados a cuatro años de prisión. Estos sujetos todavía están tras las rejas después de haber recibido un castigo ejemplar. Las autoridades mexicanas deberían de colaborar de una forma más estrecha con los clubes para que cada vez existan menos sucesos de este tipo.

Por fortuna, en México todavía hay muchos estadios en los que ves a un aficionado del América conviviendo con otro de Chivas. Para conservar esta armonía tendría que haber sanciones más severas para los infractores, y mantener el orden y la disciplina, tanto en la Femexfut como en la Liga, en coordinación con la autoridad.

La disciplina también debería de ser una obligación primordial para los técnicos, porque muchas veces dicen groserías ante un micrófono sin detenerse a pensar que hay muchos niños viendo la televisión y este tipo de conductas no son apropiadas en personajes que para ellos son un referente. Esto también es perjudicial, pues para ellos eres el entrenador de su equipo, y se supone que debes adoptar un tono de respeto en todo momento.

Ejemplos negativos de esto los ha protagonizado con mucha frecuencia, Ricardo "Tuca" Ferretti, que no tiene empacho en insultar o decir improperios con una mano en la cintura. O Miguel Herrera cuando ha sugerido a los periodistas "que le pregunten al puto del árbitro". Por una declaración así sólo le dieron tres partidos de suspensión, sin importar que en esos días comenzó una campaña para erradicar el grito de "¡Eeeeh, puto!" de los estadios.

Y la Femexfut debería de decirle a la gente que, si grita "¡puto!" en el estadio, podría aplicarse una sanción de suspender el partido o hasta perderlo. Por ello se requiere que haya sanciones ejemplares. Y si alguien es reincidente, esos castigos tendrían que recrudecerse con mayor razón. Ahora, con las cámaras de seguridad de los estadios, no es tan complicado localizar a los que gritan lo de "¡puto!, y se les deberían aplicar castigos que contribuyan a erradicar conductas de ese tipo dentro de los estadios.

La parte negativa de esto es que esos payasos que gritan no piensan en las consecuencias, no sólo para su equipo, sino también para las personas que viven del futbol. Cuando un partido se juega a puerta cerrada se afecta mucho la economía de muchas familias que trabajan en esta industria.

Este problema fue detectado por la FIFA en un partido de la Selección Mexicana, en una eliminatoria rumbo al Mundial de Rusia 2018, en el Estadio Azteca en enero de 2016. La multa a la Femexfut fue de 20 mil francos suizos, equivalentes, en su momento, a 395 mil pesos.

En Argentina, por ejemplo, también hay situaciones de indisciplina de los aficionados que rayan en lo vulgar o lo peligroso, como cuando se enfrentan Boca y River. Si tú eres seguidor de River es imposible acudir al estadio de Boca porque sabes que te juegas la vida, y no exagero.

La FIFA no ha detectado muchos de los desmanes que ocurren en los estadios argentinos porque suceden en partidos de liga, y no en encuentros internacionales. De esto que comento hay historias muy reveladoras, como la de Ricardo La Volpe: cuando dirigió a Boca Juniors en 2006 y no pudo ser campeón al perder los dos últimos encuentros de aquel torneo. Cuando regresó a jugar en contra de Boca, siendo entrenador de Vélez Sarsfield, todo el público del estadio le gritó "¡Hijo de puta, hijo de puta, hijo de puta!"

Aquello fue una agresión intolerable. Por desgracia, esto sigue sucediendo con frecuencia en el futbol argentino. En México, la FIFA se percató de inmediato de la aclamación homofóbica porque fue un hecho muy comentado en los medios de comunicación de distintos países.

Y me consta que Decio de María y Guillermo Cantú intentaron demostrar a la FIFA que aquel grito no era precisamente en contra de los homosexuales, sino una tontería que creó un grupo de payasos, que a otro grupo más grande de aficionados desmadrosos les pareció chistoso y comenzaron a repetirlo en muchos estadios. Pero aquel argumento no valió para la FIFA, no lo iban a comprender porque es una cuestión de idiosincrasia que forma parte del habla coloquial de muchos mexicanos. Ahora bien, eso no deja de ser una conducta indebida y sancionable, así que los aficionados y espectadores que van a un partido deberían acatarlo por una cuestión de respeto y disciplina, y desafortunadamente en la actualidad la gente ha retomado el grito de "puto" mientras la Federación y la Liga voltean para otro lado.

El "antidoping"

Desde mi época como futbolista escuché la palabra "doping", aunque oficialmente era un asunto inexistente en el futbol mexicano, ya que no se aplicaban exámenes para detectarlo. Sin embargo, se sabía que algunos jugadores recurrían a ciertas sustancias para mejorar su rendimiento físico.

En los años sesenta, en Argentina, hubo un caso muy sonado de un futbolista que murió al terminar un partido. Estaba bañándose en las regaderas del vestidor y cayó fulminado por un infarto. Cuando le hicieron la autopsia, los médicos descubrieron que se había "dopado".

Lo de utilizar este tipo de sustancias era una costumbre sudamericana. En años posteriores a los que jugué profesionalmente, se escuchaban rumores de que ciertos técnicos les daban a sus jugadores determinados estimulantes.

Juan Manuel Herrero, que fue futbolista del América y más tarde presidente de Chivas, declaró que un técnico argentino llamado Luis Grill le había propuesto ingerir estimulantes para mejorar su capacidad física. Así que no es un secreto para nadie que el "doping" ha existido siempre. El problema es que antes era un asunto que no se revisaba. Hoy día el futbolista tiene una lista de medicamentos o estimulantes prohibidos, y debe estar muy alerta para no consumirlos, de manera deliberada o, inclusive, sin conocimiento.

Hay muchas ligas donde no está reglamentada la prueba del "antidoping". En México se hace solamente en dos partidos por jornada, a dos jugadores de cada equipo, y al azar. Esto significa que te puede tocar dos veces seguidas o nunca. Creo que este método no es el más apropiado. Las sanciones dependen de las sustancias que se hayan ingerido. Si se comprueba que es una sustancia ingerida por desconocimiento o descuido, ya sea a través de un medicamento o un alimento "contaminado", el jugador puede apelar la sanción.

Se han dado casos extraños como el que ocurrió con varios jugadores de la Selección Mexicana que dieron positivo por clembuterol, una sustancia que se encontraba en la carne de res que consumieron en una concentración. Estoy seguro de que, si a una muestra de la población de México se le practicara un examen de sangre para encontrar clembuterol, quizá un porcentaje alto daría positivo ya que mucha carne contiene clembuterol, un anabólico que se suministra al ganado de abasto para que aumente su masa muscular.

En esa prueba de antidopaje dieron positivo Guillermo Ochoa, Christian Bermúdez "El Hobbit", Edgar Dueñas, "El Maza" Rodríguez, Antonio Naelson "Sinha"… y la prensa mexicana los crucificó, no obstante que se trataba de una ingesta involuntaria que tuvo lugar en el Centro de Alto Rendimiento, días antes de un partido de la Copa Oro 2011.

El Tribunal de Arbitraje Deportivo (TAS, por sus siglas), los perdonó porque no hubo dolo por parte de los jugadores. Sin embargo, este escándalo le costó a Ochoa no concretar la firma de un contrato para un equipo de Europa que se había interesado en sus servicios. La prensa mexicana suele magnificar los casos de "dopaje" y el escándalo que se levanta cuando un deportista da positivo en un examen "antidoping", provoca mucha polvareda.

Inexplicablemente, un tiempo se dejaron de hacer las pruebas de "antidoping", y ahora que han vuelto se realizan de una manera precaria, pues las muestras se envían al laboratorio de la Comisión Nacional de Antidopaje, adscrita a la CONADE. De ahí las envían a un laboratorio de Cuba, lo que requiere varias semanas de espera, además de que no hay certeza sobre la forma en que es realizada la prueba. Este trámite burocrático genera algunas dudas, a pesar de que la Liga MX ha hecho todo lo que ha estado en sus manos para que exista transparencia.

En su día hubo un laboratorio en México que pertenecía a la CONADE, que estaba certificado por varias instancias, pero al entrar en funciones la administración encabezada por el presidente Andrés Manuel López Obrador, con sus demagógicas políticas de austeridad, determinó que no se iba a destinar presupuesto para mantenerlo abierto.

Practicar las pruebas en dos partidos por jornada no es suficiente. Quizá lo bueno sería hacerlas en tres, para tener un muestreo más amplio, y enviarlas a un laboratorio de Los Ángeles para que los resultados se conozcan con más rapidez. Esto aportaría mayor credibilidad. Un proceso más ágil y transparente de "antidoping" favorecería la imagen de la Liga MX.

Y es que el "dopaje" de Víctor Guzmán se dio a conocer ocho meses después de realizada la prueba. Siempre han existido dudas sobre este asunto —aunque quizá ahora menos que antes, también hay que decirlo—. Lo ideal sería que, al comenzar el torneo, se explicara al aficionado el tema del "antidoping", pues eso ayudaría a establecer las bases, hacerlas públicas y evitar que nada quedara en entredicho.

Profesión: futbolista

El futbolista de la actualidad está obligado a ser un profesional de 24 horas, y de ello hay ejemplos notables, como el de Cristiano Ronaldo. Él tiene su nutriólogo, su preparador físico, su gabinete de comunicación, etcétera. Cada jugador debe cuidar su alimentación, su condición física, sus asuntos legales, su situación con el fisco, la inversión de sus ganancias… una serie de aspectos que no puede descuidar porque todo ello abona a la salud de su carrera deportiva.

El jugador latinoamericano es más propenso a ser indisciplinado que el jugador europeo. Aunque hablando en términos generales, me parece que los más responsables en su profesión son los argentinos. Desde pequeños tienen una mentalidad ganadora, y saben que para llegar lejos en esto es preciso entregarse al cien. Hoy, es más frecuente ver en el jugador mexicano a muchachos que son conscientes de la importancia de ser profesionales, y antes esa mentalidad no era común entre los que empezábamos.

Uno de los graves problemas que tuvo Chivas en su día, y era conocido públicamente, eran las escapadas nocturnas de varios de sus jugadores. A los futbolistas hay que hacerles ver la importancia de la disciplina, y enseñarles que el único camino para llegar a lo más alto está en sus manos.

Porque ya no son los tiempos de Maradona o de Ronaldo, dos futbolistas superdotados, con aureola de genios, que se podían dar el lujo de descuidarse y luego jugaban partidos increíbles. Para la vida tan disipada que llevó Maradona durante tantos años, resulta extraño que no se haya quedado en el camino. Otro ejemplo es el de Ronaldinho, que pudo haber sido todavía más grande de lo que fue si en su mente hubiese tenido claro el concepto de la disciplina.

Las anécdotas de Luis de la Fuente, el famoso "Pirata", entroncan con esa bohemia nocturna de los futbolistas de otros tiempos. Cuentan que una mañana en que jugaba un partido importante, lo fueron a sacar de un cabaret —creo que de "El Río Rosa"— y de ahí se lo llevaron al vapor, luego al estadio, y dos horas más tarde anotó tres goles y le dio la victoria a su equipo.

O aquella otra anécdota del brasileño Amaury Epaminondas, que cierto día llegó a las seis de la mañana a una concentración del Toluca, que entonces dirigía Nacho Trelles, y el partido era a las doce del mediodía contra el Veracruz. Don Nacho estaba furioso y no lo puso en la alineación inicial, y al cabo del paso de los minutos, Amaury le suplicaba a su entrenador: "Métame, ándele, métame, por favor".

Don Nacho no le hacía caso, hasta que después de tanto insistir, lo metió cuando faltaban 25 minutos para el final del partido. El marcador estaba empatado a cero y Amaury se entretuvo metiendo cuatro goles para que Toluca se coronara como Campeón de Liga. Por si fuera poco, con esas cuatro anotaciones, el brasileño ganó el campeonato de goleo de aquella temporada 67-68, superando a Manuel Lapuente, que jugaba para Necaxa. Amaury era uno de esos pocos privilegiados que se podían dar el lujo de distraerse continuamente de su profesión, porque era un superdotado para jugar al futbol. Y de este tipo de jugadores sólo aparecen dos o tres cada 50 años.

Y así como los ha habido juerguistas e indisciplinados, uno de los ejemplos de profesionalismo y disciplina más sobresalientes en el futbol mexicano es el caso de Alfredo Tena. Su nombre encarna al pundonor, el amor a una sola camiseta, la del América, donde estuvo 18 años con la misma filosofía de entrega absoluta y compromiso.

Y los técnicos...

Los técnicos indisciplinados forman parte de otra historia dentro del futbol mexicano, y los estoy juzgando como profesionales que deben de tener un comportamiento serio, que sirva de ejemplo para sus jugadores. Ese es otro de los problemas que aqueja a nuestro futbol, porque no se dan cuenta del daño que le hacen al deporte, inclusive a veces emitiendo una simple declaración a los medios.

De los técnicos con autocrítica que he conocido está el caso de Luis Fernando Tena, que además se expresa muy bien. Es un hombre educado, decente. O Manuel Lapuente, que falleció el 25 de octubre de 2025 y era un caballero de una pieza. De los extranjeros que han venido recientemente a México, el español Michel, que dirigió a Pumas, es un técnico que se conduce de manera seria y profesional. Pero, lamentablemente, este tipo de entrenadores no abunda.

Hay directivas de algunos equipos, como Pachuca o León, por citar dos casos que conozco, en las que sus técnicos y jugadores tienen prohibido hablar mal del arbitraje, porque así lo establecen las reglas del club. Así que nunca pueden hacer una mención negativa del arbitraje en las conferencias de prensa. Con ello se evita que el aficionado se deje influenciar por ese tipo de declaraciones que acaban perjudicando el trabajo y la imagen de los árbitros, y eso no es justo para ellos.

Al ver jugar a los niños más pequeños, he visto ciertas conductas negativas al respecto de lo que he mencionado, y cuando a uno le dan una patada, se tira en el césped y se revuelca como cualquiera de sus ídolos. Los niños copian todo lo que ven, y por ello no es recomendable que se les envíen estos mensajes negativos a través de los medios. Es preferible enseñarles cosas positivas. Por eso insisto en que todo aquel que forma parte del futbol debe guardar una conducta ética, responsable y disciplinada.

El futbolista, en muchas ocasiones, no se da cuenta de estas acciones, y su único afán es ganar un partido, aunque sea haciendo alguna trampa. Me sorprende cuando escucho a ciertos comentaristas decir: "Esa era una falta necesaria, porque si no le da el jalón a la camiseta, el jugador se hubiera escapado a meter el gol".

En el futbol no debe haber "faltas necesarias", como ahora les dicen algunos, sino fomentar el *fair play* (juego limpio), que comenzó a difundirse después del Mundial de México 86, precisamente para recomendar conductas éticas en la cancha, y también fuera de ella.

Las sanciones

Mirando hacia atrás, creo que las sanciones se fueron debilitando con el paso del tiempo. Antes era otra cosa, como ya lo mencioné. Recuerdo otra anécdota relacionada con este asunto. Le ocurrió a Walter Ormeño cuando era jugador del América. Tuvo una fuerte discusión con un árbitro, pero sin intenciones de agredirlo y, simplemente por haberlo tocado, le dieron ¡un año de castigo!

También recuerdo el caso de Miguel Marín, en su etapa como técnico de Cruz Azul, cuando tocó con la frente al árbitro Jesús Mercado y lo sancionaron un año. En cambio, en otra acción similar, que se suscitó con Pablo Aguilar y Enrique Triverio, que agredieron cada uno por su cuenta a los árbitros Miguel Ángel Flores y Fernando Hernández, en sendos partidos jugados en 2017, solamente les dieron diez y ocho partidos de sanción, respectivamente.

Al tenor de estos hechos, vienen a mi mente otras sanciones como la que derivó en aquel partido entre América y Toluca que se jugó a puerta cerrada en el Estadio Azteca, por allá de los años noventa. Recuerdo que mi voz se escuchaba hasta la banca, pues el estadio estaba vacío y el eco que se producía en las tribunas generaba esa situación tan chusca. Y mientras nosotros oíamos en la cabina de transmisión las instrucciones que los técnicos les daban a sus jugadores, ellos escuchaban nuestra narración para la televisión. Fue una experiencia muy extraña y hasta desagradable, que viene a confirmar que el futbol requiere de gente animando en las tribunas, independientemente de que un partido se transmita por la televisión.

De entonces a la fecha, las cosas han cambiado mucho y esto no ha resultado positivo. Los dueños de los equipos están obligados a imponer una disciplina a todo el personal de sus clubes, pues son los responsables de que la conducta del técnico y los jugadores no perjudique al equipo en ningún momento.

En alguna ocasión hubo una moción en la Cámara de Diputados para crear un Alto Comisionado del Deporte, como existe en los distintos deportes en Estados Unidos. Se trata de un tribunal cuyas decisiones no pueden ser cuestionadas. Una de sus funciones es imponer sanciones o resolver cualquier asunto que provoque controversia. El promotor de la iniciativa era el connotado político Gustavo Petricioli, pero al final no prosperó.

Ahí está la ley para hacerla valer. Pero parece que no sirve de nada porque no se aplica. Si se aplicara la ley del futbol como debe de ser, los castigos a los futbolistas serían otros, y eso ayudaría a mejorar la disciplina de nuestro deporte.

Cuando un jugador comete una agresión, su reacción inmediata es afirmar que no es culpable. Esa misma noche, el presidente del club habla a la Comisión Disciplinaria y ruega que no vayan a castigar a su jugador, porque dentro de dos partidos juegan contra un rival fuerte y lo necesitan. Lo primero que hacen es buscar que la sanción no surta efecto, que no se aplique. La Comisión Disciplinaria a veces se siente presionada y cede ante estas solicitudes. Y esa actitud ventajosa del directivo de turno, sólo justifica la acción negativa del futbolista. Entonces, el mensaje que se envía a los demás futbolistas es que no importa que se cometan faltas, pues al fin y al cabo no son sancionadas con el rigor merecido. Así es como hemos llegado a una etapa en que los castigos se han ido reduciendo de manera significativa.

Aunque hiciéramos una lista de las diez ligas más importantes del mundo, entre las cuales México tiene un lugar bien ganado, estaríamos lejos de lo que sucede en Alemania, Inglaterra o España, que nos aventajan en cuanto a manejo del deporte y cuida estos aspectos disciplinarios. Quizá la liga española es la que no se salva en cuanto a perdonar determinados castigos, pero las otras son ligas muy estrictas y sería una buena idea imitar sus procedimientos.

Las "barras", el cáncer del futbol

El asunto de las "barras" me parece que es anterior al surgimiento de los *hooligans* en Reino Unido. En Argentina es una vieja historia. Al principio no eran tan agresivos, al contrario. Recuerdo que los compañeros argentinos con los que convivía cuando jugaba futbol, me platicaban que valía la pena ir a ver los partidos de Boca por el espectáculo que había en la tribuna. Al cabo de los años lo pude constatar. Es impactante observar cómo participa la afición y cómo canta todo el estadio; se involucran de una manera sumamente entusiasta con sus característicos cánticos. El problema es cuando hay grupos violentos que se dedican a alebrestar los ánimos mediante insultos, agresiones, arrojando objetos o amenazando a los futbolistas.

Según yo, este movimiento nació primero ahí, en Argentina, donde han provocado graves problemas, inclusive ha habido muertos, y está capitaneado por líderes que han sido procesados y al poco tiempo regresan a seguir alentando la violencia y el odio.

En México hace tiempo que empezaron a proliferar las "barras". Al principio era algo divertido, pues el hecho de que participara la gente como grupo de animación bien organizado en el estadio, era algo agradable para el resto de la gente. Se trataba de un entretenimiento alternativo a lo que estaba sucediendo en la cancha. Lo malo vino cuando empezaron a meterse con el público.

Aquí no tengo registrado que haya habido amenazas contra alguien en particular, aunque sí de grupos que se han enfrentado a los integrantes de su equipo. Hay "barras" que son difíciles de controlar, como La "Rebel" de los Pumas; "Ritual del Kaoz" del América, y otras más, como la "Barra 51" del Atlas, así como cierto sector agresivo de aficionados de Tigres y otros de Monterrey.

La forma de proceder de estos grupos es que se ponen a las órdenes de los equipos para apoyarlos, pero a cambio de determinado número de boletos. La entrega de esos boletos, en partidos estelares, puede convertirse en un negocio de su líder, que es el que tiene el control de las entradas.

En una ocasión ocurrió que las "barras" de Pumas se juntaron en Ciudad Universitaria para irse caminando al Estadio Azteca, sin importar que su numeroso contingente fuera cortando las avenidas por las que pasaba y provocara un caos vial a lo largo de más de ocho kilómetros entre un punto y otro. En ciertas ocasiones han secuestrado un camión para dirigirse en él hacia el estadio. Es una práctica frecuente en muchos estadios, y no deja de ser una conducta inapropiada que causa diversas molestias a la gente.

Los *hooligans* comenzaron a crecer en los mundiales. Ya existían, desde luego, pero se hicieron más notorios en las Copas del Mundo, alentados por la gran difusión mediática que se les daba al replicar los destrozos que hacían. La gente empezó a temerles porque se comportaban como unos auténticos salvajes.

En Europa ya es muy difícil que sucedan situaciones como estas. Y aunque todavía hay algunos brotes de violencia, han logrado extirpar casi por completo casos como los que he mencionado. En Inglaterra procedieron con mano dura para tratar de erradicar a los *hooligans*, imponiendo estrictas sanciones, tanto por parte de los equipos como también de las autoridades. Para empezar, al que ha cometido una falta grave lo tienen fichado y no lo dejan entrar al estadio, o cada vez que hay un partido lo citan en la comisaría para constatar que no va a acudir a determinado partido.

Además, hay cámaras de seguridad que pueden detectar a los que están fichados y, en cuanto los descubren, les niegan el ingreso al estadio. En algunos estadios de Europa les solicitan colocar una huella en un aparato digital para reconocer a los infractores, y ahí mismo les impiden el paso.

En la actualidad sigue habiendo brotes de este tipo de fanáticos, pero, ciertamente, son pequeños y suelen ser sofocados con prontitud. Estas conductas seguirán presentándose en todos los estadios del mundo, porque está de por medio el apasionamiento. Pero las autoridades, en conjunto con los directivos del futbol, están más atentos a ello para evitar que se produzca desorden y evitar desgracias.

La horrible tragedia de Querétaro

En México, las conductas negativas están creciendo sin que a los equipos, la Femexmut o a la Liga, les importe demasiado, tampoco a las autoridades.

A mí me llamó mucho la atención lo que pasó en el Estadio Corregidora de Querétaro, en aquella fatídica noche del 5 de marzo de 2022, y me parece que estos hechos delictivos no fueron una pelea entre "barras". Ahí hubo mano negra, y eso me tiene más preocupado que si hubiese sido una lucha entre aficionados radicales. Hay quienes afirman que pudo haber sido una rivalidad entre cárteles de la droga, y otros opinan que hubo determinados intereses políticos. No lo sé con certeza, y quizá nunca sepamos la verdad.

Los pleitos entre las "barras" suelen ser diferentes a lo que se vio en Querétaro. Se trata de golpizas fuertes y muy desagradables, pero sin la saña que vimos ahí. Fue una cacería horrible, porque unos remataban a otros en la cancha, en los fosos o, inclusive, afuera del estadio. Y ese nivel de violencia no es frecuente que exista en las "barras".

Estos hechos vinieron a poner de manifiesto la poca seguridad que existe en los estadios mexicanos, y eso es una realidad. Los trágicos acontecimientos de Querétaro deberían de ser "un antes y un después", pero me temo que volverá a haber problemas de este tipo en el futbol porque en este México que tanto quiero, el futbol no es precisamente ejemplar en cuanto a su gestión y no se percibe un verdadero afán de colaboración por parte de las autoridades.

Mientras las imágenes se estaban televisando en vivo, la actuación de distintos comentaristas o medios de comunicación fue sumamente amarillista. Creo que no manejaron el caso con la prudencia que merecía ante la gran incertidumbre que se estaba viviendo conforme los minutos transcurrían. Al cabo de un par de horas, hubo periodistas que aseguraban que había más de veinte muertos. Esto era inconcebible y una falta de responsabilidad tremenda, porque, en ese momento ni siquiera las autoridades sabían lo que realmente estaba ocurriendo.

Finalmente, el gobierno de Querétaro pudo comprobar que no hubo ningún muerto. Pero la información difundida provocó, con un enorme impacto negativo como consecuencia, una percepción distorsionada de los hechos. Conforme pasaron las horas, otros periodistas comenzaron a informarse para ofrecer noticias veraces.

La opinión pública manifestó su rechazo a lo sucedido de manera vehemente, y ojalá que lo ocurrido sirva para que los clubes y las distintas instancias de gobierno tomen cartas en el asunto y que algo así no vuelva a suceder nunca. Ese es mi más ferviente deseo.

Los integrantes de los grupos de animación deberían estar registrados y contar con una credencial que los identifique como miembros de una u otra "barra". Y aunque sabemos que esto no será suficiente hasta que no haya vándalos purgando una condena por delinquir en un estadio, sería una medida cautelar.

En este sentido, sería muy importante copiar los protocolos y métodos de otros países donde se ha conseguido tener un mejor control de las barras, como en Inglaterra. Y si bien es cierto que aún ahí no han erradicado la violencia de los estadios, por lo menos hay más garantías para que no se desaten eventos en los que mueran personas o queden malheridas. El reto es que la violencia disminuya.

Por otro lado, lo sucedido en Querétaro me parece que creó una mayor conciencia de los clubes sobre las barras, y seguramente estarán considerando darles menos apoyo económico para los desplazamientos y boletos para acceder a los estadios. Esta relación los ha empoderado, los barristas se sienten parte fundamental del equipo y han adquirido un protagonismo que no es saludable. Esto se debe a que los dueños de los clubes los han hecho sentir así.

Están también los ejemplos negativos con equipos como Monterrey y Toluca, que tienen aficionados que pertenecen a estos grupos de animación y han amenazado a los jugadores. Estoy de acuerdo que un aficionado manifieste su inconformidad con determinada acción de la directiva de un club, pero entre eso y las amenazas directas a los futbolistas, hay un trecho muy grande y es inadmisible.

Tal vez si en las transmisiones de televisión no se les diera tanto "cuadro", y cuando ocurriera una bronca no apareciera en la pantalla, ayudaría a reducir el afán protagónico que los alimenta.

Hablando del crecimiento de su grado de influencia, tenemos el delicado caso de Monterrey. La presión de estos grupos fue tan insistente, que en verano de 2020 la directiva del club tuvo que ceder y terminó contratando al técnico Víctor Manuel Vucetich, cuando quizá, en ese momento, no convenía a los intereses del equipo. Si no se les pone un alto, estos grupos de animación terminan por autoproclamarse tomadores de decisiones que no les corresponden, y hasta pretenden presionar a la directiva de un equipo para que realice cambios al antojo de las barras. El aficionado que ama los colores de su equipo no hace este tipo de cosas.

Es importante la reducción de barras en los estadios ya que generará una mayor confianza entre los aficionados, y más todavía en aquellos que disfrutan ir al futbol en familia.

Los aficionados de cepa

En contraparte a la imagen negativa de las "barras", merece la pena también hablar de los buenos aficionados que conforman fantásticos grupos de animación en distintos estadios del mundo. A mí siempre me ha impresionado el apoyo de los seguidores del Liverpool porque "juegan" su propio partido a la par del que se disputa en la cancha. Se trata de partidarios excepcionales por la forma en que alientan a su equipo a lo largo de los noventa minutos de un partido, algo que es digno de admiración.

Lo mismo ocurre con el Borussia Dortmund, en Alemania, donde la participación de su equipo en la liga, y también en otros partidos, se traduce en un entusiasmo colectivo de grandes proporciones, sin ningún desmán de por medio.

En Sudamérica, otro equipo que tiene una afición imposible de creer es Boca Juniors, que apoya a su equipo de una manera incondicional. Y en México, dentro del estadio, sin caer en los excesos de afuera, la afición de Pumas es tremenda. Por una parte, están los egresados de cualquiera de las distintas facultades. Hay arquitectos, ingenieros, médicos o abogados… y, por otra, están los estudiantes de las preparatorias de la UNAM. Pumas es un equipo con una afición "multicultural", por eso es tan interesante.

Y al final lo que se pretende es que el futbol siga siendo una fiesta sana, que permita la convivencia en los estadios sin el temor de vivir una desgracia como la de Querétaro.

10. Los hombres de negro

Cuando debuté en la Primera División había árbitros con mucha presencia en la cancha, como Felipe Buergo, que tenía carácter y una recia personalidad, y también su hermano Fernando, y aunque ya iban de salida, todavía me tocó que me pitaran varios partidos.

Existe una anécdota muy simpática a la que dio pie Felipe. Cierto día, en un partido entre Veracruz y Guadalajara, luego de una entrada muy fuerte de "Jamaicón" Villegas sobre José Luis Aussín, misma que Buergo no marcó, el balón salió por la banda. Al ver que Aussín no se levantaba, el capitán del equipo jarocho, Jesús Mercado, llegó hasta donde estaba el árbitro y le preguntó con la prudencia empleada en aquella época:

—¿Oiga, señor árbitro, ¿ya vio qué entrada?

Buergo recorrió la tribuna con la mirada y, acto seguido, le contestó:

—Pues sí, tiene usted razón… ¡hoy vino un chingo de gente!

También me tocó que me arbitrara el padre de los hermanos Brizio, don Arturo Brizio Ponce de León, que era otro de los árbitros que tenía mucha personalidad, lo mismo que Diego di Leo, que era un árbitro italiano que a veces se pasaba de enjundia y, en ciertas ocasiones, quería tener más protagonismo que los propios jugadores. Era un reconocido instructor en la materia; llegó a México en 1963 para desempeñar esa labor y, desde entonces, se quedó entre nosotros.

Fue el único árbitro que me expulsó, y lo más increíble de todo es que me sacó la tarjeta roja cuando el partido ya había terminado. Un delantero del equipo rival bajó el balón con la mano y me metió el gol que dieron por bueno, pues el árbitro ni sus abanderados se dieron cuenta. Cuando acabó el partido y ya íbamos rumbo a los vestidores, me topé con Di Leo y le dije:

—Diego, no lo viste, pero fulanito bajó la pelota con la mano y no marcaste la falta.

Su reacción fue inmediata y me espetó:

—A mí no me digas mentiras, ¡y ahí te va la roja, para que veas que aquí el que manda soy yo!

En este momento no supe si reír o llorar y me quedé muy sorprendido.

En el siguiente partido que me tocó que Diego me arbitrara, al verme en la cancha ni siquiera me saludó y lo primero que me dijo fue:

—Acuérdate que el que manda aquí soy yo —aquello me pareció una actitud muy déspota de su parte.

Con el paso del tiempo me lo encontré en España y me contó que había escrito un libro sobre arbitraje y me pidió ayuda para promocionarlo en México. Le dije que sí; inclusive le ofrecí hacer una entrevista para hablar acerca de su libro. Ah, y aproveché para recordarle lo injusto que había sido conmigo, a lo que me contestó: "Mira, Raúl, chico, eso a mí ya se me olvidó", y no pude aguantar la risa. Por lo visto, Diego era una de esas personas que siempre tienen la razón y una respuesta para todo. Así se las gastaba.

Mea culpa

Siempre será muy difícil que un árbitro reconozca un error, o que admita una equivocación. Hay una anécdota que explica esto de forma elocuente. La protagonizó el papá de Nery Castillo, que jugó aquí en México e hizo un buen papel, por cierto. Antiguamente, se hacían careos en la Comisión Disciplinaria entre el jugador expulsado y el árbitro, ante le presencia de los comisionados. El árbitro de ese partido había sido Fermín Ramírez Zermeño, que era otro de los árbitros respetados de la época y trabajaba como gerente de un banco. En el momento del careo entre ambos, Castillo le dijo:

—Tú me mentaste la madre —a lo que Ramírez Zermeño contestó con toda la honradez del mundo:

—Sí, tienes razón, te dije que chingaras a tu madre.

Obviamente, lo suspendieron. Pero tuvo los pantalones de afirmar lo que había hecho.

Otro árbitro que también marcó una época en el futbol mexicano fue Bonifacio Núñez, que es un tipazo, un personaje muy folclórico. Varios jugadores me han comentado que "Boni" insultaba mucho a los extranjeros y aunque desapruebo esa forma de proceder, parece que a él le funcionaba.

Y otro era Abel Aguilar, un hombre muy serio, fue el primer árbitro mexicano que pitó un partido de Copa del Mundo en México 1970. Ocho años antes, en el Mundial de Chile 62, Fernando Buergo acudió a silbar, pero no como árbitro central, sino en calidad de abanderado, como se les decía todavía en esa época a los auxiliares. Y también recuerdo a Alfonso González Archundia, que era un buen árbitro, lo mismo que Antonio R. Márquez, que todavía hoy, a tantos años de distancia, los aficionados con más edad también los recuerdan por su atinado desempeño.

A lo largo del tiempo, conforme me fui adentrando en los medios, vi crecer la carrera de otros árbitros que iban surgiendo, como Edgardo Codesal, nacido en Uruguay y que desde hace muchos años se avecindó en nuestro país al haberse casado con una mujer mexicana; o Arturo Brizio, con el que tengo una excelente amistad. Algunos de estos árbitros hicieron un magnífico papel en distintas Copas del Mundo.

Cabe mencionar que los dos son destacados profesionistas. Codesal es médico y Brizio es abogado, y lo de ser árbitros lo hacían como un *hobby* que les daba a ganar un dinero extra, y así aprovecharon para dar continuidad a una tradición familiar.

En la actualidad la mayoría de los árbitros se dedican a esta actividad por el dinero que les reporta. Un árbitro competente, en la etapa final del torneo de liga, si tiene un correcto desempeño y le tocan varios partidos de liguilla, incluida la Final, puede llegar a ganar unos 300 mil pesos. Los que menos partidos trabajan ganan unos 120 mil pesos al mes, que es un sueldo bastante atractivo para un árbitro de Primera División. Esta situación ha provocado que muchos árbitros no lleguen al futbol por vocación o tradición familiar, como era antes, sino porque lo ven como un trabajo especializado que está bien remunerado.

Recuerdo otra anécdota, ésta de Marco Rodríguez, que llegó a ser muy buen árbitro, quizá un tanto exhibicionista, para mi gusto. Estaban calentando los dos equipos y los árbitros, y le llegó un balón de rebote. Lo primero que hizo fue inclinarse y lo recogió con las manos, con actitud ceremoniosa, en vez de patearlo. Fue un detalle curioso, pues quizá el instinto de cualquier persona hubiese sido patear el balón para regresarlo hacia el lugar de donde había llegado.

Estoy convencido de que los árbitros, en algún momento de su vida, debieron haber jugado futbol, profesional o no; esa experiencia les permitiría distinguir si una caída es natural o intencionada y comprender mejor lo que piensa y siente el jugador dentro de la cancha.

Es como si al conductor de un coche le exigieras que primero fuera peatón y luego automovilista. Practicar las dos actividades te permite ponerte en los zapatos del otro y eso ayuda a mantener el equilibrio a la hora de tomar decisiones.

Hoy en día el árbitro mexicano cuenta con más herramientas para convertirse en profesional, pero antes había mejores árbitros, tenían una personalidad más recia, más marcada e imponente. Y reitero que es importante haber jugado futbol; haber tenido contacto con el balón durante algún tiempo, y es algo que no se les exige. Primero les piden que conozcan el reglamento, tengan una mínima dosis de carácter y de inmediato los ponen a arbitrar. Pero a veces eso no es suficiente, porque si no te impones con autoridad, es entonces cuando vienen esos mangoneos a los que están tan acostumbrados los futbolistas que, con base en el colmillo, saben cómo intimidar al árbitro. Y esto entronca con lo que comentaba antes, cuando señalaba la relevancia de la disciplina; del respeto a la autoridad y la aplicación de sanciones severas, en este caso para aquellos que insultan o agreden a los árbitros. Porque si el árbitro no se da a respetar, su labor dentro de la cancha se desvirtúa. Y lo tiene que hacer sin gritos o aspavientos, sino procurando impartir justicia con eficacia y categoría.

Ser árbitro es más complicado en estos tiempos debido a la velocidad del juego, a la rapidez con la que corren los jugadores y se desarrollan las jugadas. Por otra parte, también es verdad que los árbitros están físicamente mejor preparados que antes y acostumbrados a lidiar con jugadores cuya mentalidad es engañarlos sin ningún tipo de reparo.

Arbitrajes polémicos

Me niego a creer que, en la historia del arbitraje mexicano, no se hayan suscitado situaciones que se prestaran a hacer trampa. Hay varias historias en torno a partidos famosos que, según la opinión de algunos aficionados, estuvieron amañados. Sin embargo, no hay evidencia de ello.

El aficionado habla mucho acerca de un partido América contra Pumas que se disputó en el estadio Corregidora de Querétaro en mayo de 1985, y del que salió campeón el América, y donde el árbitro fue Joaquín Urrea. Hubo un penal que pitó en contra de Pumas que le dio ventaja al América. Minutos después, sucedió una jugada de Alfredo Tena muy parecida en el área del América y Urrea no marcó el penal. El árbitro se equivocó rotundamente, al margen de que el América jugó mejor y merecía ganar. Pero ésta, en concreto, fue una acción que a mí me generó muchas dudas acerca de la honestidad de aquel arbitraje, aunque nadie ha podido probar que haya sido intencional la decisión del árbitro de no marcar la falta en contra del América. Eso sólo lo supo él, y ya se lo llevó a la tumba. Lo más triste de este hecho es que Joaquín Urrea no trascendió por su carrera como árbitro, sino por la gran polémica que provocó con aquella decisión.

También ha habido otros partidos con incidentes similares, como el día que jugaron Jaguares contra Cruz Azul, en el que hubo acusaciones públicas de parte de José Ramón Fernández hacia el árbitro Felipe Ramos Rizo, afirmando que ese partido estuvo amañado. Ramos Rizo quería llevar a José Ramón a los tribunales porque afirmaba sentirse calumniado. Al cabo de un tiempo, aparecieron sentados en la misma mesa como comentaristas de un programa de televisión como si nada hubiera pasado, y sin importar el intercambio de declaraciones que tuvieron en su día, que fueron bastante acaloradas.

Más que dudar de que no haya existido nunca un partido amañado, creo que nadie ha tenido el valor de salir a decir la verdad. Me queda claro que los árbitros nunca lo harían.

Por otra parte, somos conscientes de que se puede "arreglar" a los futbolistas. En dicho sentido ha habido algunas sospechas, pero nada se ha comprobado. Ahora con el asunto de las apuestas online en nada se ha modificado el mundo de las trampas, ya que, al parecer, en Asia se ha vuelto una costumbre tratar de arreglar partidos de otras regiones del mundo y es un asunto delicado.

En Italia suspendieron a Paolo Rossi en 1980 por el escándalo de las quinielas clandestinas, y cuando en España ocurren hechos extraños o sospechosos, suelen acudir a los juzgados para investigarlos. Pero aquí, en México, cuando se dan este tipo de situaciones, nunca se investiga nada.

Otra de las situaciones de nuestra liga es que la Comisión de Arbitraje no está desligada de la Federación Mexicana de Futbol, siendo que debería de ser un colegio de árbitros autónomo. Resulta ilógico que el presidente de la Comisión de Arbitraje esté regido por el presidente de la Federación y, por ende, también por el presidente de la liga, y eso no es correcto.

En España, hay un Colegio de Árbitros que es independiente y tiene sus reglas. Por ejemplo, si eres un árbitro inscrito en Sevilla no puedes pitar un partido del Sevilla o el Betis. A los árbitros los envían a participar en encuentros que se disputan en otras regiones. Y aquí no sucede lo mismo, ya que, si el árbitro nació en Guadalajara, no tiene ningún impedimento para pitar partidos de las Chivas o el Atlas.

El VAR, una necesidad

En la actualidad uno de los temas más comentados es la existencia del VAR (Videoarbitraje), que tardó muchos años en implementarse por culpa de Joseph Blatter, presidente de la FIFA. Blatter, que por cierto nunca jugó futbol, se oponía a la implementación de la tecnología. Afirmaban, de manera equivocada, que parte esencial del juego era el error humano porque aportaba emoción al espectáculo. Cuando finalmente se tomó la decisión de utilizar el VAR, se comenzaron a corregir muchas injusticias. Esto ha servido para enmendar esos "errores humanos" tan estimados por Blatter.

El VAR nunca va a ser infalible, porque finalmente la decisión en una jugada polémica se resuelve a través del ojo humano, mediante lo que observa en las repeticiones de un video. Pero menospreciar la funcionalidad del VAR, es un error grave y este asunto se ha convertido en un juego de dos tipos de periodistas. Los primeros, para generar controversia y tratar de atraer *rating*; los segundos, para quitarse de culpas, sin percatarse de que sus declaraciones perjudican una herramienta que es muy útil para el futbol.

Pongámonos a pensar que el Mundial de Inglaterra de 1966 posiblemente hubiera tenido un final distinto con el uso del VAR. Ahí se hubiera podido ver con claridad si el balón entró o no en la portería, en aquella polémica jugada que terminó por darle la victoria a la Selección de Inglaterra 4-2 sobre Alemania.

Un claro ejemplo de la utilidad del VAR está en la Final de la liguilla del Apertura 2008, cuando Cruz Azul enfrentó a Toluca. Roberto García Orozco no marcó como penalti la brutal entrada de José Cruzalta sobre César Villaluz. De haberse señalado y convertido en gol, la historia sería otra: Cruz Azul habría roto su larga sequía y se habría coronado campeón de liga en la cancha de Toluca.

Otro caso fue la Final que disputaron América y Cruz Azul en el Torneo de Clausura de 2013, cuando Francisco "El Maza" Rodríguez cometió una falta sobre Gerardo Flores que "se tragó" el árbitro Paul Delgadillo. Por ello, insisto en que hay muchas historias que hubieran tenido otro final con la existencia del VAR, que estimo que llegará a perfeccionarse y será una herramienta muy útil para el futbol porque habrá menos injusticias.

Asimismo, un aspecto que vale la pena señalar es que debería de ponerse un tiempo límite de dos minutos para revisar una jugada, y con ello evitar que se rompa el ritmo de un partido con el uso del VAR.

Otro ejemplo en que el VAR hubiera sido útil es en la Final del Torneo Invierno 1996, cuando Santos se coronó ante Necaxa. El gol de Jared Borgetti que le dio la victoria a Santos se originó de un fuera de lugar evidente, pero el asistente no lo señaló y el árbitro, Arturo Brizio Carter, tampoco lo marcó. Al terminar el partido le preguntó a su asistente sobre aquella jugada y éste insistió en que no había habido falta. Sin embargo, un par de horas más tarde, comiendo en un restaurante donde pasaron la repetición de aquella jugada, tanto el árbitro como los asistentes pudieron comprobar que sí había sido fuera de lugar. Entonces, Arturo volteó a ver a aquel asistente y le dijo con resignación: "Nos equivocamos, amigo".

Creo que esta anécdota refleja muy bien el trabajo de equipo que debe inspirar el árbitro, y el sentido de autocrítica que debe existir entre los llamados "hombres de negro".

A propósito de ese partido, también es preciso comentar el comportamiento de Enrique Borja, presidente del Necaxa, y de Manuel Lapuente, que era el director técnico del equipo. Aunque los dos ya habían visto que no era fuera de lugar, y además varios amigos les habían llamado para decirles que en la repetición de la televisión era muy evidente que el asistente se había equivocado, los dos declararon que comprendían este error y no había más por hacer. Y esto nos deja una enseñanza y coincide con lo que había comentado anteriormente acerca de la importancia de declarar la verdad, como en este caso, por el bien del futbol y la influencia que este deporte tiene en gran parte de la sociedad.

Para concluir con este tema tan interesante del arbitraje, referiré una anécdota que sucedió con don Arturo, el padre de los hermanos Brizio. Estaba en su casa viendo en la televisión el resumen de un partido que había pitado ese día, y como no tuvo empacho en aceptar un error que había cometido, en seguida exclamó: "¡Caray, me equivoqué!", y de inmediato ordenó a su hijo: "A ver, pásame mi silbato". El hombre se levantó del sofá y, en actitud enérgica, pitó la falta ante la atónita mirada de Arturo, al que no le quedó más remedio que soltar una carcajada. Así fue como marcó un *off side* a posteriori. Al final, es lógico que los árbitros se equivoquen, porque de otra manera dejarían de ser humanos.

11. Los de pantalón largo

De los de "pantalón largo", que son los directivos, hay tres tipos distintos. Unos, la verdad sea dicha, no aportan nada al futbol; otros, se aprovechan del futbol, y sólo unos pocos sí trabajan a favor del futbol.

Mi experiencia con los directivos es amplia, prácticamente desde que comencé a jugar con el Atlante, que por entonces pertenecía a Fernando González, como ya lo dije, y que fue uno de esos directivos muy peculiares.

Se trataba de un hombre exitoso en los negocios; tenía una empresa editorial que se llamaba Lito Juventud a la que, en cierta ocasión, me invitó a trabajar para que no tuviera distracciones en la tarde, después de mis entrenamientos. La empresa editaba libros y revistas, y así fue como me puse en contacto con el mundo editorial. Quién me iba a decir que, tantos años despues, iba a ser el director de *Deporte Ilustrado.*

El objetivo era que me mantuviera ocupado, porque en esa época era bastante irresponsable y le agradezco que en su día haya tenido esa preocupación por mi carrera. Aquella fue una buena iniciativa que me sirvió mucho.

El problema de mi paso por el Atlante era la paga. Este equipo, por cierto, el primer año que estuve yo, caminó bastante bien. En esa temporada de 1966-67, terminamos en quinto o sexto lugar de la tabla, no recuerdo. Entonces no había liguilla, pero le peleamos al tú por tú a todos los demás equipos que jugaban el torneo. Tuvimos triunfos importantes como aquel 4-0 ante Chivas, en el Estadio Azteca, o el famoso partido amistoso que jugamos contra el Santos de Brasil, que terminó empatado.

El Atlante era un buen equipo que no tenía demasiado presupuesto y por eso sufríamos para cobrar, y aunque Fernando González no aportó nada al desarrollo del futbol, tampoco le hizo ningún daño.

Del Atlante me fui a jugar al Zacatepec, que era un equipo que dependía del ingenio azucarero. Ya no eran las épocas de bonanza del ingenio, cuando salieron campeones de liga a mediados de los años cincuenta, bajo la dirección técnica de Nacho Trelles. Entonces había dinero para contratar a varios jugadores de buen nivel, y el Zacatepec, recién ascendido, armó un equipo competitivo. El presidente era Juan Esponda, que también dirigía el ingenio. Nos trataba con respeto y consideración, de la misma manera en que lo hacía Gabriel Garcilaso, que también formaba parte de la directiva y era una excelente persona.

El ingeniero Esponda tenía una forma de proceder un tanto extraña cuando le solicitabas una cita para tratar algún asunto, como la resolución de un castigo o el pago de una prima. Llegabas a su oficina y te pedía que te sentaras. Inmediatamente después, colocaba su pistola encima del escritorio antes de sentarse. Supongo que hacía aquello no como un gesto intimidatorio, sino porque seguramente le estorbaba el arma al sentarse, pues la llevaba fajada en la cintura. Desde luego nunca hizo ningún amago de empuñarla durante aquellas charlas, pero aquel era un detalle curioso, que hoy parecería sacado de una película de gángsters.

La paga la recibíamos a tiempo, y nunca tuvimos ningún problema ni retraso en ese sentido. Bueno, habría que considerar que el dinero del ingenio no era de él, pero por lo menos sabía administrarlo de forma correcta. A veces bajaba a la cancha a tirar unos penales y convivía con los jugadores.

Estando en Zacatepec recuerdo otra anécdota singular. En una ocasión, teníamos un viaje a Pachuca para jugar un partido de copa. No nos concentraron en un hotel de la Bella Airosa, pues el entrenador nos dijo que los que quisiéramos podíamos irnos en nuestros coches el día del encuentro por la mañana. También nos comentó que en ese partido iban a jugar varios suplentes, y entre ellos me iba a sustituir en la portería Mollinedo. Así que a mí y a De Sachi y Pérez Flores se nos hizo muy fácil pararnos a desayunar en Tizayuca, donde nos dimos un atracón de barbacoa. Estando en la banca nos sentíamos muy pesados del estómago, y estábamos eructando. Y en eso, para mi sorpresa, Mollinedo se lastimó y el técnico me pidió que entrara a la cancha. Yo no me podía ni mover porque tenía la barriga llena, me sentía mal y sufrí mucho esos minutos que me tocó jugar. Afortunadamente, ganamos el partido, pero la pasé fatal. Hoy en día sería impensable para cualquier jugador profesional de futbol, que le sucediera una cosa así, inclusive de un club que no juegue en primera división.

Apasionados del futbol

Después de pasar por el Zacatepec llegué al Atlético Español, donde había una gran cantidad de directivos debido a la composición que tenía dicho club. Se trataba de un grupo de amigos que estaban unidos por su tremenda afición al futbol y arriesgaban su dinero en aras de dar rienda suelta a su pasión. Su intención era formar un buen equipo para disfrute de la colonia española que vivía en México, luego de lo que había sucedido hace tantos años con clubes como el Asturias o el España, que en su día fueron tan emblemáticos.

Ahí estaban personajes de la talla de Antonio Ordóñez o Miguel Fernández Carús, cuyo único afán era dar satisfacciones a los seguidores del equipo. Había otros, como Joaquín Collado, que no sé si tenía participación económica o no en el equipo, pero se sentía con derecho de mandar. Con él tuve ciertas diferencias que me llevaron a tomar la decisión de dejar al equipo.

En esos años en que jugaba al futbol recuerdo grandes directivos que hicieron carreras largas dentro del deporte, como el caso de Guillermo Cañedo o José Luis Pérez Noriega, ambos con un trato afable y una gran capacidad administrativa.

En Chivas recuerdo a Jaime Ruiz Llaguno, que era otro personaje que hacía bien las cosas. Su equipo funcionaba y ganaba títulos, a diferencia del Atlas, que desde ese tiempo no conseguía hacer nada favorable por el grupo de trabajo que tenían. El León es otro equipo que ejemplifica lo que estoy contando. Estaba don Pedro Pons a la cabeza de esta institución. No lo traté a fondo, pero sí podría afirmar que él y varios de sus directivos, trabajaron con ética y profesionalismo.

Cuando entré a colaborar en los medios de comunicación, mi conocimiento sobre el entorno del futbol aumentó y aprendí a ver las cosas desde una óptica distinta. A través de los años he conocido directivos extraordinarios, como eran los de Pumas, integrados en un patronato formado por Bernardo Quintana y Gilberto Borja.

El equipo era presidido por el ingeniero Guillermo Aguilar Álvarez, uno de los mejores directivos que he conocido. Era la época en que Pumas sacaba jugadores y exportaba futbolistas. No tenían costumbre de remunerar muy bien a sus futbolistas, pero su filosofía era ponerlos en el aparador para que se proyectaran hacia otros equipos y comenzaran a ganar dinero. El que jugaba en Pumas lo sabía y por ello todo mundo quería jugar ahí. Con el paso del tiempo, desafortunadamente, llegaron otros directivos como Víctor Manuel Mahbub, que ya no le dieron continuidad a ese trabajo sobresaliente.

Pachuca, un ejemplo a seguir

Con el transcurrir de los años, pensé que no volvería a toparme con un directivo de los alcances del ingeniero Aguilar Álvarez, hasta que conocí a Jesús Martínez, del club Pachuca, que para mí es el mejor directivo del futbol mexicano de todos los tiempos, y voy a explicar los motivos que me han llevado a considerarlo así.

En una ciudad relativamente pequeña como Pachuca, que no cuenta con la bonanza económica de otras urbes del país —como la Ciudad de México, Monterrey o Guadalajara—, comprar un equipo de futbol representaba todo un desafío, sobre todo porque nadie quería al Pachuca después de haber dejado de jugar en Primera División. Y sus propietarios lo querían casi regalar con tal de que no desapareciera.

Jesús llegó en 1995 acompañado de Andrés Fassi y un eficiente equipo de trabajo, y en poco tiempo consiguió ascender nuevamente al equipo a Primera División; después, descendieron y, más tarde, volvieron a ascender. Así fue como empezaron con paciencia y dedicación, e hicieron las mejoras necesarias en el aspecto deportivo y administrativo.

Más tarde planificaron la construcción de unas instalaciones que están a la altura de las mejores del mundo, y en la actualidad trabajan con más de mil niños en su famosa Universidad del Futbol y Ciencias del Deporte, y la educación que les dan es un magnífico complemento. Las fuerzas básicas son un activo muy importante del club porque han sido capaces de exportar muy buenos futbolistas y se sostienen con estas operaciones porque no tienen el presupuesto de los equipos grandes. Fue admirable, por ejemplo, el debut de Elías Montiel con apenas 17 años. Tal era la seguridad del técnico Almada, que no dudó en darle la oportunidad y a partir de entonces Montiel se quedó en el primer equipo y se convirtió en un excelente jugador. En la actualidad, Pachuca es un auténtico semillero de futbolistas, tal y como en su día lo fue Pumas.

Todo esto ha situado a Jesús Martínez en ese plano de excepción que ya comenté y hoy día su hermano Armando ha venido a reforzar el magnífico equipo de trabajo en su calidad de presidente del club. Lo que este grupo ha hecho por el Pachuca, que es una de las marcas más antiguas del futbol mexicano, es un destacado logro que también se ha traducido en siete campeonatos de liga (el primero en 1999, con Javier Aguirre al mando, y el más reciente en el Torneo de Apertura 2022, bajo la dirección técnica del uruguayo Guillermo Almada).

Pero quizá lo más importante es la manera en que el equipo ha enaltecido la imagen de la capital de Hidalgo. Encontrar en el camino a este tipo de directivos me ha dado muchísimo gusto, porque han promovido un deporte que tiene una amplia repercusión entre la niñez y la juventud.

Pachuca es un equipo chico que hace cosas de grande; es una fábrica de futbolistas, pero también de seres humanos. Eso le confiere un gran valor para la sociedad. Y aunque no es el único equipo que ha logrado esto, sí considero que Pachuca es, sin duda, el modelo a imitar porque su trabajo contiene un gran valor para la sociedad. Si tuviéramos más directivos con la visión y el talento de Jesús Martínez, seguramente el futbol mexicano sería diferente.

En cuanto a resultados recientes se refiere, si el año 2022 nos había dejado un sabor amargo con la Selección Mexicana en la Copa del Mundo, en contraparte aquí, en la Liga MX tuvimos distintas satisfacciones entre las que se cuenta el desempeño de un equipo como Pachuca.

El hecho de llegar a dos finales de manera consecutiva no es fácil, y si bien es cierto que Pachuca tiene jugadores internacionales de nivel, están apuntalados con jóvenes salidos de la cantera, y no es raro ver cómo siguen apareciendo jugadores como el caso de Kevin Álvarez, Luis Chávez, Erick Sánchez y otros que se han formado ahí y han emigrado, como son "El Chucky" Lozano, "El Guti", Héctor Herrera… y siguen surgiendo otros que, sin haber ido a jugar a Europa, han logrado sobresalir en equipos de México, donde siempre hay uno o dos que se formaron en sus fuerzas básicas. Eso es notable y merece la pena resaltarlo porque ese sería uno de los puntos fuertes que deberían de proliferar en el futbol mexicano en los años por venir.

El último título conseguido por Pachuca fue ante Toluca, al que venció con autoridad. Después perdió una final cerrada contra Atlas, cayendo con dignidad. Aun así, fue el equipo que más puntos sumó en 2022 y el que mejor futbol desplegó, dejando la esperanza de que, en el futuro, ese trabajo con los jóvenes —replicado también en otros equipos— pueda favorecer al futbol mexicano.

Entre sus logros también es de justicia anotar el título que ganó de CONCACAF en junio de 2024 ante el Columbus de Estados Unidos, al que derrotó con facilidad 3-0, lo que le valió su participación en el Mundial de Clubes.

Insisto en que el modelo de trabajo de Grupo Pachuca ha sido ejemplar con los jóvenes: dar seguimiento a su desarrollo, pagar mejor a los entrenadores de estos chicos y crear futbolistas de exportación, desde luego, pero también para enriquecer al futbol mexicano y aspirar a logros como los de Argentina, donde el trabajo con la gente joven ha sido extraordinario.

Porque si echamos la vista atrás, hace mucho tiempo no salen más jugadores como Hugo Sánchez, Rafa Márquez o Cuauhtémoc Blanco, que son garbanzos de a libra, pero también una prueba fehaciente de que podemos tener futbolistas de gran calidad. Y México es un país hermoso que merece darle alegrías a su gente a través de la magia del futbol.

Al margen de este espinoso asunto extradeportivo, me pregunto qué hubiera sido del futbol mexicano con marcas como América o Guadalajara si se hubieran trabajado de manera estratégica. Seguramente estaríamos hablando de equipos de alcances mayores. No cabe duda de que la mediocridad ha sido un obstáculo para el crecimiento del futbol mexicano.

Cañedo, un hombre cabal

Una marca como Chivas, por ejemplo, que representa a uno de los equipos más famosos de nuestro balompié, conformado únicamente por jugadores mexicanos, tuvo algunos éxitos bajo la dirección de Jorge Vergara, que era un directivo inteligente y emprendedor.

Sin embargo, los resultados en los últimos años han sido desastrosos por el mal manejo del equipo. Desconozco si la enfermedad que padecía Vergara influyó en un desempeño sin relevancia, o si nunca existió un plan definido de trabajo, pero es triste ver lo que pasa con Chivas. El equipo tenía tal grandeza y significa tanto para su afición que no lo ha abandonado. ¿Quién iba a imaginar que la llegada de un director deportivo extranjero, como el español Fernando Hierro en octubre de 2022, y de un técnico serbio, como Veljko Paunovic, serían decisivos para el resurgimiento de Chivas?

Con estas contrataciones, Amaury Vergara ha sido el artífice para que Chivas recuperare su credibilidad. Y la primera alegría que le dieron a sus aficionados fue llegar a la final contra Tigres en mayo de 2023. Ahora falta que mantengan ese nivel y puedan volver a ganar títulos.

Trabajar con las fuerzas básicas y dar oportunidad a los jóvenes, era una asignatura pendiente del equipo tapatío y en este momento ya la están cumpliendo. Chivas quiere ser otro y va para arriba. Esto es algo que me da mucho gusto porque su afición se lo merece.

El América no es de Televisa, es de Emilio Azcárraga Jean, quien se maneja de una forma muy especial dentro del futbol. Este equipo se lo compró su padre a Isaac Bessudo por allá de 1959. En ese momento, Emilio Azcárraga Milmo tomó la decisión de contratar a Guillermo Cañedo, que trabajaba con el Zacatepec, donde ya había dado muestras de su capacidad. Y así fue como trascendió en su papel de directivo, y no sólo en el América.

Es realmente admirable que el trabajo realizado por Cañedo siga subsistiendo con el paso de los años. Fue el artífice que se encargó de construir un equipo para ser amado y odiado. Así fue como se fortaleció el antiamericanismo, una corriente que ha sido fundamental para el éxito del América a lo largo de los últimos 60 años. Y lo consiguió a través de la fuerza de la televisión. Televisa comenzó a dar una enorme difusión al equipo con la finalidad de encumbrarlo, y eso contribuyó a acrecentar su popularidad. Pero esta forma de proceder también sembró el germen del odio hacia el América, que detonó gracias a ese desmedido abuso en la promoción del equipo. Esto trajo consigo la antipatía de mucha gente hacia el América, y de paso también para algunos de los comentaristas que trabajaban en Televisa. En la actualidad, el tratamiento que le dan al América es mucho más mesurado y objetivo que en aquellos años en que les marcaban "línea".

A Guillermo Cañedo le guardo un gran cariño, pues un día, en su calidad de presidente de la Femexfut, me ayudó a arreglar un problema laboral que tenía con el Atlante. Pero, independientemente de este asunto personal, debo reconocer que tuvo el mérito de traer dos Copas del Mundo a México. Se trata de un logro muy importante en su gestión como directivo, al margen de que esto haya representado un negocio muy jugoso para Televisa.

Porque hay que considerar que, tras la celebración del Mundial de 1970, pasaron tan sólo 16 años para que México volviera a disfrutar de una segunda Copa del Mundo, siendo así el primer país en conseguirlo en la historia de los Mundiales. Y esto fue gracias a la habilidad de don Guillermo para hacerse con el mundial cuando se había caído la candidatura de Colombia, que había sido anunciada con bombo y platillo en 1974, y de la que el país sudamericano había desistido de organizar.

Fue en 1982 cuando el presidente Belisario Betancourt anunció que Colombia no iba a organizar el Mundial porque no estaban dadas las circunstancias políticas y económicas para ello. Don Guillermo comenzó a mover los hilos para traer el torneo a México y a la FIFA se lo "vendió" como si le estuviera haciendo un favor, diciéndoles que iba a rescatar la Copa del Mundo, y con ello los iba a sacar del problema en el que se encontraban. Don Guillermo tenía magníficas relaciones, y prudencia para los tratos, además de una enorme capacidad de trabajo.

La noticia de que México organizaría su segundo mundial se confirmó cuando las candidaturas de Canadá y Brasil se frustraron, y Estados Unidos había preferido posponer su inquietud de organizar un mundial hasta 1994.

Con el América, don Guillermo también consiguió cosas importantes. Llegó a la organización en 1961, apenas dos años después de que Azcárraga lo había adquirido, y a partir de esa época empezaron a ganar campeonatos, gracias a los buenos jugadores que lo conformaban, así como a la contratación de algunos futbolistas extranjeros. Por ejemplo, el equipo que ganó el torneo de liga de 1965-1966 tenía la siguiente alineación: Ataulfo Sánchez, Alejandro Martínez, Juan M. Bosco, Alfonso Portugal, Fernando Cuenca, Alfredo del Águila, Víctor Mendoza, Jorge "El Coco" Gómez, Arlindo dos Santos, José Alves y Javier Fragoso, que conformaban un equipo muy competitivo.

Es verdad que don Guillermo tenía detrás el sólido apoyo de Emilio Azcárraga, pero eso no le resta ningún mérito a las cosas tan relevantes que consiguió con base en trabajo y talento. Fue un hombre cabal, serio, que supo manejar perfectamente las situaciones que se le presentaron y sin la necesidad de haber sido un profundo conocedor del futbol.

Orgullo de dueño

También la familia Diez ha dejado una estela muy importante en Toluca a lo largo de las últimas seis décadas. Don Nemesio Diez rescató un equipo que se quedó a la deriva y se iba a hundir. Hubo épocas en las que tuvo que invertir dinero para sacarlo adelante, y la continuidad que su hijo Valentín dio a su trabajo está a la vista de todos. Se trata de empresarios que saben trabajar con orden, y sienten una gran pasión por la institución que dirigen. Quizá Valentín no está tan metido en la gestión del Toluca, porque tiene muchas otras actividades empresariales que atender, pero se ha sabido rodear de gente valiosa, como Rafael Lebrija —"El Papayo", como le dicen sus allegados—, que fue un excelente director deportivo y manejó al club con inteligencia y personalidad. Él no fue futbolista profesional, pero lo vi jugar algunas veces y hasta llegamos a enfrentarnos en unos cuantos partidos. Tenía un físico impresionante y tocaba bien el balón.

Si eres dueño de un quipo y no tienes la posibilidad de manejarlo directamente tú, debes rodearte de gente que sepa de futbol, como es el caso de Florentino Pérez, que en su día tuvo a personajes de la talla de Jorge Valdano o Emilio Butragueño como asesores en el Real Madrid, aunque debo señalar que las decisiones, a fin de cuentas, las toma el propietario del equipo, que es el que se juega su dinero.

Hablando de otros clubes de Europa, siento una gran admiración por la forma en que trabajan, sobre todo los de la Liga Premier de Inglaterra; la forma de competir, la forma de jugar con los futbolistas que no fingen faltas y salen a entregarse. El manejo de esa liga es espectacular. Y también la alemana es otra liga maravillosa. Me refiero a su manejo, no al nivel de su juego, porque en ese caso me parece que la liga española está un poco por debajo de la inglesa, y un poco por arriba de la alemana. La administración que se hace de los derechos de televisión, o de distintas plataformas, es otro de los aspectos digno de aplauso. Los equipos son autosuficientes. La estructura organizativa de esas ligas es impresionante, y deberían de ser un ejemplo.

Hay directivos de selección que merece la pena mencionar, como era el caso de Alejandro "El Güero" Burrillo, que manejó los destinos de la Selección después del espinoso asunto de Emilio Maurer y Francisco Ibarra de 1993, que en su momento habían hecho buen papel, tanto en el Puebla como en la Selección. A ellos dos se les recuerda por aquel sonado caso en que regalaron relojes de oro a los directivos de Conmebol para que México pudiera acceder a la Copa Libertadores y la Copa América. Desde luego esto no es ético. Pero se sabía que los directivos de Conmebol exigían dinero.

Con el tiempo, estos señores aparecieron en la lista que publicó el FBI, así que ya desde esa época se veía que les gustaba corromperse. Lo suyo hubiera sido entrar a ambos torneos con argumentos deportivos, pero no fue así y esto vino a demostrar que el futbol, en determinadas ocasiones, es un negocio sucio, sobre todo en Sudamérica. Pero trsitemente ese fue el camino para que México llegara a ambos torneos. Estas conductas impropias del pasado sirvieron para comenzar a desterrar estas prácticas que son nocivas. Sin embargo, hay que reconocer que el inicio de Maurer e Ibarra al frente de la Selección, tuvo su importancia.

Cuando sobrevino toda la problemática financiera de Maurer, recuerdo que pasó una noche en la cárcel, algo que me pareció terrible, y en ese instante "El Güero" Burillo se hizo cargo de la Selección. Fue la época en que se marchó Menotti y llegó Mejía Barón.

En esta etapa fuimos a competir a la Copa América que Maurer e Ibarra habían negociado; luego acudimos al Mundial de Estados Unidos 94. En esos años, el futbol mexicano subió un par de escalones: en trabajo, en seriedad, en reconocimiento y hasta en su forma de juego. Ahí estaba involucrado Burillo, con el apoyo de Miguel Ángel Couchonnal y José Antonio García, dos de sus colaboradores más comprometidos. Salvo en el caso del Atlante, al que acabaron desterrando a Cancún, desgraciadamente, Alejandro Burillo fue en esa época un buen directivo para la Selección, y así hay que reconocerlo.

Por otra parte, también cabe mencionar que Burillo fue un personaje muy importante en mi paso por la televisión y su labor dentro de Televisa fue significativa porque él terminó con la política editorial que exigía a los comentaristas hablar bien del América en cualquier circunstancia. Él comenzó a permitir la libertad de expresión en el seno de Televisa respecto al América y eso fue muy positivo.

Hay pocos directivos que son auténticos conocedores de futbol, como es el caso de José Antonio García, que tenía muy buen ojo para comprar futbolistas a precios bajos, y luego los hacía crecer y los vendía a un precio mucho mayor del que los había comprado. Él conocía perfectamente el medio futbolístico y eso fue clave en sus negociaciones.

Los promotores

La diferencia entre el dueño de un equipo y un directivo es que el primero puede serlo debido a su capacidad económica, aunque también ayuda bastante si entiende de futbol. Es un paso adelante para no hacer contrataciones equivocadas porque esto es un gran problema. Cuando un directivo no conoce de futbol y llega un representante de futbolistas hablándole maravillas de determinado jugador. El directivo se fía de lo que le dice el promotor y compra al jugador en cuestión, pero después resulta que no era lo que le habían dicho. Así que saber de futbol evita que esto se convierta en un negocio de promotores.

Desde luego hay promotores muy hábiles y varios se han convertido en millonarios porque han sabido moverse bien en el medio y aprovechan el menor resquicio para cobrar favores a los entrenadores y directivos cuando éstos son contratados por equipos que tienen amplios presupuestos.

En mi época como jugador no existía la figura del promotor. El auge de los promotores comenzó más tarde, primero en Europa, y se convirtieron en figuras relevantes. De hecho, ha habido casos en los que un técnico te dice que no tiene trabajo porque carece de promotor. Tan relevante llega a ser la fuerza de un promotor que influye en la toma de decisiones de los clubes cuando se trata de la compra de jugadores. Y resulta fácil que un promotor sin escrúpulos engañé al dueño de un equipo, más aún si éste sabe poco de futbol.

De los promotores que he tenido la oportunidad de tratar y tengo mejores referencias hay varios. Uno de ellos es Greg Taylor, que fue propietario del Atlante, y esto viene a corroborar lo beneficioso que puede llegar a ser el trabajo de un promotor.

También tengo buenas referencias de Enrique Nieto, que me parece una persona seria, lo mismo que Eduardo Hernández, que ya ha trabajado con gente en Europa y sin recurrir a argucias con la intención de colocar a un jugador o a un técnico en determinado equipo.

Algunos promotores han sido satanizados en el medio futbolístico, y de pronto escuchas comentarios de los aficionados acerca de este tipo de personajes, como en el caso de Carlos Hurtado, que estuvo metido en Cruz Azul hasta los huesos.

El director deportivo

El director deportivo tiene que tratar de optimizar los recursos del equipo; generar un buen ambiente de trabajo y conseguir resultados positivos. Hoy, a los directores deportivos se les exige conducirse con un alto grado de profesionalismo.

El directivo sí está obligado a saber de futbol para cuestionar al técnico en las buenas y en las malas; saber qué tipo de trabajo está haciendo el equipo; estar pendiente de las fuerzas básicas; platicar con los jóvenes que empiezan a crecer; acudir con frecuencia a los entrenamientos; viajar con el equipo y tener conocimiento de todo lo relacionado con su funcionamiento. En suma, fomentar un liderazgo. Porque una cosa es el dueño, otra el presidente del club, y otra el director deportivo.

En México existe un Consejo Consultivo de Dueños de Equipos, que es el que toma las decisiones. Algunas veces criticamos al presidente de la liga sin saber que la decisión la tomaron los dueños de los equipos, y ellos son los que autorizaron que haya nueve extranjeros, por ejemplo, y otras cuestiones que son de su conveniencia en el aspecto económico, pero que no abonan para el desarrollo del futbol mexicano. La liga tendría que ser manejada por un presidente elegido de manera democrática por todos, y que gozara de una autonomía real para buscar el beneficio del gremio, y del futbol en general, y que no atendiera a intereses de determinados dueños de equipos.

Al respecto de lo anterior, el ejemplo de la liga española es muy elocuente hasta en algunos detalles que parecen carecer de importancia, pero que sí la tienen, como la forma en que se decide la transmisión de los partidos a través de la televisión. Antes de hacer la programación, se lleva a cabo una evaluación de los horarios más convenientes de transmisión, no sólo dentro del territorio español, sino en aquellos países donde su futbol tiene una mayor penetración. Es así como dan preferencia a determinadas zonas o regiones, como a Asia, que actualmente es un mercado impresionante para equipos como el Real Madrid o el Barcelona. De pronto, te das cuenta de que un partido entre Real Madrid y Barcelona se transmitirá en México a las seis de la mañana, porque a la liga le conviene hacerlo en un horario más atractivo para Asia que América. Así de simple.

En lo referente a la programación de los partidos dentro de España, de pronto se elige programar un partido entre El Espanyol y el Deportivo La Coruña a las seis de la tarde, y la gente que trabaja dentro de la liga en esta área te sugiere que cambies de horario el partido porque el sol da de frente a las cámaras y no es recomendable transmitir con un marcado contraluz. Se fijan en todos estos detalles y es así como van programando el horario de juego de los partidos. Y esto que refiero es sólo un ejemplo mínimo de un aspecto del manejo de la liga, pero que también reviste importancia. Son esos pequeños detalles los que hacen la diferencia.

En México, por ejemplo, Toluca y Pumas juegan siempre a las doce del mediodía porque así le conviene a la televisión, en vez de jugar en el horario que más le convenga a la Liga, al espectador y a la difusión del futbol. Aquí hemos mejorado, y poco a poco se están moviendo los horarios, pero todavía hay horarios absurdos e intocables como son los de Pumas y Toluca. Jugar a las doce del día es mortal por el calor que suele hacer a esa hora del día.

Si la Liga se manejara de manera autónoma, la presencia de extranjeros en el futbol mexicano tendría que reducirse. Un equipo no puede estar alineando nueve extranjeros en cada partido y sólo dos jugadores mexicanos. Si lo quieres ver como un espectáculo podría ser válido, pero entonces pon a jugar a nueve que sean figuras, y no traigas a México, como lo hizo el Veracruz, a veintitantos futbolistas extranjeros de los cuales sólo servían tres. Se podría traer a seis, pero de calidad, y que jugaran con cinco mexicanos. Ese es un tema que urge ser revisado.

Si la Liga contratara a un ejecutivo independiente, que fuera un hábil negociador, y que además tuviera conocimientos sobre futbol, la situación mejoraría mucho. Lo difícil es romper el cerco del poder, que siempre te lleva a la avenida Chapultepec 18; es decir, a la sede Televisa. Y por más que quieras dar la vuelta a las cosas, muchos de los intereses en el futbol se resuelven en esas oficinas.

Entre los directivos que no son eficientes, por no calificarlos como "malos", están los que afectan a un equipo, a una afición y hasta a una ciudad, como el caso de Veracruz, del que hablé. Al tener un equipo de futbol adquieres una gran responsabilidad y debes estar preparado para cumplir con ella. En este caso no solamente no se cumplió, sino que atentaron contra el aficionado de Veracruz, que estaba orgulloso de su equipo y su pésima gestión afectó anímicamente a un sector de la población.

En cierta ocasión me platicaba el gobernador del estado de Guanajuato, Miguel Márquez, que cuando el equipo de casa jugaba bien y estaba consiguiendo buenos resultados, el rendimiento de los empleados mejoraba considerablemente. Así que es notoria la motivación que un equipo puede llegar a genera en la gente. Y en el caso de Veracruz, donde se hicieron las cosas tan mal, también influyó, pero de manera negativa, sobre todo en el aficionado que encuentra en el futbol un aliciente o hasta un refugio anímico.

La fatalidad del desarraigo

En mi época como futbolista, el Necaxa era uno de los equipos más populares de México. El clásico de la capital era Necaxa contra Atlante. El Necaxa tuvo épocas importantes y muy buenos futbolistas. La compra del equipo por el Atlético Español supuso el primer golpe para la numerosa afición necaxista. No consiguieron arraigar al Atlético Español, no obstante que hicieron un gran esfuerzo y algo diferente, que tenía una buena intención, pero rompieron la tradición de un equipo.

Cuando el Necaxa regresó como franquicia, el golpe ya estaba dado. Y poco importó que el equipo volviera a ser campeón con un excelente grupo dirigido por Manolo Lapuente, en el que había jugadores de la talla de Ricardo Peláez, Sergio "El Ratón" Zárate, Alex Aguinaga o Alberto García Aspe. Era un equipo con estructura, que jugaba con talento y ganaba títulos… pero la gente no iba a verlo al estadio. Vaya frustración. Y todo se debía a que se había roto el vínculo con el aficionado de toda la vida. Ese tipo de rupturas a veces son insalvables porque se rompe con una tradición que ha sido heredada de generación en generación.

El Atlante fue otro equipo muy querido, con una afición tan leal como peculiar, compuesta por un amplio muestrario de reconocidos aficionados provenientes de diversos sectores de la sociedad, y que también se ha caracterizado por tener como partidarios seguidores de extracto humilde, lo que le confirió el título de "equipo del pueblo".

Cuando se llevaron al equipo a Cancún, perdió buena parte de su identidad, con todo y que allá salió campeón. Luego descendió, y hoy día está en vías de recuperación; esto me alegra porque nunca he ocultado mi atlantismo como muchos de mis compañeros comentaristas. Tal es el caso de Rafael Puente, Toño de Valdés, Heriberto Murrieta o el recordado Arturo Rivera, por citar sólo a algunos de sus defensores a ultranza, no obstante que sus directivos hayan traído al equipo de sede en sede, 13 años en Cancún, otros pocos nuevamente en la Ciudad de México y ahora en Zacatepec desde 2025.

Volviendo al tema de Veracruz, la ciudad no tenía equipo. Y cuando regresó a Primera División, aquello fue una locura con Cuauhtémoc Blanco, Kléber Boas, Christian "Chaco" Jiménez, Isaac Terrazas, etcétera. Entonces el dueño era Rafael Herrerías, que sin saber nada de futbol estuvo lidiando con un mundo desconocido. Pero hizo un buen papel y consiguió cosas importantes. Y cuando se llevaron al equipo de El Puerto, todo se derrumbó; trajeron un equipo de La Piedad que había ascendido pero que a la gente no le transmitía ningún sentimiento de identidad. Así te encuentras equipos en muchas plazas, que pierden su ciudad, su identidad con la gente, y cuando los quieren recuperar, resulta casi imposible conseguirlo.

Hablando de Herrerías, podría afirmar que tuvo muy buena relación con sus futbolistas, quienes lo estimaban;

pero, por otra parte, varios reconocen que se equivocó al empecinarse en dejar de jugar aquel partido de 2004 ante Jaguares, cuando ya eran líderes y con muchas posibilidades de ser campeones.

Aquel encuentro lo perdieron por *default* y Veracruz ya no rindió igual en la liguilla, a la que el equipo llegó un tanto desconcertado y sin el ritmo que venía demostrando. Aunque Rafael duró poco tiempo como dueño del equipo, ha sido otro de los personajes controvertidos que ha tenido el futbol mexicano, tal y como lo fue como empresario taurino.

La droga del ego

Este deporte representa un gran escaparate para cualquier persona, sobre todo para los dueños de los equipos o sus directores deportivos. Y ejemplos de dueños que de pronto adquieren protagonismo tenemos muchos, a este tipo de personajes les entra en la sangre el veneno del futbol, ya no se quieren ir porque en la calle los reconocen, les piden autógrafos o tomarse fotos, y empiezan a gozar de un reconocimiento público que antes de entrar al futbol no tenían, y todo esto se convierte en una droga que alimenta su ego.

El ego es peligroso, y hay personas dentro del futbol a las que les hace mucho daño, comenzando por los futbolistas. Hay jugadores que es una delicia tratarlos y conversar con ellos, prácticamente desde el comienzo de sus carreras hasta el día que se retiran. Se trata de auténticos profesionales; gente bien ubicada que nunca pierde el piso. Pero hay otros a los que se le suben los humos a la cabeza y se marean con el éxito. Son de esas personas que, como dice un amigo, "sienten que inventaron la penicilina". A muchos no les llega a afectar directamente en su carrera, pero sí en su manera de ser y de tratar a la gente. Supongo que no se dan cuenta de sus actitudes y no tienen cerca a alguien que los oriente, porque, generalmente, los amigos de los futbolistas no los asesoran correctamente, sino todo lo contrario.

Hay otros futbolistas más inteligentes, que sí tienen bien puestos los pies sobre la tierra, cuentan con mayor educación —lo cual es muy importante— y se mantienen firmes a lo largo de los años, siguiendo siempre el mismo camino. La grandeza de un hombre generalmente está proporcionalmente relacionada con su sencillez y humildad.

Pero no nada más sucede esto que comento con el futbolista. El directivo también suele extraviarse en los laberintos del ego. Los comienzan a adular demasiado y algunos se vuelven soberbios. Estamos hablando de hombres con una posición económica desahogada, dueños de empresas que llegan a este mundo del futbol y enloquecen de vanidad. El veneno del futbol es muy difícil sacárselo del cuerpo. Hasta a los árbitros les afecta. Porque también ellos tienen un protagonismo, para bien o para mal. Por eso el futbol está tocado de una magia seductora, es un vicio que te cautiva. Estar ubicado dentro de este mundo es un asunto difícil y casi nadie está preparado para dejarlo.

Y olvidaba mencionar a los comentaristas, que a veces también suelen ser egocéntricos. A mí me sirvió mucho mi aprendizaje como futbolista, y al llegar a los medios de comunicación supe ubicarme muy rápido, pues al cabo del tiempo había asumido que no había hecho todas las cosas que se esperaban de mí en las canchas, y no estaba dispuesto a dejar pasar más oportunidades.

12. La pesadilla de la pandemia

Ahora que estamos cada vez más lejos de la pesadilla de la pandemia y lo que ocurrió, era lógico que el mundo del futbol la iba a sufrir tanto como de otros de los deportes. Esta situación hizo recordar, en cierta medida, a la "gripe española" de 1918, aunque aquella no fue tan devastadora. Resulta curioso ver las fotos de la época y observar que la gente acudía a los estadios de España con cubrebocas.

Lo que vivió el futbol con el Covid-19 fue impresionante, ya que se detuvo la actividad de las ligas de todo el mundo. Cuando esto ocurrió, la incertidumbre reinante era muy grande. En un principio pensé que cuando volviera la actividad, la gente se iba a volcar en los estadios, porque daba la impresión de que estaba ávida de volver a presenciar este deporte en directo. Pero no fue así. La recuperación ha sido gradual.

Sin embargo, considero que de un tiempo a la fecha se generaron nuevos aficionados a través de la televisión, ya que, en la peor época del confinamiento, la gente buscaba entretenimiento en las distintas plataformas digitales. Y de repente el futbol de Europa regresó a las canchas, con las cámaras como testigo, y todo mundo comenzó a verlo con mucho interés.

Aquí en México la pandemia afectó notablemente a los equipos, sobre todo en el plano económico, ya que la inversión en las contrataciones disminuyó. Esta situación se debe a la gran cantidad de extranjeros que hay en la Liga MX, pero también a la crisis provocada por el Covid-19, que también llegó a trastocar la calidad del producto; es decir, del futbol que se estaba viendo en las canchas.

Por otra parte, a muchos jugadores también les afectó en su rendimiento. Hubo algunos, como Nahuel Guzmán, de Tigres, que se contagió varias veces y no podía jugar. Y hubo otros casos similares en que a los jugadores les tomó tiempo regresar a su nivel de juego, pues, aunque se trataba de atletas a los que quizá la enfermedad afectaba menos que a otras personas, estar sin jugar, y con problemas respiratorios de por medio, llegó a afectar su capacidad deportiva.

Asimismo, hay que considerar que la situación también afectó emocionalmente a los jugadores, más todavía durante la primera fase de la pandemia, cuando tuvieron que estar recluidos en sus casas, un hecho al que no estaban acostumbrados porque su estilo de vida es convivir estrechamente con el cuerpo técnico y los compañeros de equipo; entrenar al aire libre; viajar para jugar los partidos; hospedarse en hoteles en las concentraciones… y eso forma parte de una rutina de trabajo que se vio alterada con la pandemia.

El manejo de la crisis no me pareció adecuado, pues en un principio nadie sabía el alcance que iba a tener esta enfermedad. Todos fuimos aprendiendo y el futbol también lo hizo para no quedarse rezagado. Tal vez al comienzo de todo este problema, hubo varios futbolistas muy irresponsables, que hacían fiestas y se contagiaban sin pensar en los contratiempos que esto podía acarrear a sus compañeros. Con el tiempo fuimos aprendiendo a convivir con la enfermedad y la situación comenzó a controlarse.

En el plano personal, debo decir que la pandemia también fue difícil para mí porque la forma de trabajar se modificó radicalmente. Llegué a hacer lo que nunca imaginé; es decir, transmitir desde mi cama un partido de futbol, conectado de manera virtual a la plataforma que utilizábamos para trabajar en FOX Sports y, lógicamente, este procedimiento ocasionaba muchos problemas técnicos, porque a veces la señal se cortaba, o no veías con claridad lo que estabas narrando. Y eso fue por momentos desesperante, y quizá el televidente no alcanzaba a dimensionar el reto al que nos estábamos enfrentando, no sólo los comentaristas sino todo el equipo técnico que hace posible la transmisión de un partido o un programa. Y a veces sucedía que estas fallas técnicas no eran culpa de uno, pero en las redes sociales nos reventaban.

En esta etapa aprendí cosas nuevas. Mis conocimientos sobre tecnología aumentaron. El programa de Radio Fórmula, por ejemplo, lo hacíamos por Zoom, y cuando no había demasiada información cotidiana, derivada de la inactividad futbolística o deportiva, nos veíamos obligados a reinventar los contenidos para no dejar de hacer un programa que fuera interesante para nuestros radioescuchas.

Creo que en la radio nos adaptamos todos con más rapidez y me parece que el trabajo salió bien y fue satisfactorio. Aguantamos el tirón, como se dice, porque muchos programas dejaron de existir. En Grupo Fórmula, sus directivos supieron manejar muy bien esta crisis, pues hay que considerar que los patrocinadores tuvieron que reestructurar su inversión en publicidad.

Asimismo, la mayoría de los comunicadores tuvimos que sacrificar un porcentaje de nuestros honorarios, y lo hicimos con gusto y conscientes de que había que apretarse el cinturón para evitar la desaparición de ciertos programas. Así fue como nos solidarizamos para apoyar a las empresas que han confiado en nosotros. Fue algo difícil de afrontar, pero salimos adelante y adquirimos un aprendizaje muy valioso.

Y aunque alguien me dijera que, de aquí en adelante la tecnología iba a permitirme trabajar en televisión de manera ágil y correcta desde casa, nunca cambiaría esta opción por la de acudir a un estudio, ya que la motivación es totalmente diferente. Estar en una cabina de radio o un estudio de televisión, forma parte de mi existencia. Ahí la comunicación está en su elemento, y más cuando compartes el trabajo con gente que tiene la misma pasión que tú, o con personas a las que les tienes cariño y has hecho amistad. Así que, el hecho de reencontrarme con muchos de mis compañeros me dejó un grato sentimiento y me levantó el ánimo.

Por otra parte, salir de casa y desplazarte para ir a tu trabajo ahora es una actividad que valoro más, ya que me permite salir de un ambiente para ir a otro. Y aunque a veces el tráfico hace conflictivos los desplazamientos, aprendí a valorar la importancia de ir a mi lugar natural de trabajo a hacer lo que más me gusta, ahí donde todos los elementos técnicos están preparados para facilitarte las cosas.

Ya conté en otro capítulo de este libro la extraña sensación que me produjo narrar un América-Toluca sin gente. Pero ahora esta experiencia se agudizó en aquellos partidos que se celebraron sin público en las gradas, donde llegábamos a escuchar los gritos y las indicaciones que les daban los técnicos a los jugadores. Para todo mundo fue diferente la forma de conducirse durante la pandemia, no cabe duda.

No es lo mismo jugar un partido de futbol con gente que a puerta cerrada y, en dicho sentido, fue importante revalorizar la presencia del público en los estadios, así como el grado de emoción e influencia que proyecta hacia la cancha. Y fue precisamente en esta época en que su presencia cobró una enorme relevancia.

Los estadios lucen con público, pues para eso fueron construidos. La comunión que se crea, con el colorido y el ambiente que generan, aportan esa chispa especial al futbol; además, las transmisiones son diferentes cuando hay gente. Así que, definitivamente, en esta pandemia se ratificó aquello de que el público es "el jugador número 12", pues su apoyo puede favorecer el estado de ánimo de un equipo o influir para presionar al rival.

SILBATAZO FINAL

Viví una infancia donde podía jugar futbol en la calle, pues no había tanta inseguridad. Me agarraba a trancazos con alguien de mi palomilla o del barrio, y al día siguiente me disculpaba con un abrazo y volvíamos a ser tan amigos como siempre.

Me considero un ser humano privilegiado, ya que he tenido la oportunidad de haber jugado con distintas figuras del futbol, así como haberlos visto jugar o transmitir sus partidos.

Algo que extraño es no ver con más frecuencia a algunos de los futbolistas que fueron mis compañeros, y mis amigos de otra época. Cada uno vive inmerso en su trabajo, sus obligaciones, y resulta complicado organizar encuentros de este tipo, que siempre son agradables. No sé si se deba a las distancias de la Ciudad de México o al tráfico, pero hemos perdido la capacidad de la convivencia, o por lo menos ésta se ha reducido considerablemente.

Antes existían puntos de reunión donde nos sentábamos a departir con personalidades del futbol. Hoy, todo eso ha desaparecido. Es más complicado encontrar un lugar donde sabes que te vas a encontrar a tus amigos para sentarte alrededor de una mesa, tomarte una copa e improvisar una sabrosa tertulia futbolera.

Hace tiempo, con la intención de revivir estos encuentros, un grupo de amigos comenzamos a reunirnos cada dos meses en distintos restaurantes, y a alguien se le ocurrió bautizar estas tertulias como el "Grupo sin Ángel". En ellas hemos querido rescatar aquella vieja costumbre de la conversación y el intercambio de ideas, en medio de un ambiente distendido y agradable.

En esas comidas he convivido con Luis Fernando Tena, Arturo Brizio, Jesús Martínez, Emilio Escalante, Álvaro Dávila, Pablo Salazar, padre e hijo, o Javier Solórzano. Las sobremesas han resultado francamente interesantes porque no sólo hablamos de futbol, también de política y otros asuntos de la vida nacional. De ellos he aprendido mucho.

Por otra parte, mantengo buena relación con varios futbolistas retirados de mi época o anteriores, el inolvidable Aarón Padilla, Nacho Calderón o Ernesto Cisneros, entre otros. El futbol te deja muchos amigos. En mi caso, la verdad es que no me he preocupado en hacer enemigos, y si acaso los tengo, podría calificarlos como "positivos", pues me han obligado a superarme en distintos sentidos.

Quienes tenemos una vida pública por nuestra actividad profesional, estamos obligados a mostrar nuestra mejor cara a la gente y procurar un trato afable y educado con todo mundo, porque parte de nuestro éxito se debe a la aceptación que generamos entre el público. Para mí no ha sido difícil practicarlo, porque nunca me he dado ínfulas y procuro ser el mismo en un estudio que en la calle, así es mi personalidad y eso también me ha granjeado simpatía por parte del público, que ha sido testigo de mi carrera y al que le agradezco su aliento, en las buenas y en las malas.

Cuando he vivido distintos puntos de inflexión en mi vida, como fue mi retiro del futbol o mi salida de Televisa, al mismo tiempo se me fueron abriendo otras puertas, y la transición que experimenté en esos dos pasajes de tanta incertidumbre, favorecieron mi futuro. Creo que eso deriva de la naturalidad con la que me he conducido, ya que siempre he dado la cara a los problemas: "Lo que tenga que ser, que sea, y lo que haya de venir… que venga", me he dicho. Esta forma de pensar me ha hecho más ligera la carga y me ha dado buenos resultados, porque siempre he confiado en mi capacidad de trabajo.

Soy un convencido de que hay mucha gente con más talento que yo, pero el hecho de tener "buena suerte", ha sido producto de estar en el momento y en el lugar preciso para aprovecharla. Por ello le agradezco a Dios todo lo que me ha dado, como son los 27 años que llevo al aire con mi programa de radio en Grupo Fórmula, o los casi 50 años de estar vigente en la televisión, transmitiendo partidos y haciendo programas de análisis, y eso es algo que me llena de satisfacción.

Pero también el cariño de mis compañeros, de mi familia, de mis hijos, y ahora también de mis nietos, que tantas alegrías me han dado a lo largo de los años. Todos ellos me han inyectado una energía especial para seguir adelante… y aquí sigo, como el primer día, tocado de esa bendita pasión llamada futbol.

EPÍLOGO

Durante la elaboración de este libro, se han suscitado algunos hechos que no me gustaría dejar de comentar porque considero que revisten importancia, tanto fuera de la cancha como en el aspecto deportivo.

Por principio de cuentas, me pesa mucho la situación por la que están atravesando mis compañeros de Fox Sports México, canal de televisión donde trabajé durante más de 20 años. Me pesa ver cómo el canal donde invertimos tanto esfuerzo para posicionarlo y convertirlo en un espacio líder en su ramo se esté cayendo en pedazos.

Siento tristeza y preocupación por mis compañeros que siguen ahí, muchos de ellos buenos amigos, y deseo que mejore su situación y se resuelva de la mejor manera, pues sería muy injusto que no sucediera así ante el inminente cierre del canal.

Además, me parece inconcebible que Grupo Lauman, a la que pertenece Fox Sports México, se haya atrevido a demandar a Jesús Martínez, presidente del Grupo Pachuca, cuando dicha empresa le debe más de 100 millones de pesos, y no puedo comprender que la Federación Mexicana de Futbol se haya lavado las manos en este asunto y no intervino para apoyar a sus agremiados.

Respecto al futuro a corto plazo, es posible que lleguen cambios trascendentales para la Liga Mx, y si se llega a concretar una iniciativa que pretende nombrar ejecutivos que la manejen con independencia de las televisoras y del llamado "Grupo de los 8", estoy seguro de que favorecerá el crecimiento que tanto necesita el futbol mexicano.

En cuanto a la Copa del Mundo de 2026, que está a unos cuantos meses de comenzar, veo a una Selección Mexicana menos fuerte y con menos capacidad competitiva que las que nos representaron en los Mundiales de México 70 y México 86. Me encantaría equivocarme, pero no soy optimista sobre el futuro de esta selección.

Confío en "El Vasco" Aguirre, que es un hombre de trabajo, con experiencia, que conoce perfectamente lo que son las entrañas de la Selección y la dinámica de un Mundial, así como la competencia en torneos de esta naturaleza. No dudo que pueda armar un equipo, pero si se basa únicamente en las individualidades, que son muy pocas, el grupo no conseguirá salir a flote.

Esperemos que el apoyo del público sea decisivo para motivar al equipo mexicano y que éste nos represente dignamente. Porque es evidente que los jugadores tendrán que salir a entregarse a la cancha y pelear cada partido a tope, sin importar si en los primeros partidos tienen delante selecciones aparentemente fáciles de vencer. Hay que aprovechar las condiciones que da el ser anfitriones de un Mundial que, insisto, tiene un formato que no me gusta nada, pero en la segunda ronda la Selección de México está obligada a mostrar garra y determinación. Sin embargo, el panorama no es claro y debemos ser realistas para no generar falsas expectativas en la gente.

Por último, me pesó mucho la muerte de dos queridos amigos, la de Marco Rivas Barrales, en abril, y la de Manuel Lapuente, en octubre de 2025. Los dos fueron unos triunfadores en la vida y en el futbol, grandes apasionados de nuestro deporte y personalidades de primera.

Marco fue un jugador muy completo porque lo alinearon en todas las posiciones, hasta en la de portero, y Manuel se distinguió como uno de los mejores entrenadores de futbol con los que tuve una estrecha relación. Ahí quedan para la historia sus campeonatos de liga con Puebla, Necaxa y América, así como sus triunfos en la Copa Confederaciones y la Copa Oro con el equipo nacional.

A los dos, con estas breves líneas, les deseo que tengan un buen viaje, y que su recuerdo nos acompañe siempre como un ejemplo de profesionalismo y superación.

Ciudad de México, enero de 2025

Esta obra se terminó de imprimir
en el mes de enero de 2026,
en los talleres de Impresora Tauro, S.A. de C.V.
Ciudad de México.